何はなくとも
三木のり平

父の背中越しに見た
戦後東京喜劇

小林のり一／戸田 学 編

青土社

何はなくとも三木のり平——父の背中越しに見た戦後東京喜劇　目次

何はなくとも三木のり平——父の背中越しに見た戦後東京喜劇

序に代えて

三木のり平との交誼というか交遊は、「水魚の交り」というほど濃密なものではなかったが、私にとって掛け替えのない「ひと」だったのは間違いない。その思いは、ますます強くなっている。共にした酒席は十指あるかないかだが、いつも何人かの酒友が交じっていた。大抵が演劇関係者だったが、一度だけ銀座で色川武大と三人でグラスを重ねたことがある。そんな私がただの一度、二人で酒酌み交したことがあった。三木のり平という東京人ならではの、含羞と矜持の入りまじった人格の一端を見せられて、忘れられない。

二〇一七回の上演を記録して、舞台女優森光子を象徴する作品となった菊田一夫作・演出『放浪記』の初演は一九六一年だが、八一年から三木のり平が演出に加わったことで、隅隅まで目の行きとどいた名舞台として、成長をしつづけたのに、文化勲章受章の栄誉を手にしてからの森光子は、だんだんと遠いところに歩み出したような気がする。

「いけない」と思ったのは、『放浪記』にカーテンコールをつけ始めてからだ。舞台上手の机に伏して寝入った林芙美子の姿で静かに下りた緞帳が再び上ると、舞台中央に正座した森光子が両腕を高くかかげて、満員の客席にゆっくりと視線を投じる。観客への讃美であり、感謝であるのにちがいないが、裏側に強烈な自己陶酔と、睥睨する神経が潜んでいるようにうつりかねない。それよりなにより、林芙美子の生涯を胸におさめて劇場を出ようとする観客に、森光子のイメージを押しつけて帰すことを危惧したのだ。

自分の立場をふまえて、それまでにこうしたことはしなかったし、その後もしていないのだが、思いきって演出者三木のり平に、『放浪記』のカーテンコールは不要ではないか」と手紙を書いた。投函してから、ほぼ一ヶ月を経ても梨の礫だった。無視されたと思い、出さねばよかったと後悔もした。もう忘れかけた頃、突然という感じで三木のり平から電話があった。三木のり平の電話番号はメモしてあったが、こちらからかけたことはなく、かかってくるのはいつも先方からで、そのほとんどが電話ですむ簡単な用件だった。

「矢野ちゃん、今晩暇かい?　よかったら久しぶりにおしゃべりしようよ」

あまり遠くに出るのは面倒だからと、四谷の「ホワイト」を指定された。三木宅のすぐ近くのビルの地下にある大きなバーで、三木のり平以外の演劇人もしばしば利用している店だ。

二時間近くに及んだ面談のほとんどが人の噂ばなしに費され、私の出した手紙についてはまったくふれようとしない。こちらから言い出すのもはばかられ、今日呼び出された意図が那辺にあるのか思いあぐねていた。ふと、私の腕時計をのぞきこんだ三木のり平は、「いけねえ、もうこんな時間か、明日早いんでこれで失礼するよ」

と立ち上がり、

「ああここの勘定はいいから、あんたはゆっくり呑んでって」

と言いながら、扉をあけて一旦外に出た身体を戻すと、こちらを向いて、

「森光っちゃんの件、やっぱり俺からは言えない」

とだけ言って立ち去った。

三木のり平ならではの判断に、役者森光子に対する限りない慈しみを感ずると同時に、数数の栄誉の冠をかぶった森光子の孤独の深さを思わざるを得なかった。


三木のり平の子息小林のり一からの聞書で構成された、戸田学『何はなくとも三木のり平』のゲラを読み終えて、思い出のなかでのみ存在していたはずの三木のり平がまだ健在で、今日にも電話がかかってくるような気がしてならない。あらためて、その存在感の偉大さを教えられ、しばしその面影の世界を逍遥した。

小林のり一を知ったのは、彼がまだ中学か高校生だった時分で、立川談志のいまで言う追っかけみたいなことをしていた。談志の藝に心酔しているかと思うと、かなり辛辣な、それも当を得た寸感を漏らしたりして、ちょっと目の離せない若者という印象を、誰にも与えていたように思う。

永六輔が、しばしば伝えてくれた小林のり一の挙止言動の数数は、いずれも個性あふれていて、それも内包された明晰な頭脳に裏打ちされたものだった。まともに付き合ったら、こちら側のすべてが見透かされてしまうような恐ろしさを感じて、積極的に近づくのをあえて避けていた気味がある。

『何はなくとも三木のり平』は、父親の仕事のほとんど全てにふれてきた小林のり一の、肉親ならではの、それも微妙な距離感をともなった感性で受けとめた三木のり平論だが、なまじの劇評家には

到底目のとどかないところに、かなり醒めた視線を投じているのが真骨頂だ。
さらに、この著に特徴的な色彩をそえているのが、豊富な資料を駆使している点である。駆使と言ったら文字通りの駆使で、第三者の記した文章のなかから、的確この上ない部分を引用している。画期的な形式で構成論述された評伝の完成に、こころからの拍手を送る。

矢野誠一

第一章　はじめに——『雲の上団五郎一座』

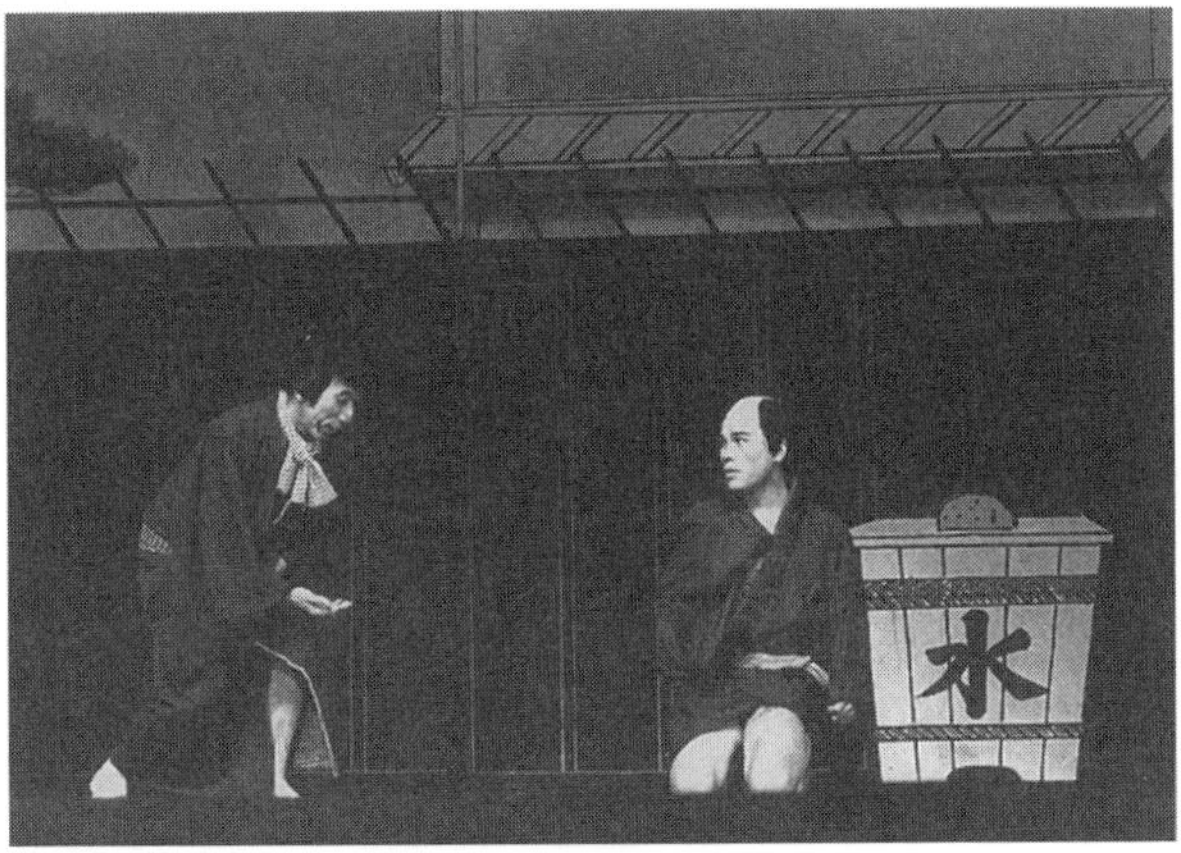

『雲の上団五郎一座』三木のり平、八波むと志

小林のり一です。

ぼくは、昭和二六（一九五一）年五月九日の生まれです。戸籍上は日本橋浜町ですが、実際は浅草の千束町の産院だったかで生まれたそうです。

うちは役者の家だったので、もの心ついた時分には、いつもうちのお父さん（三木のり平）が出ている劇場に母親に連れられて見に行っていました。だから、その辺りは歌舞伎の家の子どもと同じですね。ぼくは、お芝居の真似まではしませんでしたけれども、今の中村勘九郎さんとか、そのお父さんの中村勘三郎さんが、袖から舞台を見て、お芝居を全部覚えちゃうっていうあれですよね。劇場が託児所代わりです。楽屋に届けものがあるときは、母と一緒にタクシーに乗って劇場へ行ってそのままぼくをそこに置いて行くわけです。とにかく芝居を見せとけば大人しくしてるってことで同じ芝居を何度も見ました。うちのお父さんの芝居は子どもが見ても分かりやすいし、面白いし、演るたびに違うことをするから、何度見ても飽きない。一階席の空いている席で見ていました。初めは、お芝居全部を観るんだけれど、どこが面白くて、どこが面白くないか、二回目ぐらいで分かりますからね。空いている時間は、誰かの楽屋をのぞいたりしていました。うちのお父さんは、子どもが楽屋をウロウロするのが好きじゃなかった。うっとおしいんでしょう。出番で楽屋を出たり入ったりと忙しいから、子どもに居て欲しくなかったんですよね。だから、あまり忙しくない人の楽屋へ行きました。芝居を見てますから分かるんですよ。今、この人は出番じゃないって。それで宮城まり子さんの楽屋をのぞいたり、越路吹雪さんのところへ行ったりね。越路さんの楽屋の前を通ると、香水とニンニクの混ざった匂いがするんですね。ニンニクがお好きだったから。そのニンニクの匂いを消すために香水を使っていたんでしょうね。ぼくはまだ小学生だったので、楽屋をチラッとのぞくとね、鏡越しに「あら」って手招きして、冷蔵庫にあるケーキだとか、千疋屋のゼリーとか、メロンとかいろんな差し入れがいっぱいあるのを出してくれました。マネージャーだった岩谷時子さんがいつもいました。眼鏡をかけた品が良い方でした。その頃は作詞もしているなんて知りませんでした。やっぱりいい相棒がいると違うんだなと今にして思いますね。シャンソンの訳詞っていろんな方がやってるけど、岩谷さんの作詞がいちばん歌いやすいんですよね。

子どもの頃、とにかくお父さんは、映画やテレビ、舞台と売れまくっていて、家にはほとんどいませんでした。たまに居ることがあっても、昼間はだいたい機嫌が悪くて近寄りがたい感じでした。でも、舞台に出てるお父さんは、それは面白かった。エノケンさん（榎本健一）やコーちゃん（越路吹雪）、有島さん（有島一郎）なんかとコンビで「三木のり平」をやっているお父さんのファンでした。東宝劇場の『雲の上団五郎一座』（初演＝昭和三五［一九六〇］年一二月一日—二九日、東京宝塚劇場）なんて、二〇回ぐらい観たから、いまだに幕開きからフィナーレまで全部覚えてますよ。

日劇楽屋　三木のり平と越路吹雪

『雲の上団五郎一座』といえば、劇中劇の「与《よ》話《わ》情浮名《なさけうきなの》横櫛《よこぐし》」——通称「玄冶店《げんやだな》」でのうちのお父さんの切られ与三郎と八波むと志さんの蝙蝠安のコンビは、たった二人だけでお客さんをずーっと爆笑させ続ける。

まずは、多左衛門（益田喜頓）の妾宅の黒板塀前にお坊さん（山田耕一）と多左衛門と番頭が出て来て、「これでお富も、きっと成仏するでしょう」と言うと、お坊さんも言う。「そのことじゃがな、わしにはそうは思えんのだ。仏は何かこの世に思い残すことがあったと見える。拙僧の空耳かもしれないが、最前、お経を上げてると、わしの耳元でどこからともなく女の声で、「与三郎、逢いたかった、一目でいいから逢いたかった」と」、そこでゴーンと鐘の音が鳴って、女の声で「与三郎……与三郎……」、皆おびえて立ち去る。

それで春日八郎の「お富さん」のイントロに乗って、下手のちょっとしたエプロンステージから、蝙蝠安が与三郎を従えて歌いながら出て来て舞台の中央まで来る——。

安　おう、与三、黒板塀に見越しの松だ。間違げえねぇ、ここがお富さんの家だ。

与三　これが有名なお宮の松かぁ。

安　見越しの松だよ！

与三　兄貴、松はあるけど神輿がないぜ。

安　こうやって塀を見越してんだよ！

与三　(忌中の文字を見て) どうでもいいけどお富さんの苗字は忌中さんっていうの？

安　なんでお富の苗字が忌中なんだよ。

与三　(紙をさして) ここに表札が貼ってある。

安　これはこないだの選挙ポスターの剥がし忘れだよ！

与三　そうか。で、ここで何するんでしたっけ？

安　馬鹿野郎！　お前を裏切ったお富をゆすって小金を稼ごうてんじゃねぇか。

与三　そうだった。
安　そうだったじゃねぇや。いいか、昨日、教えた通り、俺がもういっぺんやってやるから、よく覚えとけよ。中に入るとこういう（手で形を表し）格子戸ってのがある。
与三　甲州街道が……。
安　甲州街道じゃねぇ。格子戸だ。格子になってんだよ、戸が。それをガラッと開ける。いいね。「えーご新造さんへ、えーおかみさんへ、えーお富さんへ」と三歩歩くと敷居があるから、そこへどっかとあぐらをかいて（片足で立って、もう片足を膝に乗せて）「いやさ、お富、久し振りだなぁ」……と、こうなる。
与三　兄貴はどうしてこんなに揺れるんだよ。
安　しょうがねぇや、片足で立ってるんだから、
与三　あっ、そうか。

教えられたことが出来なくて果てしなく間違えるボケは、のり平の独壇場でした。もう八波さんが甲高い声でポンポン、ポンポン…と突っ込む。甲高い声だけど愛嬌があるし、のり平が何をやってもどんどん突っ込めたから、ホントにこの二人は面白かった。この時、二人で決めたのは、「とにかくツッコミで相手を叩くのは止めよう」ってことです。だから、突然ズボッと立ち上がって怒るとか工夫がありました。このあとのことは、高平哲郎さんの文章から引用してみましょう。

安が与三郎にお富のゆすり方を教える。「えー、ご新造さんへ、おかみさんへ……」とやるの

だが、右手と右足が同時に出てしまい様にならない。「いやさ、お富」で、着物の前をパッと分けて座ろうとして股間《こかん》を打つ。座るとあぐらがかけない。（中略）そこで与三郎は懐に入れた草履《ぞうり》を片膝に乗せて、その重みで脚が締まらない（筆者註・上がらない）ようにするが草履が飛んでしまうといったドタバタが続き、いよいよ妾宅に乗り込むことになる。

お富の家はなんとなく不気味である。下手の玄関から安が上がりがまちに、与三郎は教わったように「おかみさんへ……」と上がって来る。お富の反応がない。

「……最後のお願いにまいりました」

無反応なので安に頼る与三郎だが、気がつくとお富がいない。

「大方、茶菓子でも買いに行ったんだろう。お茶でも入れて待ってよう」

与三郎が煙管《きせる》に火をつけようとすると行灯《あんどん》がスーっと動く。そっちに行って火をつけようとすると元の位置に戻る。安は気づかない。アチャラカ特有の怪談の前兆だ。（中略）早桶を茶箱と安に言われた与三郎は、ふたをずらして手を突っ込む。

「ハナがある……」

「香りをよくしようってクチナシの花が入ってんだよ」

「口なしって言うけど……口もある」

ふたがガバッと開き、中から幽霊が。悲鳴。収まって、びっくりして咽喉が乾いたと庭の井戸に行く。井戸から幽霊。あわてて二人客席に。「ここなら大丈夫だ」と椅子に座ると、隣から幽霊。二人、幽霊に追いかけられて退場する。

『団五郎一座』がこの年の十二月の深夜と翌年の正月の夜にテレビ中継をされたおかげで、このコンビのおかしさはいっぺんに全国的になった。

（高平哲郎『銀座の学校』廣済堂出版）

うちのお父さんは、映画やテレビ、ラジオにCMと、いろんな媒体で活躍しましたが、いちばん好きだったのは、やはり舞台だったと思います。これから、うちのお父さんの舞台でぼくが好きだったものと、それからのり平について書いた、話した方々の文章を紹介しながら、「三木のり平の芸」についてゆっくり話をしていこうと思います。

第二章　父の履歴

日本大学在学中。昭和 17 年ごろ

三木のり平――本名・田沼則子（たぬまただし）。

一般的には、大正一三（一九二四）年四月一一日の生まれとなっています。ただ、のり平の母親が大正一二（一九二三）年九月一日の関東大震災で身重で逃げ回っていたということから、本人は、大正一二年九月―一〇月の初めごろの生まれだと言っています。本籍は、東京市日本橋区浜町。ただ、本当の生まれは、尾久というところの赤十字のテントで生まれたようです。実家は「芳柳《ほうりゅう》」という待合。芳町と柳橋の間にあったということからの命名です。待合ってのは、主に芸者や幇間との遊興や飲食を目的として利用された貸座敷のことです。

――のり平が話しています。

明治座のすぐ裏で生まれて育ちましたから、浜町河岸ってところです。うちも待合料理屋の商売でしたから、夜、子どもが居ちゃいけないから、「夜は遊んどいで」って。「夜、遊んどいで」っていう、うちですからね。近所の子はみんな、「ごはんだよ～」って呼ばれると帰るんですけどね、私だけ帰れないんですよ（笑）。うち帰って来たらダメだって言うんだ、お客さんが来てるから。そうすると、すぐ近所に明治座がありね、人形町あたりへ行くと寄席もたくさんございましたよ。末広だけじゃなくね。喜扇亭とか、たくさんあったんですよ。それから浅草へもちょっと歩けば近かったですからね。

お座敷芸もたくさん見てました。柳家三亀松って人がいました。あの人がまだ太鼓持ちの頃、うちの店へ来てよく遊んでくれましたよ。赤鞘抜いて、遊んでくれました（笑）。そういうことから覚えてるから、学校の歌はひとつも歌わないけど、都々逸だの〝さのさ〟ならすぐに唄えるという、子ども時分から。それで育っちゃったもんだからね。ぼくはヘンな話ね、学校で教えてくれる歌だとかね、ああいうものを覚えたことない。学校でね、唱歌の時間に歌うとね、どうもぼくだけ違うんですよ。リズムとかテンポが……。小さい時から見てて、粋なとかね、乙だとか、艶っぽいとかいうことをズッと見て育っちゃったから。

小学校は千代田小学校。その以前は、日本橋小学校って言ってたんじゃないかな？　両国橋に近いんですよ。薬研堀の方です。

まあ、それしか能が無いって言うか、絵は好きでしたよ。絵書きにはなれそうもネエなって思ってたけれども好きなことは大好きでした。中学校の先生から「お前は絵しか出来ないから、絵の方をやれ！」（笑）。だから、のちに日大の美術科に初め入ったんです。半年ですけどね。しばらくは木炭でね、（デッサンを）書いてね、白いチョーク、石膏の、あればっかりやってましたがね、もう（教室が）シーンとしてね、なんだか滅入っちゃうんですよね。

夏休みのちょっと前にいろんな部員の募集っていうのかな。今の部活動っていうんですか。劇団がたくさんありましてね。劇団の中でも舞台美術募集、「ああ、舞台の芝居にも絵がいるんだ。そうか、そっちやろう」と思って、舞台美術志望で入ったんです。背景の絵なんてものは劇場がやるもんだとばっかり思ってましたからね。（伊藤）熹朔先生の弟子の弟子みたいになりました。伊藤寿一って先生の弟子にネ。今や舞台装置の大家ですよ。その劇団の背景だとか、大道具を作りました。で、舞台美術やってるうちに、演出とか効果とか照明とかいろいろ分野はあるし志願者も居たんだけれども、先輩が「先ず役者になって舞台に立ってみれば、いろいろな分野のこともよくわかるぞ」って教えくれたんでやってみた。その頃の学生で芝居やってるのは地方から出て来たのが多かったんですね。どうしてもみんなナマリがある。芝居の基本は標準語だったから、ぼくはその点、楽だったし有利だったんですよ。だもんだから僕より上の先輩にセリフを教えるようになっちゃったの。アクセントをなおしてあげたりね。小山内《おさない》（薫）先生の新劇は知らなくともこっちは浜町育ちだし、いろんな芝居を知ってるわけですよ。

なんせ戦時中になりまして、どんどん兵隊さんに取られて男が少なくなった時分のことですからね（笑）。丁度、夏休みの演劇実習っていう名目で九州へ行きました時に、初めて、「お前、ちょっと（人数が）足りないんだから出ろよ」っていうことで、『人生劇場』の学生が大勢出て、演説場をぶち壊すところ。あれで初めて役を振られて、セリフもあってね、参りましたよ。二本立てで『同志の人々』なんてのをやってたんですけどね。その時は裏方をずっとやってたんですが、波音ジャバァーン！ってやってたりね。いっぺんは、皆さん新劇やってた人はそういうことやって来たんじゃないかなあ。

西村晃

――のちに俳優になられた西村晃さんもその演劇科にいたんですね。その頃ののり平について話しています。

「その時のセットだとか、鬘だとか、もうありとあらゆることに全部、あののり平がやってくれるわけ。ホントになんでこの男はこんなにね、芝居のことを知ってるんだ、と。その頃から不思議に思ってたわけ。ところが後で分かったことなんだけど、彼は浜町に居て、そしてなかなか粋なところに住んでいて、明治座へ出入りしたり、歌舞伎座へ出入りしたり、知ってるなあ、凄い粋事に詳しいんだなあ。浅草の鬘屋さんも知ってたり、それから小道具屋さんも知ってたりね。もう便利屋さんみたいに、彼にお願いすれば全部出来ちゃうみたいな。今から思えば、学生時代の芝居が出来たっていうことは、のりちゃんのお陰だね。そういう風に思いますよ。

役者としてはね、あんな艶っぽい役者いない。艶っぽいっていうのはね、身体が艶っぽい、芝居すると。平生は艶っぽくないよ。しかし芝居するとね、どういう訳だか、艶っぽいんだなあ。所作、そして出て来ると……出方、去って行き方、その立ち居振る舞いといいますかね。そういうものがね、とっても艶っぽい。これはね、根っから子どもの時分からね、浜町で芝居をズゥ――ッと見続けて、そしてそういうところに育って。そういうところから自然にあの人の中に入り込んできた空気みたいにやっぱり馴染んで来て、なければならないものになったんじゃないかしらねえ。そんな風に思います」（NHK－BS『山川静夫の〝華麗なる招待席〟』）。

――元TBSアナウンサーの鈴木治彦さんとのり平の対談でもその頃の話をしています。

鈴木　どんな芝居をやってたんです？　その頃……。

のり平　えーとネ。もう太平洋戦争中でしたからネ。同盟《どうめい》を結んでるドイツやイタリーの物はいいとかいろいろありましたネ。ロシヤの物なんか絶対ダメとかネ。オリンピックじゃねえけど芝居にも政治が入って来ちゃうからネエ。支那事変（日中戦争）に入ってからはソビエトって言うものはアカの代表として物凄く意識してたんじゃないですか、その筋も……。

鈴木　新劇の人たちは、特高につけられたり大変だったらしいですものネ。

のり平　だからネ。ボクもつかまってブタ箱へ入れられちゃったン（笑）。

鈴木　へえー、ドイツの芝居やってたのに？

のり平　いえネ。学生演劇仲間で築地小劇場へアルバイトに手伝いに行ってた時なんですよ。移動劇団がやってましたがネ。千田是也さんの陰の演出の芝居だったんですよ。ボクの場合は別件逮捕ですよ。チョイとした盗みをしたとか言うのを、どっかから恰《ひろ》ってくるんだからネエ。エライもんだ（笑）。で、「何《なん》かないか。あるだろう」って罪をつくっちゃうんですよ（笑）。思想的なもんじゃないの全然……。こっちはチンピラなんだしマルクスもレーニンもわかってないんだからネ。日本をひっくり返そうとか革命のとか考えてもいやしない（大笑）。一週間、本庁に居てタライまわしに空《あ》いたとこ空《あ》いたとこ行かされて……。別に訊問するわけじゃないしネ。罪をつくりゃアいいんだから……。たまに「何か思い出せ、このー」なんて（笑）。それで、何か言わないと出してくれないんだから参っちゃうよ。で、学徒動員で工場に行った時に病院の冷蔵庫から病人用のバターを持ち出して、それを売った事があるのを思い出してネ。それを言って出してもらったんです。

鈴木　へえー。バターを？

のり平　リュックサックへつめ込んでネ。置いといたんだけど、夏だったもんでトケちゃってネエ（笑）。闇《やみ》物資としてはかなり良《い》い値で売れたんですよ、バターは……。でも、とけちゃってリュックは油だらけになっちゃうし、持ってってからはバターをバケツに入れて売りました（大笑）。そういう事があったんですよ。一応、軍需物資を持ち出したってんで「特別軍事法」ってのに引っかかったんです。それでネ。ブタ箱で何日かオマンマも食べてたでしょ。ある時ネ。ハゲッチョロケの弁当箱でめしが出た。よくみたらネ。〝弁菊《べんぎく》〟ってかいてあんの。「あれ、これ俺ン家《ち》のそばだよ。人形町の弁当屋だよ」って……(笑)。この弁当屋が実は青島幸男の家なんですよ。

鈴木　へえ、青島さんの？

のり平　勿論あとで知ったんですけどネ。彼に会った時「お前ンチ、こんなお婆ちゃん居たろ。」とか「こんな台所《だいどころ》であすこはこうなって」なんて話がよく合うの(笑)。こっちは「弁菊」の店へよく行ってましたからネエ。「ブタ箱でお前ンとこの弁当食ったんだよ。ヒジキとコブばっかりで、米はメン米《まい》だしまずかったぞオ」なんて……ネ。

鈴木　へえー、珍しい経験もしてられるんですネエ、のり平さんは……。

のり平　全くねえ。昭和18年でしたがネ。

鈴木　それで、終戦後はどうしました？

のり平　よく自分でもその辺がわからないんだけど、19年、20年、21年あたりはもういろんな事やったんですよ。芝居にしても一週間とか10日間がせいぜいでネ。一ヶ月の芝居なんてありませんでしたよ。(略)

鈴木　所で、のり平さんがいろんな芝居とかコントとか経験してこられて……今みたいな「喜劇」中心に変ってこられたのは、いつ頃からですか？

のり平　(略)結局、昔ゴーゴリの「検察官」やった時が基本でしょうネエ。千田是也、青山杉作両先生の共同演出だったんだけれども、青山先生は商業演劇を手がけられましたから「あなたは商業演劇の方へいらしたらどうですか」ってお世辞だが、新劇やっててもお前は駄目だって言われたのか、わからないけれども（笑）……ま、その辺なんですネ、きっかけになったのは……。で、「やるんなら喜劇をおやんなさい」ってすすめてくださったんですなア。

（『三木のり平三月公演』パンフレット、昭和五五［一九八〇］年三月、明治座）

『ゴーゴリーの検察官』で、のり平は宿屋のボーイでスープを持って来るだけの役なんですね。だけど出て来ると笑いが起きるんです。それで青山杉作先生に「君はあっちのほうへ行った方がいいですね」って言われた。あっちというのは商業演劇ですね。その頃は、新劇ってのは共産党だから芝居よりビラを配るとか、そういうことの方が熱心だったんで嫌になっちゃって辞めたわけです。そのタイミングでひとつの出逢いがあったんですね。

「これもまた縁で、ぼくの同級生がやっぱり鶏郎グループっていうのを手伝ってたものですから、「今度、ラジオの本番でやるんだけど、うちのグループってのは素人でな。セリフ、ホントはしゃべれねえんだ。ホントはコントも入れなきゃならないんだけど、君しゃべれんだからさあ、役者の修業して。ちょっと手伝ってよ」って、来たんですよ。それが始めですよ」（三木のり平談）。

志ん朝さんものちに対談で話されています。

「もともとあの方（のり平）は新劇の出で、俳優座なんですね。（略）浜田寅彦さんって知ってます？（略）あの方なんかと同期で。自分たちでお芝居をやってて、そのときに誰か、僕は名前忘れちゃったけど有名な演出家が稽古を見てて、「今、あすこの後ろを歩いてる通行人をやってる男は今に偉大な喜劇役者になるよ」って言われたんだそうです」（『文藝別冊 KAWADE 夢ムック 永久保存版 古今亭志ん朝落語家としての生涯』河出書房新社）。

――鈴木さんとの対談に戻ります――。

のり平　NHKの放送劇団の脱退組と一緒になってグループ作ったりネエ。「マイクフロント」ってグループと「三木鶏郎グループ」が合併したんです。ボクの居た「鶏郎グループ」は、終戦の年の暮に歌を目的として作った、まア「アキレタボーイズ」みたいなもんなんですけどネ。NHKのオーディション受けて合格して、神田千鶴子さんとか岸井明さんにも加わってもらってはじめてやったのがNHKの「歌の新聞」て番組でしたネ。

トリローグループ　三木鶏郎、三木のり平、ミミー宮島、小野田勇、河井坊茶、丹下キヨ子

鈴木　わアーなつかしいですネエ。よくききましたよあの番組。

のり平　ニュース、ネタをとりあげて風刺してネ。それがのちに「日曜娯楽版」の一部になって、更にそのうち番組全部が冗談音楽になっちゃった。千葉信男、丹下キヨ子、河井坊茶、小野田勇ネ。

鈴木　番組のはじめで号外の鈴と共に「日曜娯楽バーン」って怒鳴ってられたのが、のり平さんですって？

のり平　そう、あれボクでした（笑）。

「三木のり平」の芸名については著作でのり平は語っています。

三木鶏郎さんの提案で、ひとつのグループだから、みんな苗字は三木にしないかっていうんで、全員、三木〇〇ってつけたんだよ。十人ぐらいいたんじゃないか。僕は田沼則子《ただし》から、この段階で三木則子になった。そしたら、ある時、プログラムの印刷をする時に、なぜか則子が則平になってた。たぶん、僕のカンでは「子」を書いた人が達筆で、くずし字で書いた「子」が「平」に見えたんじゃないかと思う。

僕はべつにどっちでもいいやって思っていたら、小野田が、「則平は固いから、則の字は平仮名がいいよ、お前はのらくらしてるから」っていうんで、「三木のり平」になった。それで、「冗談音楽」をやめる時に名前も変えようと思いながら、そのまま。みんな、後で自分の名前に戻ったけど、三木をつけたままだったのは、三木鶏郎とその弟の三木鮎郎《あゆろう》、それに僕、三木のり平だけだな。その「のり平」の「のり」が、「海苔《のり》」につながって、桃屋の江戸むらさきのコマーシャルまでつながるんだから、名前っておもしろいよな。

（三木のり平・聞き書き＝小田豊二『のり平のパーッといきましょう』小学館）

最初は役者であった小野田先生とのり平が出会ったのは昭和二一年。さらにのり平が語ります。

「あの人（小野田勇）も役者志望か、志望かどうか知らないけども、コンビでやったんですからね。

芝居もセリフも出来るしね。だけどね、あの人、文筆が立つんですよ。冗談音楽の時分からね。三木鶏郎って人は、あんまり何も書く人じゃなかったんでね（笑）。いろんな人が書いてくれたのを皆、「これがいい。あれがいい」って選ってたんだから。そん中で小野田勇って人は、書いてくれたんですよ。一番初めに書いてくれたのはね、『闇屋の勧進帳』てのを書いてくれたんですよ。これがね、妙に当たりましてね、歌舞伎のパロディですけどね。いわゆるお巡りさんが居まして。お巡りさんが小野田勇で。ぼくは闇屋なんですよ。闇屋というと、米を担いだり、犬を担いだり、上野駅でよくあった当時なんですよ。捕まって調べられる。それが勧進帳の問答になるという仕掛けでね。あとは六法踏んでスタコラ逃げちゃう。コントなんですけどね。書いてくれたのは。ぼくも知ってたし、その頃の明船町の（十五世市村）羽左衛門さんの声色でね、（小野田も富樫を）一生懸命やりましたよ。ぼくは高麗屋（七代目松本幸四郎）の方で、弁慶。それがあれとの、いちばん仲良くなったきっかけかも知れませんね。「ああ、こいつも芝居知ってんだ。俺も知ってんだよ」って。で、浅草っていう芝居もズゥ――ッと見てる。つまりその頃の寄席行ったりなんかして、落語つうのを勉強したり。勉強したわけじゃないけど。学校が同じなんですよね。結局は。同級生みたいな。馬鹿にウマが合っちゃったっていう、そういうことですね」

――続いて、「冗談音楽」について語っています。

「それから「日曜娯楽版」で、すっかりその頃流行《はや》りっ子になりましたから。日劇に出たんですよ。いわゆる「夏のおどり」とか、「春のおどり」の中のバラエティの一コマ、カーテンのつなぎみたいなもんです（笑）。それで「冗談音楽」をステージでやったんです。それがまあ、ステージで人を笑わせるようなことをやった最初ですかね。われわれ冗談音楽のグループが、なんか自分とところで芝居しようよ。池袋文化劇場ってところでね。ヘンな掘っ建て小屋でやった時に有島（一郎）君を浅草行って引き抜いて来て、口説き落として。旭輝子もその時、口説き落として。単なる日曜娯楽版劇団みたいな。半年も続きませんでしたよ」

その時代ののり平の舞台を見ていた作家の色川武大先生が以下のように書いておられます。

歌う新聞のころだったと思うが、田村町時代のNHKの前の飛行館劇場のアトラクションに常打ちで出ていたことがあった。それからこのころ、日劇のアトラクションに進出したこともある。いずれも三木鶏郎がピアノでベースを作り、三木のり平、河井坊茶《かわいぼっちゃ》、小野田勇、千葉信男の四人でコントをやる。スピーディでモダンだったが、どこか素人《しろうと》っぽいところがあって、余分なアクがなく、なかなかよかった。

開幕、三人が、モシモシ、アノネ、と歌っているところへ、号外の鈴をつけたのり平が下手《しもて》から走り出て来、ヘトヘトになるまで走っている恰好《かっこう》で、プロローグがはじまる。

あののり平の姿がいまだに眼に浮かぶのである。私は広い日劇の舞台だと思っているが、のり平は、

「いや、それは飛行館だ――」

と主張してゆずらない。（略）

裸の額縁ショーだけで有名になってしまった帝都座ショーに、不遇時代の森繁《もりしげ》や、のり平、小野田、千葉が出ていたころがあり、勧進帳のパロディをヤミ屋でやったりしていておもしろかった。

古い話ばかりするようだけれども、この後、池袋文化という小屋でトリローグループが常打ちしたことがある。ちょうどストリップに押されている時期で、長くは続かなかったけれど、私は替り目ごとに行った。

河井坊茶が舞台では、ラジオほど精彩がなかったけれど、のり平が依然おかしく、千葉信男がのんびりした気分を漂わせていた。夭折《ようせつ》してしまったが、ミュージカルタレント（あまり歌おうとしなかったが彼の唄《うた》もひと味ある）の線などで伸びたかもしれない。

この時分には丹下キヨ子、旭輝子《あさひてるこ》、有島一郎あたりが加入し、林家三平《はやしやさんぺい》もここが初舞台だったと思う。

（『なつかしい芸人たち』新潮文庫）

その後、のり平は「売れて来たけど、マンネリになりますからね。で、いわゆるコントですからね、そういうものより、ちゃんとした芝居をやりたいな」と小野田勇先生と一緒にグループを飛び出しました。

もう一度、鈴木治彦さんとの、のり平の対談です。

のり平　その後「冗談音楽」をやめまして独り歩きになりまして……商業演劇へ行くんならどうすりゃいいかって言ってる所へ、カストリ横町の飲み屋みたいな所で知り合った人から神田の須田町の万惣の裏の「立花」って云う寄席へ勉強にこいって言われて行きました。こわかったネエ。徳川夢声、和田信賢、松内則三なんてそうそうたる所が客席できいてるんだから……。

鈴木　へえーそりゃ凄い。

のり平　その前で十日間漫談をやったんですから、こりゃア勉強になりましたよ。「間」だとか「度胸」とかネ。「ラジオ漫談」でしたがネ。受けたんだか何だか。ガタガタのブルブルブ……（笑）。でも凄い経験でしたよ。

鈴木　そうでしょうネエ。

のり平　みんなからおだてられました。「心配ないよ」とか「やりいいようにおやんなさい」とか夢声先生なんかが言って下さってネ。それからあとは、政府の関係の機関への慰問に歩きましたよ。国鉄とか郵政省関係とかへ色物の慰問隊でネ。そこで知り合ったのが浪曲の相模太郎。

鈴木　あゝ「灰神楽三太郎」の……。

のり平　毎日あれを袖できいてて「面白いなア。何とか芝居にならねえかな」って考えて……それでのちに芝居にしてやってみたんですよ。そんな事やってるうちに、喋った事の反応をジーッとみてて次の喋りを出すって事も覚えました。夢声先生なんかそれがたいしたもんでしたネエ。慰問隊のあとが秦豊吉さんのミュージカルに出るようになったり、日劇の専属になってレビューの間でコントやったり……いろいろやりました。

（『三木のり平三月公演』）

そんな頃に仲間たちと作ったのが、「蛇蜂座《あぶはちざ》」でした――。

第三章　虻蜂座

「虻蜂座結成公演」公演パンフレット

蚯蜂座のこけら落とし公演は、三歳の時ですのでね、記憶はありません。その後の公演は観ました。観に行ったというのは朧げに憶えています。蚯蜂座の設立には、第三回公演のパンフレットに、同人の三木鮎郎さんが「アブハチ座創生期」として書かれているので、まずはそれを紹介します。

アブハチ座の誕生は大阪にはじまる。たまたま、あるショウの出演の為、大阪のあるホテルで朝飯を食っていた。千葉信男、小野田勇、それに小生という顔ぶれの間で、何となく、そんな話がもちあがってきた。

さて、これが東京に帰って、具体化しだしたのは、のり平をくどき落してからだ。

この、のり平なる人物は、まことに奇々怪々なる性格で、決して合理的な行動ができない。すべて、その場の気分に支配されるという人物である。だから、服装なども、会うたびにやたら違っていて、深夜、ダブルの背広に黒のソフトをま深にかぶって現れたかと思うと、翌日は着流し、白足袋にぞうり、マスクをかけてカブキ役者のような風体で銀座を歩いている。

人のいうことなど、決して素直に受取れない性質だから、

「おかしいよ、のりちゃん」

などと忠告しても、ガンとしてききいれない。そのくせ、気が小さいから、一度でもそういわれると、それが気になって、急に裏道ばかり、かくれるように歩いたりする。

こういう男だから、この相談をする時も、妙にヘソをまげさせないようにと、やたらに前置きが長くなった。

「まあ、のりちゃんは、バカバカしいというかもしれないがね……青っぽい考えだと、笑われ

ても、仕方がないと思ってるさ、いやなら、いやといってくれ。……つまり、それがだな」

「いったい、何だよ、ちっともわからねえや、早くいってくれ」

のりちゃんが、この計画に、これほど夢中になるとは思わなかった。どういう風の吹き回しか、一も二もなく賛成すると、たちまち八面六ピの大活躍を始めた。今にして思えば、のり平なくしては「アブハチ座」は生れなかったかもしれない。

たちまち、ブーちゃん（市村俊幸）を賛成させ、トールちゃん（キノトール）を仲間にひきずりこんだ。

このトールちゃんという人が、また現代に得がたい風格の持主で、同人八人の中で、舞台に姿を見せたり、ラジオで声を出さないのは、この人だけだ。作者一本ヤリで、オットリとかまえている。

一見すると、この八人の中では一番、落ち着きがあって、精神年齢が高いようにみえる。デップリふとって、薄い髪の毛をキチンとポマードでわけ、一言一言押し出すようにしゃべると、その言葉が誠実そのものに響くという、特技をもっている。

会合に二時間も遅れてきて
「ど、どういうわけか、お、おくれました」

と、それがくせの、ちょっとどもりながら一言だけいう。他のやつが百万べんペラペラしゃべったより、効果があって、一同「もっともだ」という気になってしまうから、トクな性格だ。

名づけて「アンギラス」……。ゴジラなら、まだわかるが、見当もつかない、というわけで「アンギラス」と呼ぶ次第。

百万や二百万ソンする覚悟で

さて、これだけの仲間が集まって、公演の相談を始めたが、だれ一人、金の計算のできる男がいない。

「いったい、いくらぐらいかかるんだろうね。たとえば、赤字を出したら、一人がいくら負担すればいいんだい？」

と、のりちゃんがいい出したのに、答えられるやつは一人もいない。その中でも、まあ、金のことに計算高い、といわれる小生が立上って、まったく何の根拠もなく「一人、まあ、そうだな、三万円も出しゃいいだろう」というと、たちまち一同シュンとなった。

「三万円か……ぼく、やめようかしら」

「あのね。おれ、いま、住宅月賦に入っちゃったとこなんだよ」この最中に、ヌーッと思いがけなく入ってきたのが、矢田ちゃんこと、矢田茂だった。

「いったいいくら出せば、ぼく入れてもらえるんですか、なに三万？……そんなケチなことじゃ、ダメです。百万や二百万ソンする覚悟でなきゃ、いい芸術は生まれません！」

かねてから、矢田ちゃんは、仕事になるとキチガイじみてくるというので、一同から敬遠されていたのだが、こうなっては仕方がない。たちまち、一味に名を連ねてしまった。

「やだな、おれ、矢田ちゃんこわいよ。仕事になると、見境いなくどなるからな。あの目はキチガイの目だよ」

「いいよ、いいよ、矢田ちゃんを入れとけば、衣装もタダになるし、それに女の子のチームがいるからな」

それにしても矢田ちゃんを入れといてよかった。名物「アブハチ・ショー」は、ダン・ヤダ・ダンサーズなくしては、とうてい実現不可能であった。これで「アブハチ座」全員、そろったというときに、とんでもないニュースがとびこんできた。

森繁、乗りこむ

「オイオイ、シゲさんが入れてくれっていってるぜ」

「そりゃ、ちょっと考えものだな。シゲさんの人気に頼った、と思われちゃ、シャクにさわるし、森繁一座になったら、設立の意味がないよ」

「だから、あいつは特別出演ということにしてだな。金だけ出させりゃいいよ」

第一回会議の席上の、のり平宅で、一同車座になってこんな話をしていると、当のシゲさんが、きれいな女の子や、マネジャー、弟子ども一隊を引連れて、ドヤドヤと入ってきた。

車座の真ン中に、ムズと座りこんで、発した第一声が、

「オレは、特別出演はいやだよ」

さすがの一同、気をのまれて、目ばかりパチクリしていると、トウトウと彼一流の雄弁をふるいだした。

「オレは現在の人気におぼれたくない。マンネリズムにならないためには、若さが必要だ。君

たちには、その若さがある。こりゃ大切なことだよ。金のことなんか考えてちゃダメだ。なに？　女優がいない？　そんなものは、私にまかせなさい。高峰秀子でも美空ひばりでも、それがわれわれに必要ならば、連れてくればよろしい。女の子をウンといわせるのは、私は得意だ……」

どうも、あまり大きなことになってきたので、とかく、ケチくさい料簡しか持合わせていない一同は、ニヤニヤして顔を見合わせるばかりである。

「君たちは自覚していないかもしれないが、これは尊い集りなんだぜ。それに、オレを入れないという法はない。たのむ、入れてくれ。千葉ちゃん、そんな大きな顔をするな……鮎ちゃん、君の顔は法律的だよ。いやだな。オレは役者でなくてもいい。切符きりでも、楽屋番でも何でもする！」

「そんなにいうんなら、入れてやろうか？」

オンちゃん（小野田勇）が、うれしそうな声でいった。この夜は、それから、シゲさんの一人舞台で、三時間も一人でしゃべりつづけ、朝方になって

「諸君、日本のルネッサンスは、ここから生まれるんだ！」と絶叫した。そばでのり平が小さな声で

「そうだよ。これはルネッサンスだよ」

と、とりなした。

こうして「アブハチ座」生は誕生した。

みんなそれぞれ売れっ子でしたけど、「自分たちでやりたいことをやろうよ」ということになって、

「蛇蜂座」は結成されました。昔にあった「ナヤマシ会」を、うちのお父さんやトリローグループの人たちとやることになり、四谷四丁目の建てて間もない新居にメンバーが連夜集まりワイワイやっていました。

ナヤマシ会については、第一回目のパンフレットに、徳川夢声さんが「祝大入」と題して書かれています。

「人間には表現欲というものが本能的に存在するため、この一座の人々はその欲望に従って、それぞれ芸能界に身を投じたわけであるが、すべて欲というものは限りのないもので、どうしても現状には満足できないものである。

今からおよそ三十年前の昔（大正十四年）私ども映画説明者が主となってナヤマシ会なるものを開始し、昭和六年まで毎年催したというのもつまりはそれで、どうも暗いところで喋ってばかりいるのは情けない。たまには明るいところで何かやりたい。即ち自己を表現したいという欲望にかられたからである。

そのごろ、文士諸賢が定期的に『父帰る』だの『白波五人男』だの『三人吉三』だのをやるというのも、その本態の然らしむところ。

さてこの蛇蜂座の同人諸君もラジオに映画に或は舞台にまで活躍している人々だが、どうもやはり現状に満足することができないらしい。なんとかしてもっと別途の自己表現がやりたい、世の識者をして唖然たらしめたい、というわけであろう」

第一回公演時の同人は、三木のり平、小野田勇、市村俊幸、千葉信男、森繁久彌、矢田茂、文芸として、三木鮎郎、キノトール、津村健二、土屋登、香坂信之、美術は、西川辰美、加藤芳郎の面々。

第三回目からは、同人にフランキー堺が加入します。

加藤芳郎さんとかの漫画家集団が美術に入っているのは、のり平と仲が良かったからで、無料で手伝ってくれました。

蛇蜂座結成公演のパンフレットには「結成のことば」が蛇蜂座同人一同として載っています。


とにかく、我儘な人間たちです。

それが集ったという事だけでも大変な意義のある事なのです。

まして、それがたとえ三日間でも公演をしようということ。

これは、もう奇蹟なのです。

この世智がらい世の中に、自分達で、金を出しあって費用を出そうというに至ってはもう、これは一般の常識をこえた狂気の沙汰です。

バカは死なきゃなおらない……浪曲の文句ではありません。

私達は、死ぬまで、このバカさを持つ事を誇りとする人間達なのです。

同人一同

昭和二九年一一月、東京ヴィデオホール、アブハチ族の公演

『スパイの技術』（作＝キノトール、演出＝木下徹、助手＝津村健二）

アブハチ・ショウ『本日怒るべからず』（策・校正＝三木鮎郎、怨出＝矢田茂、舞台掃除＝三木のり平、御楽＝小川寛興、市村俊幸）

第一景　式典

第二景　混性合唱作品二号C長調　（本邦初演）全員
第三景　3Dドラマスコープ　矢田茂　ダン・ヤダ・ダンサーズ
第四景　イヤダ・ショウ　覆面出演
第五景　飛入りアワー　髙杉妙子、三木のり平、千葉信男
第六景　君の名は　旭輝子、千葉信男、市村俊幸
第七景　ラッキーシート　抽選　覆面出演
第八景　スリラー　恐怖の報酬　三木鮎郎、小野田勇、三木のり平、高杉妙子、
第九景　飛び入りアワー　矢田茂、千葉信男
第十景　PRショウ（本邦初演）　本郷秀雄、旭輝子、
　（交互出演）如月寛多、森繁久彌
第十一景　シロクロ
第十二景　ドンデ・バスチャ
第十三景　フィナーレ　娘道成寺　全員

アブハチ・ショウには、「作者の言葉」として、「このショウは、いうなれば、観客愚弄劇です。これをみて、ムッとしたり、さっぱり分からねえやと思いになる方がありましたら題名を思い浮かべてください。本日は怒るべからず」と書かれていますね。第一回目の時は、森繁さんは夜の部のみの出演だったようです。3Dドラマスコープとか、すごくくだらないことを、つまりナヤマシ会の再現

的な要素もあるのかなと思いますね。この時の公演のことを、菊田一夫先生の門下で演出家の林圭一先生が書いておられます。

「(三木のり平は)「あぶはち座」の公演で、千葉信男《ちばのぶお》と組んで電気工事人に扮し、電柱に登って、腰にブラ下げた縄を「君の縄? ボクの縄?」という『君の名は』にひっかけたコントなどで、徹底したボケぶりを発揮していた役者だった。

(略)

その公演といえば、例えば、開幕のアナウンスが流れ、場内が暗くなると、突然まだ幕開きの準備が整わず幕の裏で人がドタバタ走り回り、「早く早く」などと騒いでいるところがスピーカーから流れている最中に、幕が上がると、全員が静粛に整列している、といった、人を喰ったナンセンスを売り物にしていたグループだ」(林圭一『舞台裏の喜劇人たち』創樹社)。

虻蜂座公演より　森繁久彌、フランキー堺、三木のり平

「虻蜂座」は、どの席も二〇〇円なんです。全席非定席なんて言って実は自由席なんです。全部が「いの一番」(笑)。役者の奥さん連中がチケットをもぎったり、みんな身内でやりました。儲けなんかもちろんない。売れている人は自分のお金を出し合いました。うちの四谷の自宅一階が、一五―六畳ぐらいのフロアーになっていた。麻雀卓を二つ置けるんですけどね。だから袖で麻雀しながら、ソファーでいろいろしながら、集まって相談しました。貼り紙が貼ってあったようです。「芝居のことを考える暇があったら切符を売れ」「切符を売りつける時は、人を人と思うな」というような。

東京ヴィデオホールは、有楽町にありました。当時、いろんなラジオの公開放送なんかに使っていました。キャパは四―五〇〇だと思います。

昭和三〇年六月、東京ヴィデオホール、蛇蜂座第二回公演（予定）
『せめて貴女は』（三木鮎郎・野心作）
アブハチ・ショウ（構成＝矢田茂）
昭和三一年五月二五日―二九日、東京ヴィデオホール、蛇蜂座第三回公演
『流行ッ子の技術』（作＝キノトール、演出＝矢代静一、音楽＝小川寛興）
TOKYO名物アブハチ・ショウ『げに青春は』（構成・演出＝三木鮎郎、音楽＝小川寛興）
第一景　げに青春は　同人一同
第二景　卒業式　八波むと志、如月寛多、桜京美、中原早苗、千秋みつる、坂田国臣
第三景　アルトハイデルベルグ　三木のり平、市村俊幸、旭輝子、森繁久彌
第四景　ああ初恋！　如月寛多、桜京美
第五景　二死満塁　同人一同・八波むと志
第六景　マナスルの次に来るもの
第七景　愛のプレゼント
第八景　懐しの無声映画
第九景　パントマイム　マネスル・ノリソー（三木のり平）

第十景　剣舞　　　　　　　　　　　　千葉信男、森繁久彌
第十一景　フィナーレ　　　　　　　　全員
（出演者の気分に依り番組の変更、代役、相当ある見込）

内容は、バラエティショーと芝居を各一つずつ。矢代静一さん、キノトールさん、書いてくれたのは皆さん一流の人です。お金を払ったら大変な人ばかり。芝居はけっこう実験的なものでした。アブハチ・ショウというのは、パントマイムがあったり、コントがあったり、とちょっと洒落たものでしたね。

のり平が股引きみたいなものを履いて、マネスル・ノリソーという名で、凧揚げとか、綱引きとか、いろいろそういうものをパントマイムで演った。すごく面白かった。一度、耳が聞こえない子どもさんの施設でやったことがあるんです。やっぱり大受けだったそうです。中には、お座敷芸みたいなものもありました。

演劇評論家の矢野誠一さんがマネスル・ノリソーについて書いていらっしゃいます。

『最後の伝令』で文字通り抱腹絶倒させられた年（昭和三十年）に、パントマイムのマルセル・マルソーが初来日している。蝶《ちょう》をつかまえようとするピップなる人物と、蝶の死を描いた「ピップの蝶追い」の詩情あふれた至藝《しげい》が、日本の観客を魅了した。その直後に、まだモノクロだったテレビで、三木のり平は白シャツにステテコという珍なるスタイルで、そのパロディを演じて大喝采《かっさい》を博したものである。たしかマネスル・ノリソーと名乗ったのではなかったか。じつはこれがほんもののマルソーよりも、ずっとおかしくて、そして哀《かな》しくて、笑わせられながら涙が出てきてしかたがなかった。パ

虻蜂座公演『パントマイム／マネスル・ノリソー』

ロディというものの本当の意味と、すごさを教えられた気がした。そして、演ずる側に醒《さ》めた眼と鋭い批評精神がなければ、知的な笑いは生まれるものでないことを知ったのである」（「戦後喜劇史における三木のり平」『本の窓』一九九九年六月号、小学館）。

昭和三一（一九五六）年一月一四日に公開された新東宝映画『森繁の新婚旅行』（脚本＝キノトール、三木鮎郎、小野田勇）に、虻蜂座による「仮名手本忠臣蔵・七段目」の舞台が出て来ます。主人公の太陽新聞記者・森文吾（森繁久彌）が歌舞伎座へ観劇に行く。舞台ではアブハチカブキが上演されている。

「アブハチカブキ特別興行　通し狂言　仮名手本忠臣蔵」の看板。祇園一力茶屋の場。「由良さん、こち

ら手の鳴る方へ」と芸者衆に先導されて、目隠しをされた大星由良助（森繁久彌）が花道から登場。花道から落ちかけ、見物の六波羅高校の生徒たちに支えられ、「いらんことするな馬鹿野郎！」と脱げた雪駄で生徒の頭を叩いたりする。舞台中央に「CABARET 一力」の電飾看板。「あ、捕らまえた、楓かな」と通りがかった斧九太夫（千葉信男）を捕まえる。太った千葉は女形の声色で「あら～いやだわ」。上手の丸窓からは、お軽（三木のり平）がパタパタと顔をはたき化粧中。道具に「こんなところからのぞくんじゃないよ」。浄瑠璃の音で思い出し、「あ、テンドン頼む。並みだよ、安いやつね。何してんだろ、森繁の野郎……」。舞台中央では、森繁由良助が、目を寄せ「にらみ」の見得。目が戻らない。千葉の体型をからかい、「田舎の客だから分かりゃしねえ」。「お軽、そちゃ、そこで何していやる」「風に吹かれているわいな」というと、窓下側の壁が外れ、梯子に座ったお軽の裾をまくった下半身や、手に持った丼が客席に見える算段。由良助の密書を床下で読む九太夫がその密書を破って洟をかんだり、ノミが床下にいて、床上へ出ようとするのを森繁が抑えて、「ダメだよ、千葉ちゃん、そんなとこから出て来たら」と上がって来た千葉に対して、「お前なんか劇団辞めちまえ！」。次に千葉はお軽の扮装で再登場し、のり平と互いを争うスラップスティックな動き。千葉がドンと床を踏めば、提灯が落ちてくる。最後に踏めば、上から道具さんが落ちてくる。フィナーレは、出演者全員の総踊り。短い緞帳が舞台を横切れば、劇団員がもめていて、客が見ていることに気づいた森繁が「どうぞ、蛇蜂を御贔屓に」。客席からは、座布団が飛んだり、声援が起こったり……。

これは映画のために作った舞台ですけど、蛇蜂座っていうのはああいう感じです。脚本も、キノトールさんと、三木鮎郎さんと小野田勇先生ですから、虻蜂座のメンバーで作った映画ですね。東京の喜劇界っていうのは、とても狭かったし、人数も限られていました。売れてる人っていうとだいたい虻蜂座の舞台に出てましたね。八波むと志さんもいち早く出てますね。

第三回公演のパンフレットには、〈『虻蜂族の会』会員募集!!〉の記事が載っています。それによると――。

○ 御安心下さい、会費はとりません。
○ 会員には虻蜂座公演の都度（……と云っても年に一回ですがね）御案内を差し上げ、前売り券の予約を承ります。
○ 公演以外に年何回か発作的に、ピクニック、座談会、試写会、運動会、野球大会、家庭見学、酒呑み会等を催して親睦をはかろうという陰謀があります。（但しその場合はタダという訳にはいきません）
○ 季刊『虻蜂』というパンフレットを発行して同人、会員の動静などお知らせしたらどうであろうかという意見もあります。
○ とにかく虻蜂座を愛する方は、お配りした申込用紙に御記入の上、廊下に備付の投書箱に御投入下さい。

第一回目のプログラムに原稿を書いて下さった徳川夢声さんとはのり平は仲が良くてね。虻蜂座と漫画集団で野球をやったことがあるんですよね。スポンサーになってくれていた「洋菓子の店　アマンド」がユニフォームを作ってくれたんです。これが真っ黄色でね。野球大会で司会をやった夢声さんが、「あッはッは、まるで大腸菌のようなユニフォームですな」。場所は、たぶん多摩川じゃないかと思うんですがね。お客も入れて、野球は野球なんだけど、見る人に楽しんでもらえるように、いろいろとふざけたりね。ファーストとかショートみたいな、あんまり球の来ないところで、うちのお父さんは寝っ転がっていました。

第三回目のパンフレットには、宮田重雄さんて絵描きさんが、「ナヤマシ会の芽が立派に花を開いたって感じ」って、書いてありますね。

「虻蜂同人賞」っていうものも作られまして、第一回目の受賞者が森繁さんで、二回目はうちのお父さんだったかな。なんかピエロのブロンズ像になってました。

『森繁の新婚旅行』の劇中劇の「一力茶屋の場」の最後のシーンで、森繁さんが「虻蜂をよろしく」って言ってますね。毎回、やってる時は続けていくつもりだったんでしょうけど、だけどみんなもう忙しくなり過ぎちゃったんですね。テレビ番組も増えて自然消滅しました。

第四章

日本喜劇人協会設立と東京喜劇まつり『アチャラカ誕生』

日劇『アチャラカ誕生』公演パンフレット
イラスト、上から右廻りに榎本健一、古川ロッパ、柳家金語楼

昭和二九（一九五四）年一月に、日本喜劇人協会が設立されます。初代の会長が榎本健一――エノケンさんですね。副会長が古川ロッパさんと柳家金語楼さんです。

――エノケンさんの著書『喜劇こそわが命』から。

喜劇人協会設立の目的として、第一に喜劇の復興、第二に喜劇人の親睦、ということが謳ってある。この喜劇人の親睦の中には、ロッパや金語楼さんや僕らのような年を取った喜劇人が、若い人達と共に喜劇を盛り立てて、その中から、これから伸びる若い人達にどんどん育ってもらおう、それのお手伝いを年取ったものがしよう、という意味が含まれていたのである。

三木のり平君などは、こうした中から育っていった一人である。

たとえば、こういうことがあった。

僕の家に子供の頃から住み込んでいて、中学から大学を卒業して、今は日本テレビのプロデューサーをやっている河野という青年がいた。ある日彼が僕に、〝らくだの馬〟をやってくれ、といってきた。

日比谷公会堂で、テレビの録画中継ということで、一日だけ僕がやったところ、三木のり平君が見にきていて、オヤジさん、それを私にやらせて下さい、といった。

その後、喜劇人まつりで〝らくだの馬〟が出し物になったので、あの時、のり平君が、私にやらせて下さい、といってたのを覚えていたので、これはのり平君にやってもらおうと、彼にやらせてみた。ところが、これが大変人気になって、すっかり彼の当り役になってしまった。

これから、三木のり平大いに売り出す、ということになったのである。

エノケンさんが書いている日本喜劇人協会の設立目的はキレイゴトで、実際はもっと自民党がらみの政治的なものでありました。そういった団体は、得てしてそういうものなのかも知れません。

ある女優がＴＢＳのスタジオに「あゆみの箱」を持って回った時ののり平のエピソードをルポライターの竹中労さんが書いています。

「のり平氏いわく、「メシが食えずに首をくくった俳優もいるんだ、オレはそんなものには協力しねえよ」

かつての喜劇スター、谷晃が、病苦と生活難で自殺した、その直後であった。厚労省ご依頼の〝売名慈善運動〟なんぞに精出すより、役者仲間の現状の悲苦をなんとかしたらどうだい、のり平は、そういいたかったんだろう。アタシもそう思う、シンからそう思う」（竹中労『くたばれスター野郎！　芸能界こてんこてん』サンデー新書）。

昭和三〇（一九五五）年三月四日―一〇日、日本喜劇人協会主催「東京喜劇まつり」第一回公演『銀座三大』（作・演出＝菊田一夫）が日本劇場で開催され、評判になりました。

その半年後に、第二回目の「東京喜劇まつり」公演が大ヒットしました。

『アチャラカ誕生』

昭和三〇年九月一三日―二六日、日本劇場、第二回東京喜劇まつり『アチャラカ誕生』（構成＝榎本健一、古川ロッパ、柳家金語楼、演出＝山本紫朗）。同時上映＝豊田四郎監督『森繁・淡島の夫婦善哉』

（一三日―二〇日）、筧正典・鈴木英夫・成瀬巳喜男監督『くちづけ』（二一日―二七日）。

物語――まずはチンドン屋の扮装でエノケン、ロッパ、金語楼がエプロンステージで口上。

地方劇団大福座の劇場主兼興行主兼舞台監督兼宣伝部の六太郎（古川ロッパ）は、東京中央進出を目指している。娘のマサ子（暁テル子）もその願いをかなえるべく、同級生で東京の大興行主大林竹三（藤山竜一）の娘キヨ子（音羽美子）を連れて帰ってくる。キヨ子が見て面白く、東京公演が可能だと思えば、父親を電報で呼び寄せることになっている。張り切る六太郎。開演である。

まずは、浪花節歌舞伎「太閤記十段目」。これがダメで次は、東京では音楽と歌と踊りで構成されたオペレッタが大流行だと聞かされ、六太郎は「音楽大悲劇というものを考えている。脚本も用意した。南北戦争を題材にしたもので、これなら大林さんに見せても大丈夫。明日早速やってみる」と安請け合い。かくして、音楽大悲劇「最後の伝令」が開幕。これがとんでもないことになる……。

〝アチャラカ〟について、のり平は次のように語っています。

「スラップスティックというのは、ドタバタ喜劇っていうから、身体を使って滑ったり、転んだりするのをスラップスティックっていうんだけども、アチャラカっていうのは、「茶化す」っていう意味と「あちゃら」っていう外国を茶化す。ほとんどがオペレッタでしたからね。エノケンさんなんかもよくやってた、赤毛をつけて、それこそ金髪つけたりして。アチャラカっていうのは、あちゃらを茶化す。パロディですよね。そのへんが語源らしいです。アチャラカって言いだしたのは、夢声さんだとか、大辻司郎とか、古川ロッパとかいう映画人とか、説明士たちが説明で食えない、組んだのが

「ナヤマシ会」っていうのがありまして、それが「笑いの王国」の元なんですけど……ロッパ先生なんかに言わすと、「うん、その頃からだなあ」って言ってましたからね。看板にも「アチャラカ」って書くようになったのは、「笑いの王国」があって、そのあとじゃないかなあ」

古川ロッパは以下のように書いています。

アチャラカという言葉、これは何時の頃から使われるようになったものか、今では、ドタバタ喜劇、スラップ・スティックのファースといった意味で通っている。

批評家は、「ロッパは何時までアチャラカばかりやっているのか」という風に用い、観客は「もっと深刻なものかと思ったらとんでもないアチャラカだった」などとおっしゃる。

此の言葉を、僕が、はじめて公式に用いたのは、昭和八、九年頃、浅草で、笑いの王国の宣伝文に、「アチャラカ・ナンセンス」という文字を使ったのであった。が、これは僕の発明ではなく、その以前から浅草には、アチャラカという言葉があった。

しかし、どうもそれは、アチラすなわち彼方《あちら》、すなわち外国という言葉が含まれ、アチラ帰りというように、これは、アチラ式、外国渡来——そんな感じだったようだ。舶来《はくらい》とか、ハイカラというような意味が、アチャラカという言葉の中には、たしかに含まれていたのである。

それが、段々と、そういう外国的というようなものが無くなって、前記の如く、めちゃくちゃ喜劇というようなことになり、「アチャラけくやろう」というように用いられ、「アチャラカパイの大喜劇」などという風にも、言われるようになってきたのである。

「アチャラカ誕生」は、その題名通り、大いに笑わせる、何でもいいから、爆笑してもらおうというだけの目的で、昔に返って、二十年以上若返って、めちゃくちゃなお笑いを提供した。
期せずして、新聞の評に、「笑いの王国の復活という気がした」とか、「笑いの王国の再現」とか、書かれたのは、僕としては、此の企画大成功だった、と喜んでいる次第である。

（『喜劇三十年 あちゃらか人生』アソカ書房）

林圭一先生の『舞台裏の喜劇人たち』によると、金語楼さんは、『太閤記十段目』の光秀をやりたい、ロッパさんはオペレッタをやらせて欲しい、エノケンさんは十八番『最後の伝令』をやるといい、それら三本を「劇中劇」にするには、旅回りの一座の話にするのが自然だということになって、筆の立つロッパさんが台本にまとめたそうです。のちの『雲の上団五郎一座』の原型ですね。

映画『極楽大一座 アチャラカ誕生』ポスター

『アチャラカ誕生』は、『極楽大一座　アチャラカ誕生』（一九五六年、小田基義監督）で映画化もされていますので、そちらをご覧になると、金語楼さんの武智十兵衛光秀で、のり平とトニー谷さんが女形で出てきます。

エノケンさんが「『アチャラカ誕生』で『最後の伝令』をやるから、のりちゃん、どの役やりたい？　どれでも好きな役、やっていいから」って言われたんですね。のり平は「「大変だ、大変だ」って出て来る従卒の役をやりたい」と答えたんです。その役は今まで映画でエノケンさんの吹き替えをやっていた川上正夫さんていうお弟子さんが演っていたチョイ役なんですね。それを「あの役やりたい」って言った。当の川上さんがびっくりした。「えッ、私の演ってた役ですよ」「いいの、あれを演りたい」。みんなが、「なんであんな役をやりたいの？」って思ったらしいけど、のり平には策があった。南北戦争ものの芝居で、従卒のロバート役が出番を間違えて何回も何回も出てくるっていう風にした。西洋物で男の役なんて演ったことがない女形の役者って設定だから、ナヨナヨ出てくるっていう風にした。

揉めているトム（榎本健一）とメリー（旭輝子）がいやいや抱き合う。下手の塀の向こうからスキップを踏んでロバート（三木のり平）が来る。二人の前で横座りになり、

ロバート　メリーさん、大変だ、大変だ。あなたの大事なあのトムが、名誉の重傷だ、大変だ。

トムがロバートを蹴る。茂みから四つんばいの演出家（如月寛多）。

ロバート　メリーさん、大変だ、大変だ。

演出家　（台本でこづきながら）違う！
ロバート　大変だ。
トム　違うんだよ！
ロバート　違うよ……
トム　違うんだよ！　俺はまだ戦争に行ってないじゃねぇか！　戦争に行かないのになんで名誉の重傷なんだよ！
演出家　早いんだよ！　出番が！
トム　早いんだって！
ロバート、追われるように去る。帰り際に、トムにハンカチを投げつける。

たどたどしいセリフ回しとナヨナヨとしたシグサ。

たったそれだけのことだ。

　しかし、武骨な兵隊芝居の中で、意表を突いた女形の動き。これで大爆笑だ。

エノケンはもちろん、将軍となって出ていた金語楼始めトニー谷、如月寛多《きさらぎかんた》などそうそうたる出演者全員がかすんでしまった。業界語で言う「喰い抜け」というやつだ。

　これが評判となって、大入りが続く。歌舞伎の大御所中村勘三郎も見物に来る大騒動となって、一躍三木のり平の名を高めることとなった。

（『舞台裏の喜劇人たち』）


　その頃は、もともと動かないロッパさんはお身体が悪いこともあって、とにかく立ってしゃべるか、歌うことにしたんですよね。映画のほうも同じですよ。

金語楼さんの『太十』も面白かった。映画で見ると光秀の鬘につけた電球がパッパって点いたりする。竹槍を持って出て来てね。その当時、いちばんこまめに稼いでいたのは、金語楼さんですね。まとめ役でもありました。金語楼さんは、番組の数とか、全国的な人気がすごかった。エノケンさんとかロッパさんは、大御所でしたからね。うちのお父さんは、エノケンさんとは、それまでも日劇だとか、帝劇で『浮かれ源氏』とか、笠置シズ子さんとやってました。エノケンさんは、のり平の今後をうんと期待していました。自分と同じ下町っ子だし、動ける喜劇役者だからですね。

『アチャラカ誕生』の時は、ぼくは、まだ四つか、五つの頃なんですよね。だからはっきりした記憶はないんです。小学校へ入った頃ぐらいからは記憶があります。日劇っていうのは、東宝系ではあるけれども、東宝株式会社じゃなくて、「第二演劇部」ってとこで、人間もかなり怪しい人たちが日劇とか新宿コマ劇場にはいました。

この『アチャラカ誕生』の時のうちのお父さんの「メリーさん、大変だ、大変だ」は、社会現象みたいになったんですね。見た人がみんな真似をして銀座のバーやなんかで口コミで広がったんですって。それにラジオ中継もあって、日本中に放送された。

――矢野誠一さんの著書から。

「なにしろ「メリイさんメリイさん……」というのが巷間の流行語になったくらい評判になった。マスメディアによる情報伝達にも今昔の感のある時代であったことを思えば、これは大変なことである。その後も何度となく上演された『最後の伝令』だが、この『アチャラカ誕生』のときに勝るものはなく、三木のり平のロバートもこのとき限りだった」(『舞台の記憶　忘れがたき昭和の名演名人藝』岩波書店)。

楽屋割を見ますとね、役者同士の仲がいい、悪いがよく分かりますね。のり平は、だいたいエノケン先生と相部屋、そういう風になってますね。

日劇の思い出では、『最後の伝令』のほかにも、のり平の有名なエピソードがあります。森繁さんの著書から。


数年前、日劇の楽屋に私が三木のり平を訪うたとき、

「シゲさん、今ね、ダニー・ケイがオレの部屋へ挨拶に来たよ」

という。ほほう、喜劇役者は同業にも礼あついものと感心もして、のり平の日劇出演を祝ったのだが。楽屋の出口でちょうどダニー・ケイに逢ったのを幸い、心臓を強くして、

「日本のコメディアンとしてすぐれたわが友、のり平・三木は、君の訪問にいたく感激している。サンキュー、ダニー」

てなことを云って、わが友のり平の喜びを伝えたところ、英語が下手なのか、さっぱり要領を得ぬような顔をしたダニー君は、しばしためらいながら、

「その喜劇役者を私に紹介せよ」

という――。

話がどうもおかしいので、チッとばかり英語の達者な奴をつれて来てコトの次第をうかがったところ、ダニー君のいうには――

「アイ・アム・ソーリー。オレは今、たしかにこの地下室の楽屋へ行ったが、それは君のいう

コメディアンを訪ねたのではない。かつてオレが下っ端の頃、さよう二十何年ほどか前に日本へ来たとき、オレが使っていた懐かしい楽屋を見に行っただけである」

と哀しい返事をした。

つまり、のり平はその部屋で、偶然、座ブトンを敷いてドーランをぬっていたという次第だ。

しかし、私にもその部屋は懐かしいものであった。


（『森繁自伝』中央公論社）

ちなみに日本喜劇人協会の会長は、エノケンさんに続いて、柳家金語楼、森繁久彌、曾我廼家明蝶、三木のり平、森光子、由利徹、大村崑、小松政夫……と錚々たる方々が務めておられます。

第五章　菊田一夫の東宝ミュージカル

東宝ミュージカルス第１回公演パンフレット

「東宝ミュージカル」以前に「帝劇ミュージカルス」というものがありました。旧帝国劇場で、昭和二六（一九五一）年二月六日に第一回『モルガンお雪』が公演されました。主演は宝塚歌劇団花組男役のトップスターだった越路吹雪さん。企画したのが社長の秦豊吉さんです。続いて、『マダム貞奴』、『浮かれ源氏』、『美人ホテル』、『天一と天勝』、最後の『喜劇蝶々さん』、これらにのり平は出ています。

「アメリカ軍に接収されてた帝劇が返還されて、菊田一夫先生が『モルガンお雪』だとか『マダム貞奴』といった喜劇をやりだした。それに出だしたらもう、喜劇から足抜けすることができなくなっちゃった」（三木のり平談『笑うふたり　語る名人、聞く達人 高田文夫対談集』中公文庫）。

のり平は、演劇評論家の水落潔さんをお相手にも話しています。

のり平　帝劇ミュージカルスなんていうのがね。
水落　そこへ引き抜かれて。
のり平　その時、初めてぼくは菊田先生を知ったんですからね。
水落　ああ、そうですか。そこではどういうことをなすってたんです？
のり平　それはね、菊田先生がお書きになったちゃんとしたものがあったんですけど、カーテンのつなぎに。帝劇の社長が「バラエティにしたいんだけど……」って、しょっちゅう揉めてましたよ。「ちゃんとしたストーリーをもって来たいんだけど……」。菊田先生は「あんなもん、なんで入れるんだ」って。その〝あんなもん〟の方にぼくは入ってたんです。

（NHK ETV『ステージドア』）

菊田先生の「東宝ミュージカル」は、「帝劇ミュージカルス」を受け継いだようなもんですね。それ以前は、秦豊吉さんの時代でした。秦さんについては、ぼくはそんなに存じ上げません。うんと怖い方だったそうです。ただ、越路吹雪さんを宝物のように大切にした。それを菊田先生が引き継いだ形になったんです。だけど、菊田先生は越路さんの扱い方に困った。ご自分の引き出しにはないゴージャスな女優さんだからです。菊田先生は、宮城まり子さんや江利チエミさんみたいな大衆的で庶民的な方がいいんですね。後年、私が水前寺清子さんにお会いした時に、「私、ヘンなおじちゃんに誘われたことがあるのよ。その人を知らないからその時は断った。あとで聞いたら菊田一夫さん。偉い人だったっていうから、あの時、断って損したと思った」って話していました。つまり菊田先生にしてみれば、江利チエミさんや宮城まり子さんのやってることを、この子なら出来るだろうって思ったわけです。そのあたりはさすがだなと思いました。日本流のコメディエンヌですね。大衆的でお客さんを泣かせることも出来るタイプです。森光子さんもそうですね。森さんは、菊田先生が偶然、大阪の梅田コマ劇場をのぞいたら出てた。達者で、この子面白いなと思われて、「東京へ出て来いよ」って、声をかけた。その

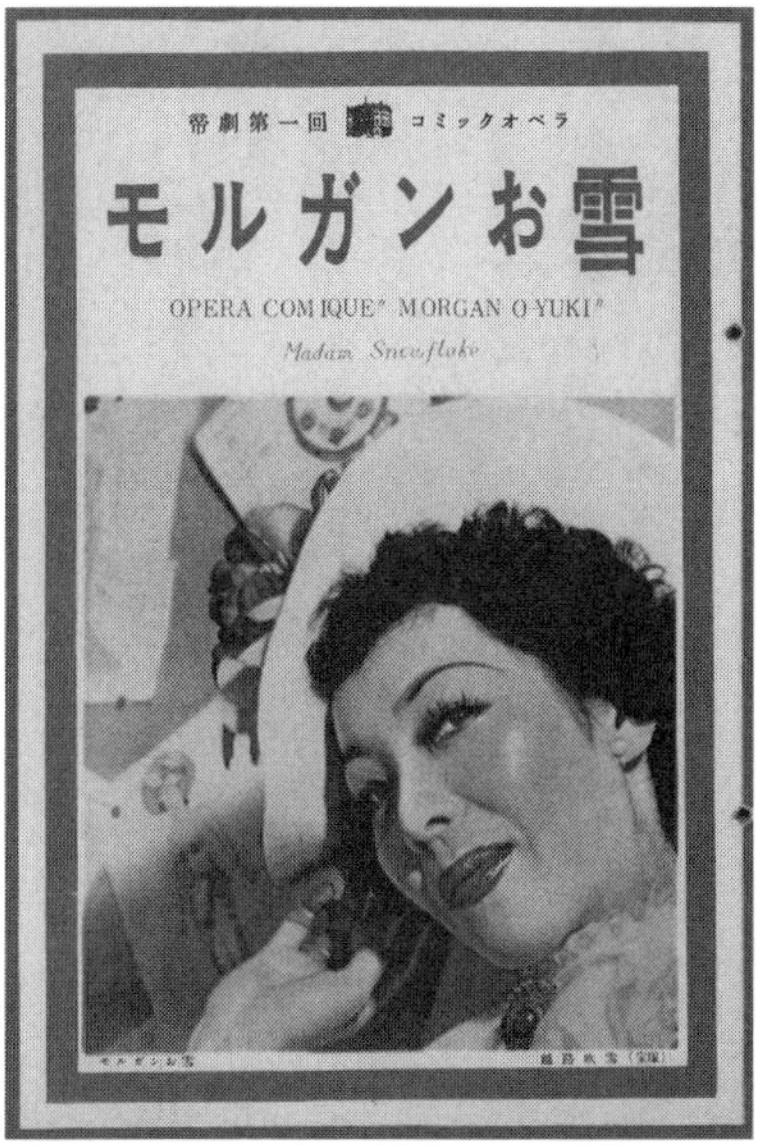

『モルガンお雪』公演パンフレット

時分、森さんは大阪ではすでに人気があった。

菊田先生のお芝居は貧しい人たちのお芝居でしょう。だけどそういうのは、越路吹雪さんには似合わないんですよね。貧しい人の役は似合わないし、田舎の人の役も似合わない。だから菊田芝居では正当に扱われなかった。越路さんのことを世の中の人は皆さん、歌手だと思っているけど、実は女優さんなんですよね。のり平の映画『次郎長意外伝　灰神楽の三太郎』(一九五七年)なんかにも出ています。うちのお父さんとはすごく仲が良かった。だから、菊田先生からも、何かの時は頼まれていたんじゃないですか。越路さんを慰めてやってとかね。

帝国劇場や東京宝塚劇場は、丸の内界隈で勤めていらっしゃるような方たちが観客です。そういう人たちのための柔らかい商業演劇でした。大衆演劇と違うのは勝手なアドリブは出来ません。芝居のストーリーを壊すことはいけない。あとはミュージカルですから、高島忠夫さんだとか、越路吹雪さんとか宮城まり子さんとか、そういう方たちがメインになるわけです。

菊田一夫先生が、東宝ミュージカルへの経緯について書いています。


僕が東宝へ演劇担当重役として迎えられたのが昭和三十年。僕としては帝劇の秦ミュージカルを引き継いでゆく気は毛頭なかったのだが、アメリカさんの接収が解けた東京宝塚劇場が返還されてきたものの、さて上演するものがないという始末。そこで僕は「よし、ここでひとつ理屈抜きに笑える大アチャラカをやって、笑いというものを忘れかけている人たちを思いきり笑わせてやろう」

と思いたって、東宝傘下のアチャラカのベテランをあつめ、企画したのが、往年の浅草の笑いの王国式の〝歌入りアチャラカ劇〟だった。

ところが、そのころ海の向うから結構な映画その他を通じて〝ミュージカル〟ということばとか論議がいろいろな形で日本にも伝わってきた。ブロード・ウェイは正にミュージカル・ブームだというのである。そこで今はなき小林一三社長のいわれるには、

「かまわんから東宝ミュージカルという名称をつけろ、その方がいまのお客の心にピッタリくる」

とのことだった。

僕自身、永年の演劇生活のカンで、まだ日本ではミュージカルというものが育つ時機には至っていない、早過ぎると思っていたので、このタイトルをつけることには多少の抵抗を感じたが、

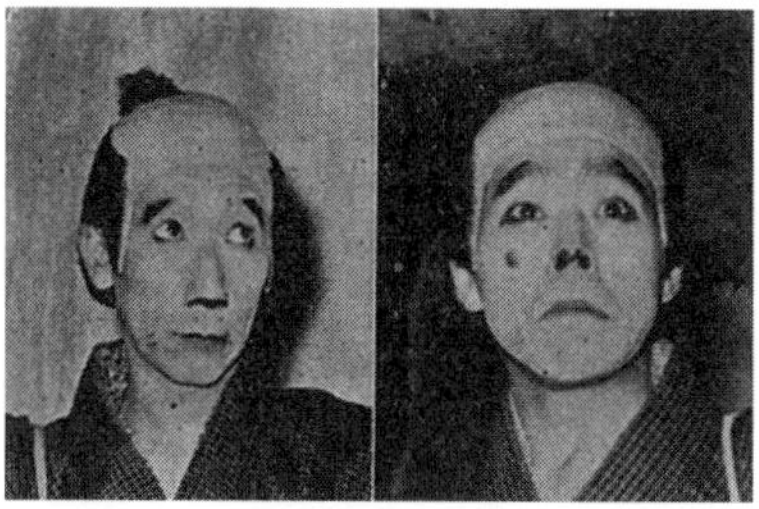
初期のコンビ　三木のり平・山田周平

それでも社長はなお、

「一つの呼び名だと考えればいいのではないか」

といわれるので、僕の案としては「東宝喜劇」と冠するつもりでいたのを撤回して、あえて第一回東宝ミュージカル《ママ》と名乗ってスタートした。

（略）

そのころ批評家から筆をそろえて「こんなものがミュージカルである道理はない。これはミュージカルとは別のもので、単なる音楽入りアチャラカではないか。こんなものをミュージカルと称する菊田という男はけしからん」といった意味のおしかりを受けたが、ご説いちいちごもっとも、いずくんぞ知らん、内幕はこういう仕組みになっていて、僕

自身いいわけのようだがミュージカルをお見せしたつもりはなく、音楽入り大アチャラカを提供したつもりでいたのだから、マトを得たご高見に内心苦笑を禁じえなかった。

（「ミュージカルへの十八年」『菊田一夫　芝居つくり四十年』日本図書センター）

『泣きべそ天女』『恋すれど 恋すれど物語』

昭和三一（一九五六）年二月九日―三月一四日、東京宝塚劇場、東宝ミュージカルス第一回公演

ミュージカル・ファンタジー（一）『泣きべそ天女』（作・演出＝飯沢匡、音楽＝三木鶏郎）

物語――天帝（古川緑波）は三人の天女の姉妹を持っている。久しぶりに地上に降り立つのは三女のビンガ（雪村いづみ）。彼女は、水爆実験に巻き込まれ、薄汚い顔つきで夜更けどこかの公園に舞い立った。浮浪者や娼婦、スリなどがいる公園だ。天女だというビンガは小林巡査（小林桂樹）に病気だと言われる。今売り出し中の残月流家元（トニー谷）は、浮浪者からクズ鉄を買い集め、前衛生け花のオブジェを作っている。望みの品は、のり公（三木のり平）、一公（有島一郎）のろうあ者の二人に頼めばことたりる。ビンガは公園でウロウロしているところを縄張り荒らしだと騒ぐ娼婦たちに羽衣を奪われた。ビンガを助けたのは、千代（越路吹雪）だった。千代はいったい何者か。そこに偽札事件の捜査のための榎本巡査部長（榎本健一）と小林巡査がやってくる……。地上の騒動に巻き込まれたビンガは、果たして羽衣を取り返すことができるのだろうか。バタ屋の娘役に宮城まり子。

マゲモノ・スペクタクル（二）『恋すれど 恋すれど物語』（作・演出＝菊田一夫、音楽＝古関裕而）。

物語――昔々、唐津藩の家老袖の下鳥右衛門は馬廻り役沙羅利万助および他に二人の部下を率いて、江戸表まで南蛮渡来の壺を送り届けなくてはならない。その壺は先ごろポルトガル船で入荷した禁制の品である。幕府隠密のいうところによれば、その壺の底には仕掛けがあり、江戸表なる公方様に勧めて、これを麻薬患者にしようとの企てがあるという。その壺については国内中の盗賊の間でも噂が高く、名のある盗賊のすべてが長崎の近郷に集まっている。鳥右衛門は、壺運びの一行を唐津藩息女呉羽姫の江戸への旅に仕立てた。といっても姫の身代わりを立てている。唐津藩領内のある宿場の旅籠「唐津屋」に、袖の下一行が宿泊した時に、偶然泊まり合わせたのが、二人の剣豪、武蔵大和（榎本健一）と連日連也斎（三木のり平）であった。その夜、宿に泊まり合わせたのは、女賊にっこりお時（越路吹雪）、相棒のうば桜のおたね（トニー谷）、巡礼おさわことサイコロのお六（七尾伶子）、怪盗鬼の石松（有島一郎）らであった。その日、剣豪二人が所有する南蛮の壺が盗まれる。やがて、南蛮の壺は偽物と入れ替わり、あろうことか本物の壺は捨てられる……。

『泣きべそ天女』
三木のり平、有島一郎のコンビ

「東宝ミュージカル」は、第一回公演のみ「帝劇ミュージカルス」と同じく「東宝ミュージカルス」と〝ス〟がついています。

当時、大スターだった雪村いづみさんが一本目の主役。ぼくは、この公演に関しては、ぼんやりと記憶している程度で、エノケン、ロッパ、越路吹雪、それにのり平・有島が、一時期の東宝ミュージカルの中心でしたね。

小林桂樹さんが、『恋すれど 恋すれど物語』に出ていました。普段から役柄あのまま。ホントにキチンとしたマジメな方でしたね。喜劇役者ってみんなどこかヘンでしょ。森繁久彌さんにしても、山茶花究さんにしても、ある点で普通の人じゃない。でも、加東大介さんとか小林桂樹さんは、まともな方ですね。

ストーリーは、なんか不老長寿の妙薬が入ってる壺みたいな……なんでもいいんですよね。とにかく大事なものがあって、それをみんなが狙っているっていう話なんです。斎藤寅次郎監督で『恋すれど 恋すれど物語』（一九五六年）として映画化もされました。

菊田先生のお芝居の作り方を林圭一先生の『舞台裏の喜劇人たち』から紹介してみます。


メンバーを見渡してシンはやはり榎本健一。ただし彼はシュンを越えている。そこで前年日劇の『アチャラカ誕生』で爆発的人気者となった三木のり平と組ませて、菊田一夫得意のペテン師コンビを作る。他はそれぞれの持ち味を活かしてこれに絡ませる。長年の座付作者としての経験があるからできる芸当である。それからストーリーが生みだされる。これがまた、菊田流だ。

『恋すれど 恋すれど物語』

まず、セットから先に考える。セットデザイナーが呼ばれる。

「まぁ話の始めは旅館だろうな、それも大きい奴」

「ハアハア」

とデザイナーはラフスケッチを書き始める。

「二階建てにして、回しても上がり下がりしても、使えるセットをな」

サラサラとデザイナー渡辺正男がスケッチを描く。

「こんなもんでっか」

「ウン。それから山だな、山ん中、峠道がいい。山があったら今度は海だ。海に行ったら大きな船それも丸物で、全員が乗れるものがいい」

こうして殆ど思い付きといえるようなセットの打合せ。これはもうレビュー感覚だ。話の進行より見た目のセットの変化を優先される。

さて、それがすむと、主な出演者の役柄を決める。そして先に香盤《こうばん》を作ってしまうのだ。本来香盤というものは、出演者が自分は劇中の何場と何場に出ているか一目で分るようになっている一覧表だ。

だから、われわれができあがった台本をもとに作るものだ。それを台本を書く前に作ってしまう（もっとも主要な出演者の分だけだが）。

台本がないんだから、何も分からないままに、私も適当にバランスよく並べるだけだが、当然、出演者の出番の数は公平に配分する。

そうか、なるほど、これなら台本ができあがった後で出演者から「おれの出番が少ない」などのクレームを防ぐことができる。

こうして、装置家が描いたセットのラフスケッチと、香盤を前にして台本を書き始める。

と簡単に言うけれどこれは至難の業だ。試しにやってみるといい。山の芝居から突然海に行くなんて、どうしたってストーリーに無理が出る。

その無理を全く感じさせない自然な台本に書き上げるところが菊田一夫の作劇術だ。

とはいえ菊田台本は遅い。

「台本書き上がった?」

「キクタケ（菊田家）やぼよ」

という会話があるくらいだ。これは岩谷時子創作のギャグ。

その上、菊田一夫は長年の経験から、

「ホンが遅れれば、役者はセリフを覚えるのに精一杯で、台本についてアレコレ文句をつける暇がない」

という功徳も知っているから手がつけられない。


さらに次のようなエピソードも――。


楽屋でも舞台でも、三木のり平は悪童だった。役の上でコンビを組んでいるエノケンが舞台の袖に来てしみじみとコボす。

「おれ、のりちゃんは嫌だよ。出番の時は合図してやんなきゃなんないし、出れば出たで何を言い出すか分からねぇんだから」

芝居は一切エノケンまかせ、セリフは口から出まかせ風まかせ。そして舞台の上では笑い上戸のエノケンを笑わせることに全力を尽くす。

舞台は河原の場面。

ひょんなことで知り合った、南蛮人との混血娘、長谷川李子《はせがわとしこ》（長谷川一夫の娘さんだ）の三人が、車座になって弁当を食べ始める。

彼女が自分の生い立ちを語る。

「私のね、パパは南蛮人なの」

と言った途端、のり平が、

「じゃ、おまじりだ」

こんなセリフは台本にない。これを聞いて、ちょうど飯を頬張ったところのエノケンが、思わず吹きだした。おかずの里芋と飯つぶがライトにあたって、きれいに放物線を描いて飛び散った。

しかし喜劇役者は案外こういう状況に置かれることを楽しむ風潮がある。だからエノケンも嫌だ嫌だと言いながら、のり平との芝居を楽しんでいた。

この二人が、船の上で大見栄を切って名乗る。エノケンが、

「われこそは武蔵大和なるぞ」

と大目玉を剥いた後、のり平が続いて、

「われこそは——」

と言ったが、さァ後が出ない。自分の役の名を忘れてしまった。
ウグググとつまったまま突然、
「であるぞ」
とだけ言って、周りの出演者をパニックに陥れる。

『太陽の娘』『俺は知らない』

昭和三一年七月五日—七月三一日、東京宝塚劇場、東宝ミュージカル第二回公演、ミュージカルプレイ『太陽の娘』（作・演出＝高木史郎、音楽＝米山正夫、中井光晴、若山浩一）

物語——太陽の娘、榎本陽子（美空ひばり）はサーカスの人気者。彼女は団長の榎木健二（榎本健一）に拾われて本当の親と信じていた。美しい彼女に思いをよせる者にブランコ乗りのバビー（旗照夫）、男爵綾小路信也（小泉博）、手裏剣投げの片目の六（南道郎）がいた。片目の六はバビーを殺そうとブランコに仕掛けをし、バビーの代りに乗った本ブランコ乗りのマリー（宮城まり子）は片足が不自由になってしまう。楽しい陽子の前に実の親が現れる日が来た。しかし一座の道化師ノリッペ（三木のり平）、アリッペ（有島一郎）は相談の末、マリーを陽子の身代わりに本当の父に引き取らせようとする。太陽の娘、陽子に再び幸せの日が来るのだろうか。華やかなサーカスのジンタにのって、今日も歌声が響いて来る。

マゲモノ・スリラー『俺は知らない』（作・演出＝菊田一夫、音楽＝古関裕而）

物語——江戸は日本橋、質屋信濃屋の一人娘お秋（美空ひばり）は都座で踊るおさらいの最中、突如、何者かの矢によって殺される。この怪事件の解決に乗り出した岡っ引き文七（小泉博）は、母親のお藤（藤波洸子）からお秋には双児のお春（美空ひばり二役）という妹がいて、死んだ父親が二人のお守りに秘密の財宝のありかを書いた地図を分けて入れておいたことを話す。そしてお春は伊那の天竜川に男装して筏流しをしていることが分る。この秘宝を追って悪旗本の熊坂典膳（高木信平）、手下ののり蔵（三木のり平）、悪番頭の勘兵衛（如月寛多）、有八（有島一郎）、女すりのお七（草笛光子）らが伊那へと旅に出る。危険の迫るお春の身は……殺されたお秋の亡霊は有八、のり蔵を悩ます。真犯人の謎を追って文七の腕の冴えは、いかなる犯人を見つけ出すか、涼味満点のマゲモノ・スリラー。他にも矢場の女お芳（水谷良重）、こずかのお銀（岡田茉莉子）なども出て来る。

東宝ミュージカル第２回公演パンフレット

『太陽の娘』は、憶えてません。サーカスの話ですね。その後の東宝ミュージカルのメンバーが、出揃ってきてますね。この辺りから、有島・のり平コンビみたいなのが出来始めたんじゃないでしょうか。まだまだ、売り出し中って感じでしたが、あれよ、あれよという間に看板が大きくなっていきました。エノケンさんがサーカスの団長ですね。エノケンさんという人は、とにかくチャーミングな方だし、絵になる。いたっていい人ですしね。

子どもさんにも親しみやすい。水谷良重さん（現・二代目水谷八重子）もこの時が初めてなのかな。まだ一六歳ぐらいですね。岡田茉莉子も出てた。浦島歌女、この人は菊田先生のガールフレンド。小泉博さんに草笛光子さん。草笛さんは、この時代、日本テレビの『光子の窓』が始まって、テレビと舞台の両方で活躍していました。草笛さんは、歌って、踊れる。のり平と組んだ作品も結構ありますよね。草笛さんは下世話なところがない。実際に普段も文学少女でいらっしゃる。ご本人は、ミュージカル志向だったんですね。それから、旗照夫、高英男、小野満、この人たちは音楽関係ですね。南道郎さんは漫才をやってる人です。評論家の扇谷正造さんは、東宝ミュージカルの第三回公演のパンフレットに、この二回の公演での収穫を書いています。

「たった二回の公演で、とにかく新人が出た。いや或る程度の層をつかんだということだ、のり平、有島は例外としても宮城まり子、草笛が出たし、その前にはトニー谷がスイ星のように登場した。うつり替りのはげしいこの世界で、エノケンが相変わらず健全なのと対照的

『太陽の娘』有島一郎、三木のり平、ひとりおいて榎本健一、旗照夫、美空ひばり、高英男、宮城まり子、益田喜頓

に面白いことだ」

水谷良重さんが、この頃の思い出を書いています。

「私もまだまだあどけなかった頃のことである。楽屋専用のお寿し屋さんがいた。私はハマグリを甘だれで食べるのが好きだった。「とも食いも、ほどほどにしときなヨ。」ニタッと笑ってのり様が言った。「どーしてよ？　教えてヨウ。」「わかんないことは、先生に聞きなさいヨン。」そして私は菊田一夫先生の所に聞きに行った。「誰が子供にそんなことを言った？　のり平が、呼んで来い!!」それ以来のり様にはいろいろなことを教えられた。決して教えてくれるわけではない。でも、のり様のそばにいるだけで、見ているだけで教えられることがたたあるのである。たたみに張りつけた、カンニングペーパーを読む時には、変にぬすみ読みをせず、堂堂とかつしっかり目をすえて読んだ方が、かえってバレない。なにげなく片手をたたみにつき指で進行中の台詞の上をなぞっていけば、あわてでさがしたりせずにすむ。この特殊技術を、私もマスターしたおかげで、母の代役を急につとめることになった時どれほど助かったことか……のり様のおかげである」（「のり様と私」『三木のり平九月公演』パンフレット、昭和五三［一九七八］年九月、明治座）。

『極楽島物語』

昭和三一年九月一日―二七日、東京宝塚劇場、東宝ミュージカル第三回公演『極楽島物語』（作・演出＝菊田一夫、音楽＝古関裕而、仁木也喜雄、村山芳男、広瀬健次郎、川上義彦、土橋啓二、若山浩一）。

物語――昭和二八年九月、南太平洋の極楽島。今は米国管理下のこの島へたどり着いた一人の日

本人元陸軍兵長兼松啓吉（久松保夫）が現れた。彼はあまりにも変わり果てた島の姿、人々の心に失望し島の断崖から飛び降りる。物語は、昭和一九年初夏までさかのぼる。名誉の招集を受けた万年刑事野長瀬留吉（三木のり平）、新聞記者宮坂省吾（山田真二・宝田明）、日蓮宗の僧侶並木日尊（益田喜頓）、結婚詐欺師柏原信助（有島一郎）らは補充兵として入営、教練でヘマばかりし、兼松兵長や古参兵たちから痛めつけられていた。ある日、彼らは南方戦線への派遣を命じられ、上杉信博中尉（芝田新）、兼松兵長、梶川五郎上等兵（南道郎）たちと前線へ向かう。途中の前線基地沖縄島で楽しいひと時を過ごし、出航した船内での演芸大会を楽しんでいる最中に大空襲を受け、波間を漂う彼らは、南太平洋の孤島・極楽島へと運ばれてゆく……。やがて現地で出会った日本人女性山路由紀（越路吹雪）、酋長マキニ（ビンボー・ダナオ）、ジャングル娘山猫キーラ（黒木ひかる）、島の娘パローマ（草笛光子）、その母で占い師のマルル（大路三千代）、仏人宣教師カロス（高英男）、ハーフのパウ少年（宮城まり子）らとの人間模様が描かれてゆく――。ほかにも榎本健一、淡路恵子、水谷良重、E・H・エリック、鳳八千代らの出演。

『極楽島物語』公演パンフレット

『極楽島物語』は、五―六回は見ていたんでしょうね。これは映画化（佐伯幸三監督『極楽島物語』

一九五七年）されました。ぼくは、舞台の記憶はあんまりないですね。とにかくのり平と有島さんが日本兵で出て来る。この二人に南道郎さんが鬼軍曹みたいな感じで居るんです。

南方で敗戦を迎えた日本兵の姿を、涙と笑いで描いた『極楽島物語』で、のり平が、新兵として古参兵から鍛えられる。

古参兵は、意地悪な下士官をやらせたら、右に出る者のない南道郎《みなみみちろう》。銃の取り扱いが悪く、罰として銃を捧げながら「三八式歩兵銃殿、私はあなたに対し……」と、銃に詫びる場面。

「さァ、言ってみろ」竹刀を手にした南道郎を前に、オドオドと、

「サ、サンパツ式」「散髪じゃない」「ヨ、四発」「馬鹿!」

ヨタヨタ、モタモタ。だぶだぶの軍服。たよりない兵隊。まさにのり平の独壇場だ。

(『舞台裏の喜劇人たち』)

のり平も有島さんも動きがとっても面白い。有島さんは、とてもシュールで前衛的な不思議な動きをしましたね。身が軽くて細いでしょ。着物なんか普通に似合う訳じゃない。だから首が長いのとか、足が長いのを利用して、面白いことをやってました。少し芝居から浮くような感じですかね。映画に出られてもそうですけど、不思議な芝居をしますね。動きに独特の、足芸っていいますよね。足がカクカクする歩き方とか、首のへんをポリポリ掻いたり、食べ方でもヘンでしょ。なんていうかシュールな動き、硬質なお芝居をなさる方。フシギな動きで笑いをとる。山田洋次監督が「負け組の

サラリーマンをさせれば輝く」とおっしゃったそうですが、独特のペーソスがある。現代の普通の人みたいな面もありました。有島さんは、以前ムーラン・ルージュ新宿座にいらしたんですね。戦後は、森繁さんもそうですが、うちの母方の祖母もムーランで、母も母の妹もムーランでした。ムーラン・ルージュは、新宿でしょ。だから、若い学生さんの客が多かったからモダンなことをしていました。ちゃんとしたお芝居とレビューみたいなこともやっていましたね。有島さんに比べて、のり平は、やっぱり和風ですよね。だけどあの動きや芝居には、ハーポ・マルクスの影響を随分受けていると思います。子どもの頃、映画館で見て好きだったんですね。何回も何回も映画を見て、動きだとか、佇まいとかを盗んだんでしょうね。あとは、東宝の『忠臣蔵　花の巻・雪の巻』（一九六二年）で演じた幇間利兵衛のチャリ舞なんか、子どもの時分に浜町のお座敷芸なんかをしょっちゅうのぞいて見てたんでしょうね。幇間の芸なんか、子どもの頃にみんな仕込んじゃった。お座敷芸とあと歌舞伎を見に行って、寄席が人形町にあるし、神田にもあるし、その頃は寄席がいっぱいあったし、やっぱり落語ですね。落語とエノケンさんのお芝居やなんかを見に行ったんですね。

有島一郎さんが自伝にのり平のことを書かれています。文中の「彼」というのは、有島さんのことです。

「彼が三木のり平君とコンビを組むようになったのは、この東宝ミュージカル公演の時からだった。彼とのり平君のコンビは人気を呼び、舞台に映画に大活躍の時代を迎えた。

のり平君は無類の酒好きであったが、彼の方は全く飲めなかったので、コンビは組んでいても一緒に遊ぶようなことはほとんどなかった。だが不思議なことに、舞台の上では気が合うのか、二人のアドリブによる即興芝居は客席を大いにわかせ、脱線し過ぎて菊田先生にしかられることも度々であっ

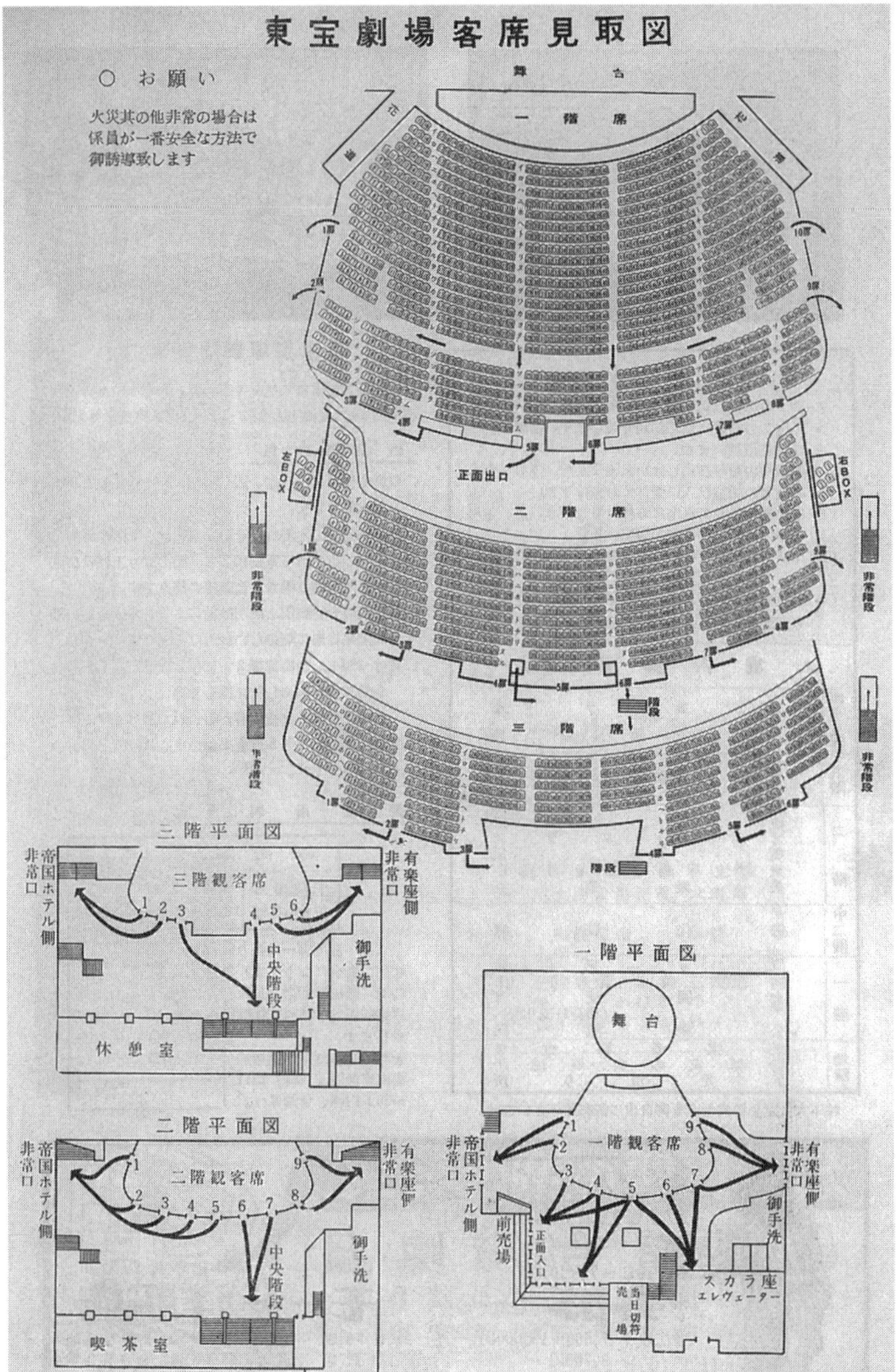
東宝劇場客席見取図
○ お願い
火災其の他非常の場合は
係員が一番安全な方法で
御誘導致します
舞台
一階席
正面出口
二階席
非常階段
三階席
三階平面図
帝国ホテル側
非常口
三階観客席
有楽座側
非常口
中央階段
御手洗
休憩室
二階平面図
二階観客席
喫茶室
一階平面図
舞台
一階観客席
前売場
正面入口
当日切符売場
スカラ座
エレヴェーター

旧・東京宝塚劇場見取図

た。彼にとっては、忘れられない一時期である。

最近は一緒に舞台に出ることもなくなったがのり平君はどんな役柄でも、努力の跡、苦心の跡をみじんも感じさせない、芸の巧みな役者であり、しかも自然ににじみ出るおかしさを兼ね備えた天才的な喜劇役者だと、彼は今になってつくづくと思っている」(『ピエロの素顔』レオ企画)。

有島さんは、喜劇だけじゃなくて、普通のシリアスなサラリーマンの役も出来ますしね。役者には主役を目指す人と、表記が最後のトメになるのが目標の人とがいますよね。有島さんはトメが目標の方だったんじゃないですか。

髙平哲郎さんが『極楽島物語』について次のように書いています。


この作品はぼくの記憶の中で、その後どんどん膨《ふく》らんで行き、ミュージカル・コメディの最高傑作にまでなってしまった。これも三階席からのオペラ・グラスだったが、すでに東宝ミュージカルの楽しみ方を覚えていたので、三木のり平だけを追いかけるような見方はしていなかった。中身は太平洋戦争時にのり平と有島のコンビの日本兵が、南海の孤島で繰り広げる喜劇だ。全裸(もちろん肌色の総タイツである)の草笛光子が、滝で水浴びをしている。この島では裸を見られた女は見た男と結婚しなくてはならない。ぼくは、突然、オペラ・グラスの向こうに現れた女性の裸に驚いて、母親と姉の手前、顔を赤くしたまま硬直してしまった。その後何年も、このオペラ・グラスの映像が頭に焼きついてはなれなかった。

楽しかったのは、のり平と有島と宮城まり子の三人で歌う『焼き鳥の唄』で、『雲の上団五郎一座』から『マイ・フェア・レディ』にたどり着く東宝ミュージカルのオリジナル・ソングの中でも、もっともよくできたコミカル・ナンバーだと信じていた。喜劇性が先行していた東宝ミュージカルは、芝居から唄に移行するといったミュージカルらしいスタイルよりも、独立した唄の景が挟まれているという形式が多かった。その景は越路吹雪、あるいは宮城まり子と益田キートンのコンビの独壇場になる。だが、小学生にはその景がいちばん退屈だった。

もう一つ最大の収穫は、舞台からの退場際の捨て台詞のおかしさを知ったことだ。特に、その後も『人間の条件』などで悪役軍人ぶりを発揮した南道郎の捨て台詞に笑わされた。

（『銀座の学校』）

髙平さんは、この作品は、ボブ・ホープ、ビング・クロスビーの映画『珍道中』シリーズの影響が大きいとも他の著書で触れています。

『パノラマ島奇譚』

昭和三二（一九五七）年七月三日―三一日、東京宝塚劇場、東宝ミュージカル・七月公演、ビッグ・スペクタクル『パノラマ島奇譚』（原作＝江戸川乱歩、演出＝菊田一夫、脚色＝東宝ミュージカル文芸部、作詞＝菊田一夫、岩谷時子、安永貞利、音楽＝古関裕而、村山芳男、北村和夫）

物語――紀州のある島で、今しもその島がパノラマ島と命名されて、その完成祝いの祭りがパノラマ島の女王（浦島歌女）**と案内人**（益田隆）**を中心に歌や踊りが妖しくも花の大平原で繰り広げられている。三文文士でペテン師である人見広介**（三木のり平）**の一室で長宗我部久太郎**（有島一郎）**は**

一〇億円の金儲けの話をしている。久太郎の旧友で紀州随一の大金持、菰田源三郎が持病で急死した。源三郎と人見広介が瓜二つなのと源三郎の地方は土葬だし、往々にして一〇日位もその病は仮死を続けるので、墓を掘り、源三郎の死体を別に埋め、人見が替りに墓に入り、蘇生した如く見せかける……その為には人見広介を厭世自殺させる手段を講ずる……大体以上の如く案を立て実行すべく二人の相談がまとまる……。

話変わって紀州の菰田家の墓地、ご母堂登代（榎本健一）、登代の亡父の妾あや（藤波洸子）、その娘で頭の弱いふみ（宮城まり子）、源三郎未亡人千代子（沢村契恵子）が初七日の墓参りを済まし、ふみだけが残って歌っていると、久太郎と人見がやって来て、墓掘りにかかる。数々の珍妙なスリラーがあり源三郎の死体を掘って他に移し、広介が替わって入り込む……。私立探偵北見小五郎に益田喜頓、ほかにも水谷良重、草笛光子が出演。

『パノラマ島奇譚』公演パンフレット

『パノラマ島奇譚』の頃から、ぼくの記憶がはっきりとありますね。これは江戸川乱歩の原作です。印象的なのは、最初に映像がスクリーンに流れるんですね。そこから始まる。この『パノラマ島奇譚』をやるのは、菊田先生は興行師でもあるでしょ。だから、江戸川乱歩原作を劇化することになる

『パノラマ島奇譚』でスクリーンに映された怪奇絵

と客入り動員が期待できるのと、芝居をゼロから作らなくてもいいという利点がある。

『パノラマ島奇譚』で印象に残っているのは、女の人をガラスの箱みたいなところに閉じ込めて、上からコンクリートを流して殺すシーンがとても強烈でした。ガラスの中に女が入っている。上から、コンクリートがガラガラガラッって落ちて来て埋められて殺される。それがかなり強烈でした。それに合わせて、オーケストラが効果音の石が落ちる音を音楽でガーッっと演奏する。音楽で闇雲に盛り上げる。円谷英二さんがスクリーンに映る特撮を担当しました。女の人の身体が離れたりするシーンなんてありました。エノケンさんは、母親で母堂様、お婆さんです。のり平が息子の役。この時にエノケンさんの息子さんが亡くなられました。

　のり平がその時のエピソードを本の中で語っています。

息子さんの葬式が終わってしばらくして、幕が開いたら、今度は僕のおふくろが死んだ。エノケンさんが、ぼくの気持ちをわかってくれたよね。

芝居の最中に肉親を死なすっていうのは、つらいんだよ。エノケンさんにとってはひとり息子の鉄一君、僕のおふくろから見ても、僕はひとり息子だ。しかも、エノケンさんが僕の母親役で、僕がエノケンさんの息子の役だもの。お互いに、通じるものがあったんだよな。だから、舞台で芝居の最中に、思わずふたりで泣いちゃったもの。

　僕がエノケンさんと一緒に出ていて、よくプッと噴かせたことはあったけど、エノケンさんの涙を見ることができたのは、これが最初で最後だった。

（『のり平のパーッといきましょう』）

『パノラマ島奇譚』宮城まり子と三木のり平

　エノケンさんが相手だと、のり平はエノケンさんをとにかく笑わせたい。お客さんよりもエノケンさんを笑わせる方に情熱を注ぐんですね。あとはオーケストラボックスにいる楽団員たちが毎月期待していますから同じことをやりたくないんです。恥ずかしいわけですよ。自分も飽きないように遊ぶんですね。まあ、それは人によりますけど、毎日同じ芝居をしていたら飽きますよね。森繁さんにしてものり平にしても、自分たちが楽しみな場面ってあるんですよ。その場面が来たら、いろいろと遊んだり、自由が利くところですね。比較的登場人物が少なくて、二人だけのやり取りがあるところとか。誰か自分と一緒に遊べる人が出て来て、状況的には面白くてなんかここで遊べるなっていうようなところです。そこで毎日、何かやる。楽屋の人たちもよく知っていますから、その場面に来ると舞台袖に見に来る。「今日、どういう風にやるかな」って。飽きないように毎日新鮮な気持ちを保つようにしておく。まず、共演者とオーケストラの人を笑わす。お客さんは、放っておいても、笑うのは決まっていますからね。だけど毎日一緒にやってる共演者だとか、オーケストラの人たちが笑ってくれた場合は、お客さんも必ずうんと笑ってくれます。ぼくも毎日見に行って飽きなかったのは、うちのお父さんが毎回違うことをするからです。エノケン先生はのり平と一緒に芝居をやることをとても楽しみにしていました。

だから、エノケンさんとのり平との絡みがあって、有島さんとのり平の絡みがあって、多分この頃からのり平が菊田先生の芝居の演出も手伝っていたんでしょう。森光子さんも記しています。

「菊田先生を師と仰ぎ、また、菊田先生も、プライベートの部分を含めても一番可愛《かわい》がっておられた役者は「のり様」をおいてほかにありません」（「演出家としての「のり様」」『本の窓』一九九九年六月号、小学館）。

菊田先生の横に座って、最初はギャグとか、通行人の動きとかをやって見せたりしてました。のり平はアイデアが豊富だったから、思いつくわけですね。だいたい舞台のことは全部知っているでしょ。小道具から大道具から、裏事情だとか。「これは可能だけど、これは不可能だ」みたいなね。それでいろんなアイデアを出すんで、舞台稽古で出番でない時は、だいたい菊田先生の近くに座っていました。

「なんかここのところが困ったなあ」

舞台転換が間に合わないから、何かで繋がないといけないとか、つじつまが合わないとかってありますよね。そうすると――。

「のりちゃん、なんかないかね?」

「じゃあ、こんなのはどうでしょう?」

「それ、いいね」

「ここで何か、もうひとつぐらい欲しいな」

「じゃあ、こんなのはどうでしょう?」

昭和までの喜劇の台本てのは、おしなべてスカスカなんですよ。笑いのところやギャグはたいていコメディアンが自分で考える。関西でも同じだったようで『てなもんや三度笠』(朝日放送)等の演出をした澤田隆治先生のコメディの作り方もやっぱりそうで、稽古場で立って動いていると「なんかないか。ここの転換の仕度になあ、あと一分半くらい欲しいんや」って云われるから少し考えて「こんなのはどうでしょう」「ああ、これで時間が持つわ、よっしゃよっしゃ」なんてね。

さて、のり平は東宝の菊田先生の舞台で自然と演出助手みたいな形になり、色々と手伝っていました。新劇で演出部にもいたから、照明や舞台用語、各スタッフの仕事も全部分かってましたからね。ぼくも役者になって髙平哲郎さんの芝居ではそういう手伝いをしました。台本の長過ぎる台詞を縮めたりギャグを考えたりしました。やっぱり小さい時から見てたから身体の中に沁み込んでたんでしょうね。だから、自分で思いついたのか思い出したのかも分かんないぐらいですね。

『東海道は日本晴』

昭和三二年一〇月一日―二九日、東京宝塚劇場、第八回東宝ミュージカル公演、マゲモノ・スペクタクル『東海道は日本晴』（演出＝菊田一夫、作＝東宝ミュージカル文芸部、音楽＝村山芳男、宮城秀雄、北村和夫、飯島和夫）。同時上演は、作・演出＝菊田一夫『メナムの王妃』再演。

物語――清水港の町外れでは、秋祭りで大騒ぎである。そこへかつて次郎長一家と勢を競って敗れ、旅に出ていた乱れ髪のお藤（三益愛子）が、亡夫の縄張りをなんとかして奪い返そうと様子を探りに来る。次郎長一家では二十八人衆が荒神山へ大喧嘩へ行くことを派手にふれて歩く。二九番目の合点の政八（南道郎）と三〇番目の鼻歌の仙吉（高英男）がお藤の子分、スッポンの松（藤尾純）と危うく喧嘩になるが、お藤がそれをとめて去る。二十八人衆が堂々と荒神山へ旅立つ。それを見て、権八（三木のり平）、助六（八波むと志）の二人の駕籠屋は女にもてるにはやっぱりやくざにならねばと決心する。二人のその話をきいて、やくざのスカウト、おいちょの八五郎（トニー谷）は、二人に次郎長一家の子分に

第八回東宝ミュージカル公演パンフレット

世話してやると、三両まきあげる。乞食の親分捨六（益田喜頓）は孤児のボロ吉（宮城まり子）を育てそれに稼がしては金をまき上げている。捨六は、お藤より清水一家が手薄になった時に、正式に果し状を突きつけて、笹山千年溜の池のそばで大喧嘩をすることになっていることを聞く。一方、この清水港を舞台に、幕府へ銃器密輸入の怪外国人ヒップ・ブース（牧嗣人）が暗躍している。勤皇方の松本鉄之進（高島忠夫）はそれをさぐりにきているが、新選組芹沢軍鶏（泉和助）が隊士と共に、その松本を捕らえるべく来ている。この中にあって一人、謎の女満月おたか（越路吹雪）は、危険にさらされた鉄之進を幾度となく助ける、彼女は果して何者であろうか。

この作品は、有島さんがスケジュールの都合で出られなくなって、「のりちゃんの相手役を誰か」ということになった。

のり平の証言です。

（菊田先生から）『東海道は日本晴』ていう時に「お前、誰かコンビはいないのか？　有島君とやって来たけど、なんか新しいコンビを組んで、それでお前を売り出したい。芸術座にはお前は出なくていいんだから。こっちで儲けた金で芸術座をやるんだから」って言われましてね。ぼくらは冗談音楽の娯楽版で横浜で行った時の二本立てで、一本の方の新風俗ていうのが芝居をしていたんですよ。その時に、八波（むと志）君て面白いなあ。あのバイタリティなんとかならないかなあと思って、小野田勇とよく話してね。あいつを連れて行こうというんで、ぼくが菊田先生のところへ初めて連れて行った。「これ、大丈夫なのか、コイツ」「いや、ぼくが見ていますから、ぼくに任しといてください」。まあ、随分そう言いながら、仕込むっていうのかな。「こっちに行くんだよ。こうやってくれよ」というようなことで……。（『ステージドア』）

八波むと志さんは大抜擢だったんですね。それで八波さんとツッコミとボケになりましたね。これが面白かった。有島さんとのコンビは、両方ともボケみたいでした。八波さんは、声がよく通るし、メリハリがあって、お芝居がすごく上手いって言うんじゃないけど、タイミングとかは、やっぱりストリップ劇場なんかで鍛えてるので、調子が良かったですね。二人で傍観者的に周りを見て、勝手な解釈をして、好きなことを言ってるんだけどホントに面白かった。

林圭一先生の『舞台裏の喜劇人たち』から『東海道は日本晴』について。

八波むと志

三木のり平の芝居の面白さは、徹底したボケと、芝居しながら思いつくナンセンスな発想だ。だから情けない人物をやらせたら、天下一品だ。

何回目の東宝ミュージカルだったが、八波むと志が初めて参加したいわゆる清水の次郎長もの。アチャラカ・ミュージカル『東海道は日本晴れ《ママ》』。

余談だけれど、この時菊田一夫から、アチャラカの場合、次郎長のような有名人は、決して話の中心人物にするなということを教わった。ヘタに肴にすると物議を醸すことがあるからだ。

さて、この舞台でのり平の役は、新入りの三下ヤクザ。

兄貴分の八波むと志に教えられる仁義の切り方の場。

まず、腰を落す構え方から、

「やって見ろ」

見本を示す八波。

と、突然のり平はウンコ座り。これには思わず八波が吹きだす。

散々八波に型を直されて、ようやく情けない中腰になって、左手を左膝に、右手を前に出し仁義で同《ママ》じみの型になるが、出した右手で八波の尻を触ったりと、なかなかキマらない。

ここまででカレコレ十分くらい消化する。もっとも、客の笑いに調子づくと、たちまち二十分くらいにはなってしまう。

この間、観客ばかりでなく、大道具さんを始め舞台袖で、このシーンを見ようとつめかけた裏方さんも、笑いっ放し。

そして、いよいよ「お控ぇなすって」の件りとなる。

これがまた、間が抜けたり、言葉を間違えたりで八波に怒鳴られるたびにビクビク、顔色をう

『東海道は日本晴』

かがいながらのセリフ回しに、抱腹絶倒。

最後に、八波に腰を蹴飛ばされて、中腰のままトントントンと前に歩いてゆくところが、圧巻だった。

もちろん、これは菊田演出にはない。のり平の個人芸だ。


『東海道は日本晴』では、二人が担ぐ駕籠がすごく早く走るというので、後ろのスクリーンプロセスで映画を映して、景色全部流れていました。それが印象に残っています。

東宝ミュージカルでは、エプロンステージを上手く使いました。舞台転換の時、そこで歌うことが出来ますでしょ。越路吹雪さんが歩きながら歌い、客席を回る。ニコニコしながら、ちょっと話しかけたりね。客席へ歌いながら下りるってこともありました。それにワイヤレスマイクがその頃すでにありました。大きいけどね。それをつけていました。

昔、エノケン一座にいた泉和助さんも出てました。泉和助さんは達者な人で転びかたも一〇個くらいパターンがあった。ただ、ガラガラ声でね。陰気。だから達者なんだけど受けませんでした。

宮城まり子

益田喜頓さんは、まあ笑わせられるし、歌えましたからね。宮城まり子さんとコンビで歌ったりね。よく二人で組んでましたよ。でも宮城まり子さんに言わせると、「喜頓さん、いやや。イケズやもん」って。
宮城まり子さんはホントにいい方でした。小柄な身体で扮装して化粧して舞台に立つとホントに少女みたいに見える。お芝居も歌も上手くて、可愛いし、浪曲も出来るし、剣劇も立ち回りも踊りも巧かった。その上ペーソスもある。『ガード下の靴磨き』ですよね。『東海道は日本晴』の時のボロ吉って、お姫様が男の子役に扮してというね。お姫様の格好のままだと具合が悪いから少年に成りすましして長屋に住むんですね。そういう役って宮城まり子さんだったら訳なくこなせるわけですね。明るいし、歌えるし、洋ものも和ものも出来る。あと泣かせるのも上手い。やっぱり上方出身の人の方が泣かせるのは上手いのかな。うちのお父さんだと、そのへんはサラッとしてしまいますからね。だから、男の子の役が多かったですね。子役で出て来た中山千夏さんを見て、「やばい。この子に食われちゃう」と思ったらしいんです。役どころも似ているし、脅威だったんじゃないですか。例えば、笠置シズ子さんが「東京ブギウギ」で「ブギの女王」と言われて大スターの時に美空ひばりさんが出て来たら、ゾッとしますよね。それと同じようなことが起こったんだと思うんですよね。千夏さんは真面目だったですね、お母さんが真面目な人だったから。

昭和三二年二月一日、東京宝塚劇場で『アイヌ恋歌』っていう芝居の初日じゃなかったかな。舞台で実際に火を使うんですよ。それがカーテンに燃え移っちゃった。その時、のり平と高島忠夫さんと楽屋風呂に入ってたら、高島さんは、「火事だ」と言って、ワッと逃げて行っちゃって、うちのお父さんのパンツ履いて行っちゃったから、仕方がないから高島忠夫さんのブカブカのパンツ履いて、お父さんも、みんな屋上へ上がって避難した。それから再建して初めての東宝ミュージカルが納涼七月公演でした。

『すれちがい すれちがい物語』

昭和三三（一九五八）年七月二日―二九日、東京宝塚劇場、東宝ミュージカル納涼七月公演、弥次喜多歌日記『すれちがい すれちがい物語』（作・演出＝菊田一夫、音楽＝古関裕而、宮城芳男）。同時上演は、作＝飯沢匡『オンボロ天使』。

物語――時は七月、浴衣がけの江戸っ子が集まっての夏祭り。わっしょい、わっしょいの掛け声に担いでいるのはお神輿ではなく、お江戸八丁堀の名物男、弥次郎兵衛（有島一郎）に喜多八（三木のり平）のご両人。二人の暴れ者は奉行所のお達しにより、この始末。これを機に二人は京見物と洒落込んで、長屋の衆から餞別をせしめ東海道を西の旅。一方、京都・三条大橋に、船場の旦那衆と見えて絹羽織に裾の豪華な姿に煙草入れなどをのぞかせて大勢の見送りの中から現れたのは、お喜多（宮城まり子）。番頭の弥次兵衛（益田喜頓）をお供に、敵討ちの門出。目指す敵は東の方と、こちらは東海道を下る。お江戸からの弥次喜多は、道中初めから事件の連続。お喜多が敵とつけ狙う浪人者・橙台之助（市村俊幸）と道連れになったり、街道一の女親分・お滝（根岸明美）に脅されたり、最初の宿・保土ヶ谷では旅芸人お沢（沢たまき）が加わり、道中賑やか。小田原宿では森の石松（八波むと志）の大送別会に遭

東宝ミュージカル納涼七月公演
パンフレット

遇する。お喜多、弥次兵衛の二人も、女賊お澄（浦島歌女）とそれを追う美男の同心・銭形金四郎（佐原健二）や、石松の最期に立ち会ったり、道中師山谷の六（野々浩介）に行き会い、それに旅回り中村団五郎一座の苦難を救ったり。やがて、二組の弥次喜多は、岡崎の宿のある古寺で泊まり合わせることに……。

一本目の『オンボロ天使』は、都会的な作品でした。

『すれちがい　すれちがい物語』は、弥次喜多だからお江戸日本橋のシーンから始まる。真ん中に橋があって、みんなに、いろいろなんだか怒られてるんですよ。

「そんなに言うんなら出て行きますよ」って、「〽　追い出されえて　江戸を出てええ　さして行くのは京の町…」って、有島さんとのり平が歌う。主に有島さんが歌うことが多かったかな。根岸明美さんや沢たまきさんなんかも出てました。弥次喜多ものだから旅の途中で出会った人を放り込もうという設定ですね。宿場町とあとは追剥ぎなんかに遭うのかな。皆の着物が盗まれて男も女も胸に晒巻いて短いパッチをはく。お客さんは喜ぶ、市村ブーちゃん（俊幸）も出てました。この人はピアノを弾いて歌うボードビリアン。根岸明美さんはセクシーでした。日劇にいたんだったかな。出演者に歌える人が多かった。まず場割を作って各場に出る役者を決める。まずお江戸日本橋から、草津閻魔堂は森の石松が殺される場面ですね。とにかく東海道の道中でいろんな人と会う。

筋自体は、どうってことないんですよ。ただ、のり平と有島さんの二人のやり取りが面白い。だいたい有島さんとのコンビではそんな感じで演ってました。それがね、二人はツッコミとボケじゃないんです。ボケが二人でね。一応は主役っぽくはあるんだけれども、割とストーリーに出たり入ったりして、傍観者的にね、ストーリーを進める役の人がいろんなことをやってるところへね、なんだか居合わせて、のぞいたり、隠れたり。人がいなくなった時に二人でなんか始めたり。台本にはあんまり細かいことは書いてなかったような気がします。のり平、有島さんの二人のやりとりはね。まあ、弥次喜多に関しては全面的に二人は主役でしたが、東宝ミュージカルには、コメディリリーフみたいに必ず出て来るというのが多かった。有島さんは歌えますけど、うちのお父さんは歌えませんでしょ。あとは喜頓さんが歌ったり、もちろんエノケンさんもね――。

『バリ島物語』

昭和三四（一九五九）年五月三〇日―六月二九日、東京宝塚劇場、東宝ミュージカル六月爆笑公演、

東宝ミュージカル六月公演パンフレット

ミュージカルプレイ『バリ島物語』（作・演出＝菊田一夫、音楽＝古関裕而、村山芳男）。同時上演は、岡本綺堂の名作より、マゲモノ喜劇『権三と助十』（演出＝利倉幸一）。

物語――バリ島の由緒ある二つの名家アキレス家とウエナン家。昔、アキレスの息子タナルとウエナンの娘ミューナの恋に端を発した両家の争いは今も続く。ウエナン家当主アリット・ウエナン（柚木孝夫）は、ことあるごとにアキレス家当

主アグン・アキレス（薄洋一）と角を突き合わせていた。そのウエナン家に見知らぬ客人が現れ、「自分はタヒチ島の観光局顧問の有田勇造である」と名乗り、タヒチの踊りを王様に売り込んで欲しいと依頼される。娘アルビアの結婚費用まで出すとの好条件にさっそく王宮へ乗り込む。一方、日本では下着ブームに乗じて活躍するパンテイス・アンド・ブラジャーズカンパニーの辣腕社長・鎌田百合子（森光子）が全世界の女性を自社の下着で覆って見せるとの大見栄に、社員紺野守平（三木のり平）に南方出張を命じる。七色の下着を詰め込んだカバンを抱えた守平は飛行機が故障のため、落下傘で飛び降りる羽目になる。空中をさまよい、バリ島の密林に不時着。守平は、恋を語るのに夢中なウエナン家の娘アルビア（筑紫まり）に最新流行のブラジャーとパンティを売りつけようとする。バリ島に突然現れた二人の日本人有田勇造（有島一郎）と紺野守平は、一方は踊りを、一方は女性下着を売り込むために大奮闘。そのためにバリ島では大騒動が巻き起こる……。

有島一郎、森光子、三木のり平

一本目が岡本綺堂の『権三と助十』。これは八波さんとのり平が駕籠屋です。両方の狂言が有島・のり平コンビだと同じになりますからね。こちらは、ほぼ普通のお芝居でした。長屋のおかみさんみたいな役で森光子さんが出る。二本目では森さんはバリ島の女官長サルナと下着会社の社長の二役です。

『バリ島物語』では、飛行機の場面がある。その飛行機が不時着するというんで大騒ぎになって、のり平がパラシュートで飛び降りるんですね。みんなが怖がっていて、そこをポンと突き落とされて、「アアア〜〜ッ!」って下りて行くと暗転になって、下りたところのバリ島のうんと高いバナナの木に引っ掛かかっている。

この時期の東宝ミュージカルでは、有島・のり平が中心でコンビとしては、有島・のり平になったり、八波・のり平になったり。有島・八波っていうのはなかったですね。有島さんの方が遥かに先輩で年も上でしたけど、仲良くて芸の相性は良かったですね。二人で勝手なことを毎回、アドリブでしゃべってました。

落下傘で脱出する三木のり平

踊り子のダンス

なんといってもこの公演は大阪から出て来た森光子のお披露目デビュー公演でしたね。そういう意味では記念すべき舞台でしょうね。フォックス眼鏡の辣腕女社長がスポットライトを浴びて下着のショーで宝塚劇場のあの大階段を「〽 女の素肌はダイヤモンドかオパールか…」と歌いながら降りてくる。フォックス眼鏡でちょっと下世話な大阪弁でまくしたてて、有島、のり平と堂々とわたり合って達者なコメディエンヌぶりを発揮し強烈な印象を残しました。京都弁も大阪弁も使えるし、なんて達者な女優が出て来たんだろうと思いましたね。

バリ島の踊り子のストライキって場面がありました。王様みたいな人が「王宮の踊りは古くさい。今日限りバリ島舞踊団は解散じゃ!」。これに踊り子たちが反発して「〽 月給は安くて 食べ物まずく 着ている衣裳も安もので どうして立派な踊りが踊らりよか…」とストライキを始める。浦島千歌子さんが踊り子のリーダーで首を振って手を互い違いにしたりして東南アジア風に舞う。のり平も踊り子の服を着てストライキに混じりプラカードを振って「ワッショイ、ワッショイ!」。菊田一夫作詞、古関裕而作曲でのり平、中島そのみの「バリ島よいとこ」なんてレコードもありました。

『雲の上団五郎一座』

昭和三五(一九六〇)年一二月一日―二九日、東京宝塚劇場、東宝ミュージカル爆笑哄笑公演『雲の上団五郎一座』(作・演出=菊田一夫、作=松木ひろし、岡田教和、貴島研二、太田恒三郎、伊藤寿朗、音楽=古関裕而、村山芳男、内藤法美)。

物語――九州の小都市にある扇興行会社社長・万善五郎(南道郎)**は、東京で有名な雲の上団五郎**

一座がこの町に乗り込んでくるという噂で、商売敵の竜巻に先を起こされまいと行方を捜している。実は、この噂、ケチな父親から小遣いをせしめようと、娘はるみ（糸見偲）がインチキ一座と竜巻と仕組んだものであった。そんなことは知らぬ万善五郎は、座長雲の上団五郎（榎本健一）に率いられた一座と一週間興行の契約を結ぶ。一座で天皇との異名のある南条先生（八波むと志）の指導の下、『仮名手本忠臣蔵　四段目』の稽古。これも散々な体たらくで南条天皇は怒り出し、台本を叩きつけて帰ってしまう。はるみが脚色した『ロメオとジュリエット』を上演することになるが、これも上手くいかない。「契約金を返せ、あの金がなければ首をつらなきゃならんのだ」という万善五郎を見るに見かねた団五郎は、娘とグルになって小遣いをちょっと稼いだだけのこと、そのかわり、今東京で売り出し中の越路さんと一座は契約したと伝える。越路が参加した一座は、新作舞踊『道成寺』から始めるが、これも失敗。立て直しの『傾城阿波の鳴門』もたいへんな珍芸になる恐れが出た。肩のこらない世話物が良かろうと『玄冶店』の与三郎（三木のり平）と蝙蝠安（八波むと志）のコンビで新趣向を図るが……舞台は新進の外国人演出家ヒルトン（ジェリー伊藤）を迎え、『お蝶夫人』の幕が開くが……。

『雲の上団五郎一座』公演パンフレット

この時の『雲の上団五郎一座』は一年き

りのつもりで始まりました。それまで一二月は越路吹雪さんの芝居だったけど毎年不入りで菊田先生が「のりちゃん、何かないかね」と相談されて「昔、浅草で『阿呆義士銘々伝』ってやったじゃないですか。ああいう劇中劇を並べての旅廻りの一座のアチャラカはどうでしょう?」「えっ? あれはもう古いんじゃ」「大丈夫です。ボクに任せてください」。でやってみたら、これが大当たり。

菊田先生は「ミュージカルへの十八年」に書いています。

「ミュージカルというものを意識に入れて最初に作ったのが、三十一年秋の「極楽島物語」つづいて三十二年の「金瓶梅」などで、ぼくとしてはここらに大いにミュージカルというものを考え直して、大転換をはかったつもりだったんだが、興行的にはどうもだんだんと芳しくなくなってきた。だから約一年半近くミュージカル公演をやらなかった。決して熱がなくなったわけではなく、しばらく様子を見る意味と、その間にミュージカルをやれる下地の勉強を若い子にやらせていた。

しかし、せっかくお客さんに売り込んだ東宝ミュージカルという看板がさびついても困るので、思いついたのが、これまでの〝歌入りアチャラカ〟に代わる〝歌なしアチャラカ〟で例の「雲の上団五郎一座」だった。これに爆笑ミュージカルというタイトルをつけたが、こういう種類のミュージカルも本場ブロード・ウェイに存在するということを何回かの渡米で知ってじつは大そう心強く思った」

「雲の上」は歌舞伎の「尾上」、「団五郎」は団十郎から。まあ思いつきですね。オーケストラがいて浄瑠璃も長唄囃子連中もいる。お金はかかってましたね。

最初、南道郎さんの万善五郎っていう九州日南市の興行師で、彼の娘が不良で父親を騙そうと思って、旅回りの一座の人を東京の一流の役者だ、劇団だと嘘を言って連れて来て、それで金を巻き上げようって。じゃあ、それを連れて来てくれ——。

劇中劇では、最初は『忠臣蔵　四段目』。のり平が大星由良之助なんだけど、朝食べた弁当が古かったんで、お腹を壊しちゃった。だからトイレに行きたくなって、最後に出番じゃないのに出て来ちゃう。「殿ォ！」「馬鹿野郎！　早いよ、まだ切腹してねえじゃねえか」。

八波むと志さんは、南条天皇って演出家の役で、とにかくどなり散らす。「南条天皇」ってのは同じ劇作家の北條秀司が北條天皇と幕内で言われていたので、南条という名前にした。菊田先生が稽古の時にするように、ガンガン怒鳴って、ワーワー受けるわけです。

塩冶判官が益田喜頓さん。九寸五分を忘れて来ちゃったり。つまりまともな役者がいないわけです。次に酷いメーキャップをしたのり平の由良之助が出て来る。着物の着方も酷くて、袴もなんか片方に両足を入れて出て来た。それで、八波さんがのり平と舞台の幕が上るまで二人でのやりとりがあって、「お前、忠臣蔵知っているのか」「え〜、なんか、何段目はなんだんべ」なんてくだらないことを言って、舞台の準備が出来るまでつなぐ。実際の北條秀司さんが演出する時の形なんだけど、舞台の真ん中に椅子を持って行って八波さんの南条天皇が座って稽古を見てる。幕が開くと座ってる椅子のところのセリがちょっと下がってるんですよ。少しもぐった低い位置から見てる。それで、なんかある度にそこから舞台へわざわざ上がって来て、怒鳴るんですね。

『ロミオとジュリエット』バルコニーの場はロミオがジェリー伊藤に、八千草薫さんのジュリエットが綺麗でしたよ。そこにどういうわけか八波むと志のシラノ・ド・ベルジュラックが歌いながら出て来て「私は恋の詩人です」とか言って、シラノがロミオの口説きのセリフを囁いて教えるという一幕。

この時、菊田先生の自叙伝的なお芝居の芸術座での『がしんたれ　青春篇』がロングランになっていて、エノケンさんと八千草薫さん、森光子さんは掛け持ちしていました。両方とも菊田先生の作だし、劇場が向かいですからね。森さんもだから『どんどろ大師』一幕だけ（『傾城阿波の鳴門』）。

『道成寺』は、本舞台という設定です。口上で遠山金四郎さんていう人が裃つけて舞台中央に座って、型通り定式幕前で、「東西、東西ァ〜い！　女優のなんとかかんとか急病により、白拍子花子の代役三木のり之丞、相務めます。これより……東西、東西ァ〜い！」。

『道成寺』の前の場面で「道化師の歌」ってのを越路吹雪さんが客席の方で歌って、内藤法美さんが作曲した。

『道成寺』三木のり平

『どんどろ大師』は、エノケンさんと森光子さんで爆笑をとってました。これも森さんが達者だったから、「紫綬褒章をもらっておきながら、まだアチャラカやるつもりですか」「俺はアチャラカやってるから、貰らえたんじゃねえか」。

エノケンさんもその時の思い出を書いていますね。

「「ドンドロ大師」の巡礼お鶴と母親のお弓の愁嘆場だが、お鶴は森光子さん、お弓は僕で、最初は割合真面目で、芝居が進むにつれ、しだいにくずして行き、すがりつくお鶴を突き飛ばす段で、僕が森光子さんのお鶴を突き飛ばすと、僕の着物の下半分が剥ぎとられ、ステテコ姿になって、あわてて舞台の袖に飛び込む。客はもちろん爆笑である。

これは客を自然に笑わせながら、舞台の幕切れをと考えた僕が、お弓の着物に細工しておいたものである」(『喜劇こそわが命』)。

ぼくは、この時の『雲の上団五郎一座』は、二〇回ぐらい観ました。毎日のようにうちの母に連れられて東宝劇場に行きましたね。お芝居を部分的に見ることもありました。主に、「忠臣蔵四段目」と「玄冶店」の場面ですね。

「玄冶店」の場面は、この本の冒頭でもお話ししましたが、女優の中山千夏さんが『蝶々にエノケン　私が出会った巨星たち』(講談社)に詳細に描いています。

「ギャグを文字で書いても無意味なのはわかっているが、少しでも様子を伝えたい。場面は歌舞伎から「与話情浮名横櫛《よわなさけうきなのよこぐし》」の「玄冶店」。今はどうだか知らないが、一九五〇年代には、春日八郎《かすがはちろう》の歌謡曲〈お富さん〉が大ヒットしたこともあって、歌舞伎なんか観たことがない若者にも、親しみのある演目だった。「切られの与三郎」がのり平、「蝙蝠安《こうもりやす》」が八波だったと思う。ともかく、のり平がボケ、八波がツッコミだった。

元は、この二人組が強請《ゆすり》を働く深刻な話なのだが、それをパロディにすると、間抜けな詐欺師の抱腹絶倒ドタバタ喜劇になった。頼りないひょいひょい歩きののり平と八波が、花道から出てくるだけで、もうおかしかった。ふたりでさんざん脅しの稽古を、もちろん滑稽に繰り返すのだけれど、いざとなるとドジばかり。八波にさんざん突っ込まれながら、有名な決めゼリフ「おかみさんえ、ごしんぞさんえ、お富さんえ、いやさ、お富、久しぶりだなあ」をやっと言えたのり平が、どかっと胡坐《あぐら》をかいて凄み、続くセリフを並べ始める。すると、なぜだか、胡坐に組んだ右足のひざ小僧がぴょこんと持ち上がる。たちまち凄みがふっとんでしまう。横から八波が膝を叩く。元に戻る。しばらくするとまた上がる。叩く。上がる。何度か繰り返したあげくに、八波が草履を脱いでのり平の膝に載せる、とようやく胡坐が安定するのであった。アドリブから生まれたこんなギャグの連発で、客席は沸きに沸いた」

小林信彦さんと萩本欽一さんの対談にも——。

小林　のり平さんと八波むと志さんの『源氏店《ママ》』、おもしろかったね。ぼくもあの舞台、観てますよ。最初、のり平さんは東宝ミュージカルで有島一郎さんとコンビを組んでたんだけど、途中から八波さんになったんですよ。八波さんは強烈なの、つっこみが。あのほら、のり平さんが膝に草履を載っけるところ。

萩本　そうそう、あの動き！……って、ここで盛り上がっても、観てない人はぜ〜んぜんわかんないですよね。だいたい若い人は『源氏店』そのものも知らないだろうけど、説明すると長いからそこに「注」かなんかをつけてもらうとして、とにかくお富《とみ》と与三郎《よさぶろう》っていう人物がでてくる話で。与三郎がワル仲間の蝙蝠安《こうもりやす》と裕福そうな妾《めかけ》の家へ金の無心に行くと、そこにいたのは死んだと思っていたお富。与三郎はお富に惚れてるんだけど、恨む気もちもあって、「いやさ、お富！」って尻をチョイと割って座り込み、「ひさし、ぶりだぁなあ〜」って言う。ここ、芝居の山場なんだけど、のり平さんの与三郎は、座ったときに片膝がピュッと上がっちゃって、あぐらがかけない。そこを八波さんの蝙蝠安につっこまれて、「おまえ、その脚、なんとかならないのか！」（笑）。で、やり直すんだけどまた上がるんで、それを押さえるために膝の上へ草履をチョンっと載っけるの。

小林　そうそうそう、ハハハハッ……、あそこがいちばんおかしいよね。

萩本　八波さんが実にうまいんですよ。何度草履を載っけても落として膝が上がっちゃうのり平さんに、「脚上げるな！」「それ、なんとかなんないのか！」って執拗《しつよう》につっこんでいって……。

小林　ぐじゃぐじゃになっちゃうんだよね（笑）。あのぼけとつっこみは、まれに見るうまさ。あれはのり平さんの最高の舞台だと思う。だけど、あんな不思議なぼけもないよね。どうしても上がっちゃう膝に草履を載っけて重石《おもし》にするなんて、だれがどっから考えたのかな。

萩本　ぼけもつっこみもよっぽどわかる人じゃないと思いつかないですよ。きっと、のり平さんのアドリブじゃないかな。

小林　そうかな。

萩本　草履載っけちゃおう、ってひらめいたとたん、「これでできた！」と思ったんじゃないですかね。あの場面、今も克明に頭に入ってます。あれで、「ぼけはどうするとおかしいのか」っていう、ひとつの形を学んだような気がする。

小林　八波むと志のつっこみはものすごく怖いよね。

萩本　あの人のつっこみは、キレるキレる！　のり平さんがぼけてるあいだ、お富役の人は出番がないので、向こうのほうにいて笑ってたでしょ。八波さんはそれをときどきチラッと見て、「だ〜から、お富が向こうで待ってるから早くしろっ！」って。

小林　アッハッハハハ……。ほんとにおかしいよね、草履載せる場面。なんてことないんだけど、とにかくおかしくて。あそこ、相手役は八波さんじゃないとだめですね。有島さんだったらもっとおとなしくて、品がよくなっちゃう。八波さんの強烈さでおかしさが増すの。

萩本　しかし、草履のシーンひとつで50年以上経っても大笑いできるのって、並のおかしさじゃない。あれはスーパーギャグ、ぼけとつっこみの見事なお手本ですね。

小林　ぼくは東宝ミュージカルを割合ちゃんと観てたけど、あれぐらい笑った芝居はめったになかったですね。『源氏店』がいちばんおかしかった。あの日の舞台、草履のシーンのほかは、だれがなにをやってたのか、まったく覚えてないもの。

萩本　小林さんをしてそう言わせるんだから、それだけでものり平さんと八波さんのすごさがわかりますよね。あれ、ビデオが残ってたら、今の人が観てもおもしろいんじゃないですか。

（『小林信彦 萩本欽一 ふたりの笑タイム　名喜劇人たちの横顔・素顔・楽屋裏』集英社）

中村メイコさんが、のり平喜劇の本質について話しています。

「のり平先生の喜劇の場合は、小野田先生とのコントラストもそうなんですけど、究極が必ずあるんですね。どうにもならないほど貧しいとか。小さい部分では痺れが切れちゃって取り敢えず立てないんだとか、長兵衛さん（『めおと太鼓』）でもありましたけどね。そういう究極って、その人自体は無我夢中で哀しいじゃないですか。それをお客様が観て笑う。そのことを演じる。それが私は凄いことだと思います。喜劇の原点というか。貧しい、ひもじい。それを真面目に演れば、演るほどお客様はおかしいですものね」（『山川静夫の〝華麗なる招待席〟』）。

さらには、髙平哲郎さんと萩本欽一さんが「玄冶店」の笑いについて語っています。

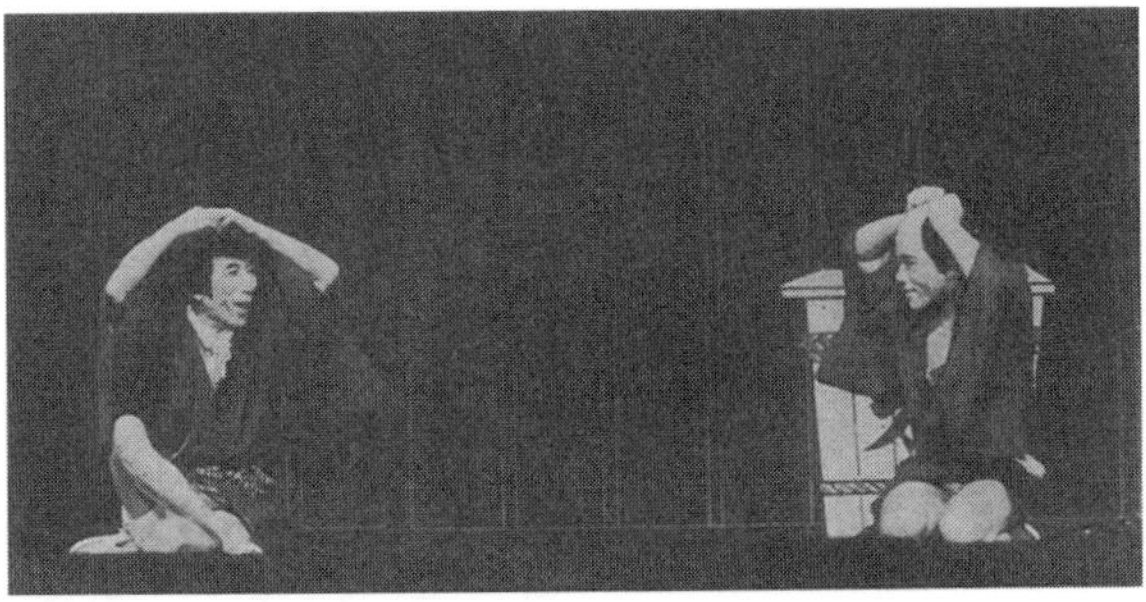

「玄冶店」三木のり平、八波むと志

高平　萩本さんは、のり平さんの『玄冶店《げんやだな》』は。

萩本　あれは宝塚まで行きました。

高平　やっぱりいらしているんですね。

萩本　歴史的なことだったんで、あれだけは観に行っていますね。のり平さん、膝に草履のっけて啖呵《たんか》切る。あそこ、いいですよね。

高平　膝が上がっちゃってね。手で草履をのせて。

萩本　そうそう。草履がのっているとちゃんとできるんだけど。

高平　八波さんが草履を取ると、膝が上がっちゃう。

萩本　そうそう。あれのぱくりが55号の『マラソン』です。つるはし持ってくるっていう（註・マラソンのコーチ〈萩本〉と選手〈坂上〉。選手は蒲田保線区で線路工夫をやっていたので、つるはしをかつがないとキチンと走れないという設定）。

高平　そうか。そこにいくんですね。

萩本　つるはし持ってないと間違えちゃうというのは、草履からもらったんですよ。（中略）

高平　『玄冶店』でのり平さんが、（実際にはない）格子戸を開けて、もう一ぺんって言われ、一回開けたの、もう一度閉めますね。「いちいち閉めないでいいんだ」っていうね。あれがやたらおかしかった。

萩本　そうそう。そうやって少しずつそういう気分が乗ってきて、

その気分が、だんだん倍におかしくなってくる。（中略）

萩本　のり平先生がすごいなと思ったのは、段階が見事。やっぱり失敗する理由が、順序が違ってもおかしい。この失敗すると、つぎの失敗が起きて、さらに失敗が起きてと、きちんと階段を上がっていくのが、もう教科書のように見事ですね。

高平　見栄を切るときに、「こうやるんだよ」と八波さんがやると、のり平さんが真似てやるんだけど、遠くに立ち過ぎちゃう。手が届かない。もっと近くでやって、今度は手を外すと柱に顔をぶつけたり、あれもやっぱり七回（『玄治店』の）与三郎でね。ちょうどいい柱がある。これ使え。「こ

（筆者註・は、ボケる）の線ですね。

萩本　そうそう。もうそれが、その順番が、お客さんが観ていて納得できるという。

高平　それが立て続けですからね。今度はあぐらかかせりゃ、草履が飛んじゃったり。

萩本　そうですよね。だから、いまテレビでやっていて、ボケ方で言うと大体つぎ2段階ぐらいって思ってたら、あれ、もう3のところ、つぎ、もう5、6って、もう終えないといけなくなる。やっぱり（坂上）二郎さんとか、のり平先生っていうのは、2来て、つぎ3はこの辺だ。ああ、やっぱ。まだいくな。いよいよ5からどこかずれていくんだ。やっぱりずれだした、というような（枠に収まらない）路線でしたね。

（『高平哲郎スラップスティック選集②底本アチャラカ 真面目が嫌い』YOSHIMOTO BOOKS）

「玄治店」の後には、『蝶々夫人』の場面もありました。これは越路吹雪さんですね。つまりフィナーレの前です。お蝶夫人を、「へ　ある晴れた　遠い海のかなた…」と朗々と歌う。ジェリー伊藤

さんがピンカートンでした。高島忠夫さんか、ビンボー・ダナオさんか、ジェリー伊藤さんか。東宝には越路さんとバランスをとれる方がなかなかいなかったんですよ。それが不満だったと思います。名古屋での名鉄ホールでの公演（昭和三六［一九六一］年七月二八日―八月一一日）には越路さんは行かなかったので、『蝶々夫人』に代わり、手慣れた『最後の伝令』が劇中劇に登場しました。トムがエノケンさんで、かつてののり平の当たり役となったロバートを八波さん、メリーが品のない大阪弁まじりの森光子さんで爆笑でした。森さんの出番が増えて東京公演より面白かったくらいで、連日バカウケでした。名鉄ホールでの初日に「（「玄冶店」の）いやさお富、久しぶりだなあ……てえのを名古屋だからさあ、名古屋弁でやったらどうだろう？」。それで、「いやさお富、やっとかめだなも」ってやったら、ものすごい大受けだった。でも、次の日からはやらなかった。

さて東宝劇場の『雲の上団五郎一座』が大当たりで急遽大阪の産経会館で上演が決まった。その時にのり平と菊田の間で揉め事があり、梅田コマ劇場での別の芝居にフランキー堺の代役で出てくれと云われその後すぐ「やっぱり団五郎に出てくれ」となり、のり平がムクれちゃった。「役者をそんな風に使うなら俺は東宝を辞める」と行方をくらましちゃった。だから大阪・産経会館での『雲の上団五郎一座』（産経会館10周年記念公演、東宝ミュージカル爆笑公演『雲の上団五郎一座』昭和三六年七月一三日―二五日）の時はいなくなっちゃて、トニー谷さんが代演した。でも、トニーさんが与三郎というのは無理があるから、喜頓さんを与三郎にしたんだけど、やっぱりパッとしなかった。名古屋の時にはのり平が戻って来た。いつもいなくなったりしてましたから、家族はそのことを知らなかったんですね。ちょっと遊んでるぐらいの感じでした。でも、新聞とかに「のり平失踪」と書いてあった。で、一〇日ぐらい経ってフラッと帰って来た。

菊田先生は「笑かす人は笑かして、笑かさない人は笑かさない。それからセリフの語尾ははっきり言うこと」と言っていました。つまり行儀良くやれっていうことなんです。笑わせる人と、その笑わせる人の笑いが引き立つようにみんながちゃんとやれっていうことなんです。小さいね、ちょこまかした笑いみたいものを取らないでね。

『雲の上団五郎一座』（一九六二年）は、青柳信雄監督で映画にもなりました。舞台とはまるで別もんでしたね。フランキー堺さんが出て来る。「玄冶店」の場面は少しだけありましたが、ひとつも面白くない。やっぱりお客さんがいないところであああいうものをやってもね、面白くはないですね。

『続・雲の上団五郎一座』

昭和三六年一二月一日—二九日、東京宝塚劇場、東宝ミュージカル年忘れ爆笑公演『続・雲の上団五郎一座』（作・演出＝菊田一夫、作＝岡田教和、安永貞利、竹内伸光、市川中車、音楽＝村山芳男、内藤法美、いづみたく、杵屋花叟）。

物語——雲の上団五郎一座に警察の取り調べがあった時には、その後、大騒動が起こるとは、誰もが考えなかった。一座に元俳優だった三人殺しの凶悪犯がもぐり込んでいたのだ。誰もが芝居の幕を開けることに気を取られていた。座長の団五郎（榎本健一）が『塩原多助　愛馬の別れ』の幕を開けた頃から異変が起きる。まず、一座のほとんどが食中毒にかかり、馬の足を新人の二人が務め、混乱に。そこへ覆面の武士が大勢現れ、いきなり立ち回りになり、団五郎がカンカンに怒って幕となる。そこへ刑事が「とにかく全員並んで顔を調べさせてくれ」と言い、調べられるが皆お馴染み

のメンバーだ。楽屋の騒動とは別に舞台は進めなければならない。次の『伊達娘恋緋鹿子櫓の段』でお七を演じる三橋容子（加代キミ子）の姿が見えない。彼女を探し回るが、あまりにも幕間が長く、客席が腹を立てだした。仕方がないので、常々「お七の役をぜひやりたい」と言っていた仁木海苔蔵（三木のり平）に代演を任せる。化粧に余念がない海苔蔵が立ち去った後、今まで彼が立っていた楽屋の戸棚から死体となった三橋容子の姿が見つかる。まさか、犯人は海苔蔵？　疑惑を受けた海苔蔵の『櫓のお七』の幕が上がる――。他にも劇中劇で『ラヴリー牧場の決斗』『母恋笠』『美人局浮名横櫛』が登場する。

これは劇場の中で殺人事件があるという設定ですね。

『続・雲の上団五郎一座』公演パンフレット

一場目はプロローグがあって客席を逃げて来た男が「おれは知らねえよ。ホントに知らないんだ」っていう伏線を入れました。その後に、一座全部が人力車に乗って出て来る。人力車に乗った形での銘々の短い口上ですね。言うことがそれぞれアドリブで、「えー、大根もお高くなりまして、何はなくとも三木のり平」だとか、佐々十郎さんは「今日は土曜で明日は日曜、佐々十郎でございます」。佐々十郎さんは、上手い役者でしたね。

それでエノケンが「塩原多助」をやって、前足と後ろ足を佐々十郎とトニー谷。これはそんなに面白くはなかったです。

のちに『喜劇　雪之丞変化』で再現された「八百屋お七」が出てますね。この時は、のり平もまだまだ若かったから、棒高跳びなんかもしていました。この「八百屋お七」のことを、中山千夏さんが書いています。

「八百屋お七」三木のり平

「なんといっても忘れられないのは、のり平の「八百屋お七」だ。人形振りで、これも一般によく知られた、放火のシーンを踊るのだが、そのおかしいことといったらなかった。大笑いしながら、その体技に目をみはったものだ。赤い振り袖を着た人形が、ぐったりと生気なく黒子に支えられているところから始まり、浄瑠璃にのって徐々に手足が動き顔が起き、魂が入り、恋の狂乱がカタストロフィへと雪崩れるのをたっぷり舞い踊るのだが、寸時も飽きるすきがなかった。のり平は本物の人形のように身軽で、「羽根が欲しい、翼が欲しい」と狂うところなど、舞台の袖から袖へ、ぶっ飛ぶように見えた。これを嚆矢として、舞台の三木のり平は、私に天才を感じさせたのだった。舞台では、喜劇しか観たことはなかったが、のちに、市川崑監督の「金田一耕助」ものなどに出演しているのを観て、シリアスな芝居のうまさにも感心し、やっぱり天才だったのだと思った」（『蝶々にエノケン　私が出会った巨星たち』）。

「ラヴミー牧場の決斗」、これは越路吹雪さんを出すためですね。で、ここにも演出家南条が出て来て、舞台稽古みたいな設定です。テレビの『ララミー牧場』がヒットしていた頃です。西部劇なんだけどなんか越路吹雪さんも浦島千歌子さんもセリフが地に戻ると関西弁になる。その方が落差が出て面白い。「そんな失敗することは誰かておすえ」「うちも二八になってもうた」って。佐々十郎さんが「ウソつけよお」(笑)。それで八波さんの演出家南条って人は、オーケストラの節に乗って、「へ 流れ流れてジェシーという人を知らないか…」と言いながら出て来るわけです。客席から出て来たんじゃないかな。だから八波さんは、ほぼ出ずっぱり。

あとはね、のり平の仁木海苔蔵が奈落にいた裏方の死体を見つける。見つかったら自分が疑われると、椅子になんとか腰掛けさせて、片手に火をつけたタバコを持たせて逃げる。そこにエノケンの団五郎が出て来る。「ダメだよ、さぼってちゃ、ああ火を貸してくれ」って自分のに火をつけ「ありがとよ」と言っても何も言わないで向こうを向いてる。「なんだその態度は!」と突き飛ばしたら倒れちゃう。団五郎も自分が殺したと思い、なんとか座らせて広げた新聞を両手に持たせて去る。戻って来た海苔蔵が新聞を持ってる死体を見て仰天、エノケンに「座長、こ、こ、この人、タバコ吸ってませんでしたか…」「す、吸ってたよ〜、で、今はタバコを俺にくれて、し、し、新聞読んでるよ」「わ〜〜ッ!」。

これは「レストラン殺人事件」ていうコントの古典ですね。初日から二日目くらいに、やっぱり与三郎と蝙蝠安を出してくれっていうので、美人局の景を作って「おう与三じゃねえか」「安兄貴、一年ぶりだね」「久しぶりだなあ」「俺ね、奥さん貰ったの」「ちょうどいいや」と、小料理屋の離れ座敷を借りてその奥さんをコタツに座らせといてカモを呼び込み美人局を企てた。「どなた? お入んなさいな、どうぞおこたにお当りなさいな。あらいい男ねえ」。そこに「やい、人の女房に手を出して」と強請ろうとして失敗ってドタバタでした。

『吉例雲の上団五郎一座　御手本忠臣蔵』

昭和三七（一九六二）年一二月一日―二九日、東京宝塚劇場、東宝ミュージカル年忘れ爆笑公演『吉例　雲の上団五郎一座　御手本忠臣蔵』（作・演出＝菊田一夫、作＝松木ひろし、安永貞利、竹内伸光、伊藤寿朗、岡田教和、淀橋太郎、作詞＝永六輔、音楽＝古関裕而、内藤法美、村山芳男）。

物語――世田谷オリンピック劇場では明日から始まる雲の上団五郎一座の最中である。座長は急病で欠席。そこへ測量技師たちが乗り込んでくる。楽屋と舞台の半分がオリンピック道路として接収されるというのだ。興行師の清水佐登（三益愛子）が、東京都から保証金を受けとっていたが、公演中は待つ約束だと引かない。この騒ぎを知らずに舞台では、俳優兼演出家の輪把太志こと南条大作（八波むと志）の一人三役の「山崎街道」の幕が開いた。劇場内の騒ぎと舞台の手違い続き。一体どうなるのか……。

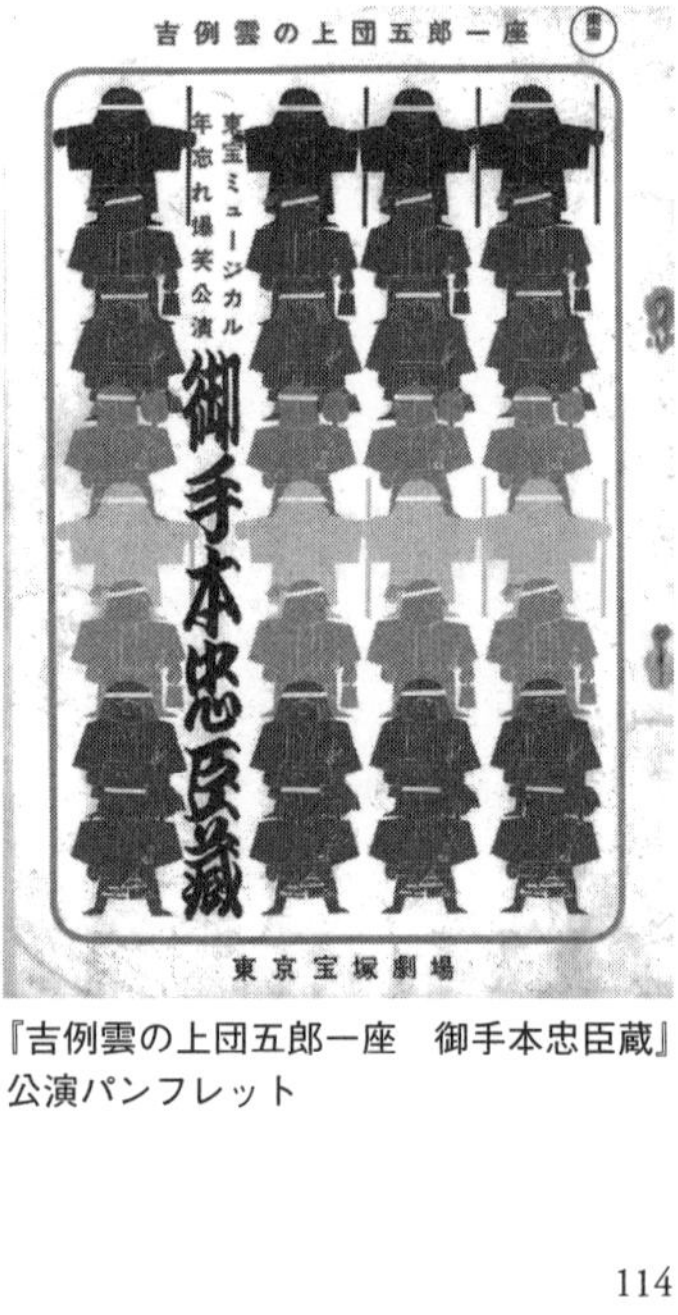

『吉例雲の上団五郎一座　御手本忠臣蔵』公演パンフレット

この時は、エノケンさんが手術をしたので欠席なんです。ぼくが小学五年生の時です。萩本欽一さんが小林信彦さんとの対談でこの時の『御手本忠臣蔵』のことを話されています。

萩本　殿中松の廊下で吉良《きら》上野介《こうずけのすけ》に浅野内匠頭が斬りつけたっていうんで、のり平さんが「殿中でござる、殿中でござる！」って言いながら駆けつけるんだけど、廊下の板が抜けてるところがあって、そこへストンとはまっちゃう。

小林　ハハハハッ……。そう、そう、それ。何度やり直してもはまるんだよね。八波さんが徳川側の人間ででてきて、「跳んでまたげ」とかなんとか言うけど、どうやっても歩幅が合わなくて。

萩本　「殿中でござる、殿中でござる、殿中で……」って言いながら穴に近づいて「で、で、でんちゅう～で、ござ～るっ！」でまた、ストンとはまる。「おまえ、何度やったらできるんだ？　あれだけ気をつけててなんで落ちるんだ、おまえは！」って八波さんに言われて、また「殿中でござる、殿中でござる、で、で、でん……」って、なんとかまたごうとするんだけど、緊張しちゃってやっぱりまたはまる（笑）。のり平さんを観てるだけで、「ああ～、この人は何回やっても永久にできない人なんだな」っていう空気が漂いますよね。

小林　そうそう。

萩本　もうあれは、計算し尽くされた芸ですね。たった1枚の抜けた板をまたいで通れない人。で、ストンと落ちるとき、なにがすごいかと言うと、その瞬間、のり平さんの八波さんを見つめる姿に、なんとも哀愁があるんです。

小林　アハハハハッ……。また音楽がよかったじゃない。その場面を堺駿二さんが「浪花節」で語ってるんだけど、これがものすごい大声で、益田喜頓さんなんかその声だけで吹っ飛んじゃう。ほかの出演者全員が動いてるけど、音楽が途中でルンバになったりするんで、みんな動きがおかしくなっちゃうし、ますますのり平さんはまたげない（笑）。最後は堺さんがイライラしてきて、「ワァ〜ッ」と言うと、全員吹っ飛んじゃっておしまい。まああれは、そういうことでもしないと終わらないよね。

萩本　ですよね。ぼくはお金がなかったからいちばん安い3階席で観たんだけど、観てる人がみんなウワ〜〜ッて体を揺らして笑うから、劇場全体が波打ってました。でもね、あれはただ「笑わす」芸じゃないですね。のり平さんの芝居がうまいんで、笑いながらみんな演技に手を叩く。ほんっとにうまいですね、のり平さんは。

（『小林信彦 萩本欽一 ふたりの笑タイム 名喜劇人たちの横顔・素顔・楽屋裏』）

この時に、中山千夏さんも出てました。その時の思い出を書いてます。

劇中劇に「仮名手本忠臣蔵」があった。もちろんギャグ満載のドタバタだ。十四歳の私は「大星由良助《おおぼしゆらのすけ》」の息子「力弥《りきや》」に扮して、いくつかの場に出た。「塩冶判官《えんやはんがん》切腹の場」もあった。ドタバタの部分は問題なかった。困ったのは、マジメに芝居する部分だ。衿《えり》を開き、腹に短刀を当てた判官が、「力弥、由良助はまだか」と問う。「いまだ参上つかまつりませぬ」と力弥が応える。これを数回繰り返し、ついに判官が自腹に短刀を突き刺したところに由良助が駆けつけ、瀕死の主君から仇討ちの命を受ける、という「遅かりし由良助」のあの場面には、実に参った。

（中略）私は歌舞伎の芝居をしなければならなかったのだ。

しかし歌舞伎など観たことがなかった。「型芝居をするな」が合言葉のような分野にいたもので、関心すらなく、型芝居の権化を真似る能力はなかった。舞台稽古で、歌舞伎とはほど遠い芝居を私がするのを見て、確か菊田一夫が、苦笑まじりに「ちょっと教えてやって」と言ったのだと思う。出番ではないのり平さんが「あのね、そこはね」と言いながら舞台に上がった。そして見事に、歌舞伎の型で「いまだ参上つかまつりませぬ」を演じて見せた。具体的に言うと、判官のセリフを受けて、はっと立ち上がり、つつつと花道の末に走り、首を伸ばして見やる仕種をし、「いまだ……参上……」とゆっくり未練に言ってから、判官の前に走り戻って平伏し、早口で無念げに「つかまつりませぬ」と言うのだ。懸命に真似たが、なかなかうまくいかなかった。のり平さんは気長に何度もやってくれた。どうにか恰好はついたが、今ならもっとじょうずに真似できるのにと残念だ。

それはともかく、昔日の感服とともにその場面を思い出すたび、こう考える。三木のり平の「玄冶店」も「八百屋お七」も、そのおかしさおもしろさは、深い歌舞伎の理解から生まれたのだろう、と。

（『蝶々にエノケン　私が出会った巨星たち』）

「山崎街道」は、八波むと志さんが「早変わりにて相務めます」。これは淀橋太郎さんの作品を借りたんですね。菊田先生も忙しかったので。「即席・道行旅路花聟」のお軽と勘平がまあまあ受けたかな。うちのお父さんが勘平、有島さんがお軽。お軽がうんとひょろ長くて背が高いからおかしかった。

それで平凡太郎さんが伴内だったかな。ちゃんと所作事をやってました。

やっぱり、この時も与三郎と蝙蝠安が出てます。アルバイトに吉良家が用心棒を募集してるっていうから、「なんか入ろうじゃねえか。仕事ないから。なんだかわかんないけど入っちゃおう」って出て来る。このコンビが出ないとお客も納得しないので出ることになったみたいですね。

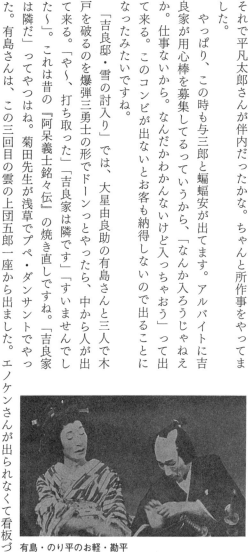

「吉良邸・雪の討入り」では、大星由良助の有島さんと三人で木戸を破るのを爆弾三勇士の形でドーンっとやったら、中から人が出て来る。「や〜、打ち取った」「吉良家は隣です」「すいませんでした〜」。これは昔の『阿呆義士銘々伝』の焼き直しですね。「吉良家は隣だ」ってやつはね。菊田先生が浅草でプペ・ダンサントでやった。有島さんは、この三回目の雲の上団五郎一座から出ました。エノケンさんが出られなくて看板づらが淋しくなってるから。

有島・のり平のお軽・勘平

この頃はもうとにかく先細りでしたね。永さんが作詞でした。菊田先生は作・演出とはなってるけども、いろんな方がね、各場面を書いてらした。団五郎の「玄冶店」も安永貞利さんて方が書いてました。「講談バラード・討入りの歌」、宮城まり子。これが永六輔作詩。だから菊田先生はもうほとんど書いてない。

のり平は、「また、団五郎か」って、もうやんなったんで、この三回目が最後です。エノケンさんは、のり平が抜けた後に戻って来ます。ただ、もう手術のあとだから動けなくなっちゃってるから、義足でよく出番でないときは松葉杖をついてね。幕が閉まってから上手から下手へ移動してました。有島さんは、このあと、四回目、五回目と出たのかな。それで四回目から森川信さんと南利明さんも出ました。『雲の上団五郎一座ブロードウェイに行く』なんて苦しまぎれのでっち上げ。トニー谷さんのアレホドダ・ハッチコックっていうアメリカの偉い演出家が出て来て、やっぱりインチキだったたってことがのちにバレて、それまでの団五郎一座に比べて、もうまるで面白くなかったですね。一本目がすごく受けたので、二回目の「続」は前売開始と同時に切符がたちまち売り切れ。菊田先生は、この後、ブロードウェイ・ミュージカルのほうへ行く。とにかくミュージカルをやらなくっちゃと言うんで、『マイ・フェア・レディ』を江利チエミさんと高島忠夫さんでやった。主役のイライザの父親ドウリットルを八波むと志さんがやって、これがすごく良かったです。軽いですしね。八波さんは、誰にでも愛される、好かれる。面白いですしね。

昭和三九（一九六四）年一月四日、うちのお父さんが日劇の新春スターパレードに伴淳三郎さんと二人で、レコード屋のコントってのに出てました。一五分くらいのものですけどね。それとフィナーレに出る。これを一日三回だけなんですがね。日劇の楽屋はすごく狭いんです。のり平は一人部屋だけど、それにしても狭い。楽屋にいたぼくをうっとおしいと思ったのか、「おい、八波が宝塚劇場に出てるから行って来いよ。お年玉貰えるぞ」って言われたので「ああ、そうだな」と思って、宝塚劇場へ行ったんですよ。『マイ・フェ・レディ』の三日目だったかな。楽屋へ行って、「あけましておめでとうございます」って、楽屋口の最初の暖簾を開けると、弟分の左とん平さんが楽屋の土間みたいなところに子分みたいに座ってました。八波さんは、ボンボン・ドリームベッドに寝転がっていて、「おめでとう」ってお年玉五〇〇〇円くださいました。とん平さんもそれでしょうがないからって、クチャクチャになってるお札で二〇〇〇円くださいました。なんか惜しそうでした（笑）。

その時、化粧前の鏡に白い字で何か書いてあって森繁久彌とサインがあった。何かなと思ったけど読まなかった。お年玉も頂いて家に帰って寝てたら夜中に大騒ぎ。「八波ちゃんが交通事故で重体だ」。のり平はすぐ八波さんが担ぎ込まれた病院にすっ飛んで行きました。うちのお父さんのファンで八波ファンでもあった名古屋のクラブのママとホステスさんが東京に来てて、忙しかったのり平が「八波ちゃん、代わりにお相手してくれ」。それであちこちハシゴして酔っ払った八波ちゃんが運転して都電の安全なんとかってとこに激突してママとホステスは即死、八波ちゃんは生きてたものの意識不明の重体だったそうです。のり平は毎日舞台の後に病院に駆けつけました。

まあ、うちのお父さんの嘆いたこと。だってのり平が菊田一夫先生に紹介して、これからっていう時でしたからね。『浅草瓢箪池』（芸術座）って芝居で主役もやって、『マイ・フェア・レディ』でトントン拍子に出世して。未亡人になった坪田秀子さんが書かれた本にのり平の言葉が載っています。

「いちども、のりちゃんと呼ばず、のり平さんと呼んでくれていた。楽屋にしょっちゅう弁当を届けてくれたなあ。それこそ兄弟以上のつき合いだったからね。もう何といってよいか分からないんだ。こんな思いってないよ」（『笑って、泣かせて　夫・八波むと志の一生』文化出版局）。

友人代表で弔辞を読みながら号泣するのり平の声が昭和三八年春の「朝日ソノラマ」に入っていました。

森繁さんが書かれた「森繁口論　時は巡り　友は去り」から。

〝八波《はっぱ》むと志〟というコメディアンの話もしておきたい。浅草で叩かれてきた良い腕、悪い腕をひっさげて丸の内入りした。私も菊田（一夫）の親父《おやじ》に頼まれて、宝塚劇場で一緒したことがある。

或る日、浅草役者の悪いクセで、私にスカシを食わした。スカシというのは人のセリフを真面目《まじめ》にうけないでとぼけることをいう。これは関西あたりの色ものから出たコトバか、いうなれば最も行儀の悪いやり方である。私は我慢した。ところが二度三度、とうとう堪忍袋の緒が切れて、部屋に呼んでこっぴどく叱りつけた。以来なんとなく不仲の歳月が流れ、風のたよりに彼も反省している風な声が聞こえてきた。

師走《しわす》十二月三十一日、私はＮＨＫ紅白歌合戦に出演するため劇場におもむいたが、「あなたの休憩していただく楽屋は八波さんのお部屋です」といわれた。誰もいない八波の部屋で、私は妙に懐しさを感じ、化粧前の白粉《おしろい》をといて鏡に、「許せ友よ、心おきなく話せる昔にもどろう。それでなければ歳月に相済まぬ。森繁久彌」と書いて舞台に出た。

明けて元旦、彼は恐らくそれを読んだのだろう。素晴しい舞台をあけて五日目、彼は終演後タクシーと共に電柱にぶつかり、無意識のまま数日を経て往生した。病院に見舞いに行った時、弟子たちの「あんなに喜んでおりましたのに。長い間、鏡の字は消さないでおりました」という言葉に、私は不覚にも涙を流した。

第六章

芸術座――『花咲く港』『私は悪党』『あかさたな』

『あかさたな』公演パンフレット

昭和三二（一九五七）年四月二五日、芸術座は、森繁久彌さん主演の『暖簾』（原作＝山崎豊子、脚色・演出＝菊田一夫）で開場しました。座席数六六四の小ぶりな劇場。のり平が芸術座へ出演したのは、菊田先生の自伝的作品『がしんたれ　青春篇』（作・演出＝菊田一夫）のロングラン公演に続いての菊田一夫劇作三〇周年記念『花咲く港』からです。

『花咲く港』

昭和三六（一九六一）年四月一日―二七日、芸術座、菊田一夫劇作三十年記念、東宝現代劇四月特別公演『花咲く港』（作・演出＝菊田一夫、音楽＝古関裕而）。

物語――昭和一六年初秋、九州天草島の南、上甑島《かみこしきしま》の一漁村にある旅館「かもめ館」では、女主人のおかの婆さん（三益愛子）と村長の奥田有助（益田喜頓）が二通の電報に興奮している。大正八年、マーシャル、カロリン群島が日本の委任統治になった頃、日本は南進論に浮かれていた時代、上甑島に渡って来て、島民に木造船造船所の設立を唱え、先頭に立って造船を始めた男がいた。渡瀬憲造である。しかし、大正九年の大震災による大暴落でこの造船所は、多くの出資者が破産の目に遭った。渡瀬は島を去り、二四年の歳月が経っていた。二通の電報は、その渡瀬の「遺児来る」というもの。そして一同の前に現れたのは、モーニング姿にちょび髭の遺児・渡瀬憲助、実は三流ペテン師・野長瀬修造（有島一郎）であった。この漁村で一山当てようと海を渡ってきたのだ。同時に渡瀬憲助を名のる男がもう一人現れ、二人は顔を見合わせハッとする。実はこの男もペテン師の勝又留吉（三木のり平）であった。修造の機転でその場は乗り切る。その夜、修造は集会で、憲

造の遺言という造船所設立問題を住民に話し、賛成を得る。やがて、修造を社長に甑島造船株式会社の株券交換が行われ、投資に集まった島民の金三〇万が集まる。修造と留吉は、あとはこの金を持って逃げるだけ。だが、二人の思いとはうらはらに、造船会社は軌道に乗り出す……。他の出演者に市川中車、森光子、小杉義男、八波むと志ほか。

『花咲く港』は、昭和一七年に戦時中の内閣情報局の依嘱で菊田一夫が書き上げた戯曲。初演は、昭和一八（一九四三）年三月、帝国劇場での古川緑破一座第一回国民演劇公演。また、昭和一八年七月二九日公開の木下惠介監督デビュー作の松竹映画『花咲く港』の原作としても知られる。

『花咲く港』公演パンフレット

『花咲く港』は、有島さんが島の恩人の息子だと言ってね。そこに、うちのお父さんの役も同じことを考えていたんで、急遽、「弟です」って言う。その時が初対面なんだけど「二人で組もうじゃないか」ということになって島の人たちを騙して、船を造るんですね。そのお金を出さしちゃおうという計画なんだけど、逃げるに逃げられなくなって、結局、船が出来ちゃって皆に喜ばれるっていう芝居でした。古川緑破一座第一回国民演劇公演っていうことだったんですね。古川ロッパ、渡辺篤のペテン師を有島、のり平で再演した。

地味な田舎の漁村の話だがら派手な場面は全然ないんですよ。のり平と有島さんでもアチャラカじゃないから、わりと抑え目な芝居をしてましたが、何日か演ってると段々と飽きるから「今日は菊田オヤジが来てない」となると、いろいろと遊んだりするようになって、ある日、噂を聞いた菊田先生がそっと舞台をのぞいたら、怯えた二人が腰を抜かして全身を小刻みに震わせて痙攣しながら逃げようとする芝居をしてる。お客は涙を流して笑ってる。菊田先生もつい笑っちゃったけど、そのあと腹が立ったらしいです。

五月には『私は悪党』という芝居がありました。これはのり平に森光子さん、坂本九さん、中島そのみさんで大入り狙いの風俗劇でした。

『私は悪党』

昭和三六年五月三日―六月一一日、芸術座、東宝現代劇新緑公演『私は悪党』（作＝椎名龍治、演出＝菊田一夫、音楽＝村山芳男）。

物語――夜の東京。住所不定のドロボー男女。男はQ（坂本九）。女は蛍子（森光子）。Qは殺し屋またはジャズ歌手志望。蛍子は女実業家を夢見る自称出戻り娘。二人は、今いる工場の工員にそそのかされて、金庫破りを企てている。もう一人の仲間が遅れて来た。栄太郎（三木のり平）。彼は一流の美容師志願だが、本当は三流の下の腕前。この日のドロボーは失敗に終わる。栄太郎は美雲堂整形美容病院の事務員になり、院長（江川宇礼雄）の一人娘で頭の足らぬ伊沙子（中島そのみ）の娘婿に

収まる。Qは、暴力団に入るが、怪我をして、栄太郎の病院に担ぎ込まれる。栄太郎の涙ぐましい努力もむなしく、奥方からは離縁され、病院を追い出される。そこに現れたのが、超スピード金融の事務員になった蛍子。再会を喜ぶが、また、別れ、蛍子も会社を辞め、栄太郎と蛍子は、せめてQだけでも恋人のチエミと添わせてやりたい。彼らはQを暴力団の天正組から逃がしてやる。やがて、Qはジャズシンガーに。しかし、今度は彼を人気が追い詰める。映画、テレビ、レコード、舞台に週刊誌……これをさばくのがプロデューサーの栄太郎と蛍子。これを知った天正組は、Qをとり返すべく……。他の出演者に久慈あさみ、小杉義雄ほか。

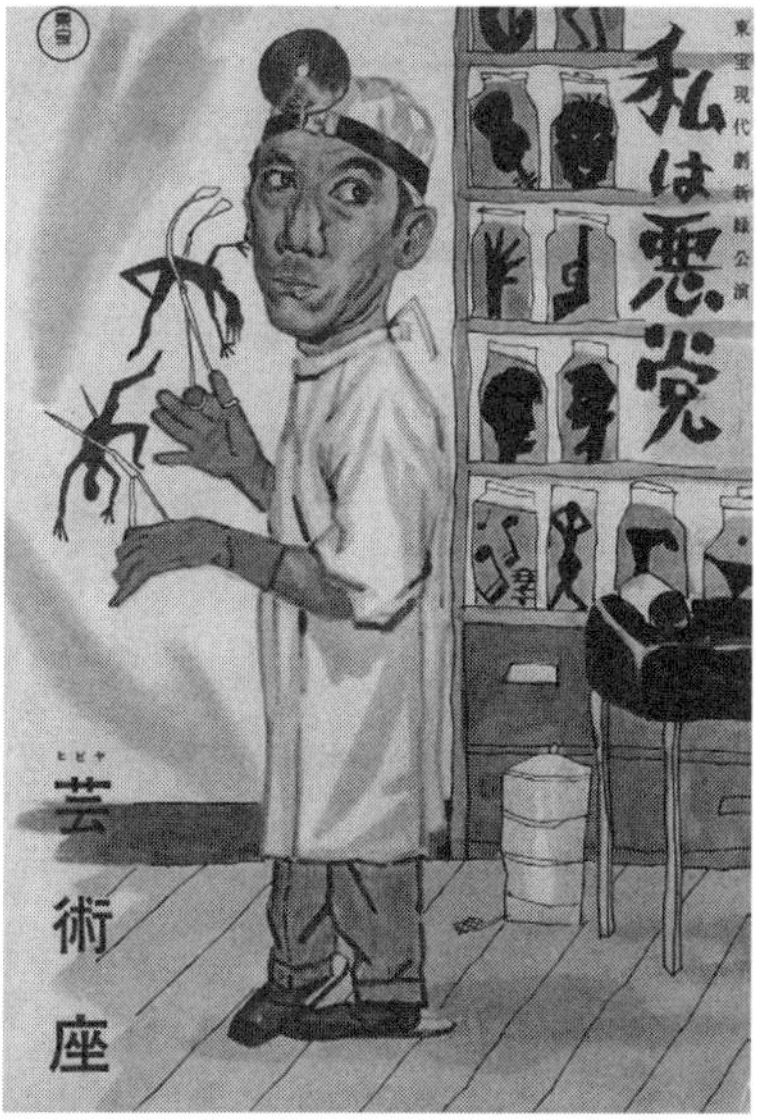

『私は悪党』公演パンフレット

のり平は整形美容のにわか医者。江川宇礼雄さんが院長。坂本九さんはテロリストになりたい一七歳。出て来る人はみんな小悪党という芝居。

幕開きは深夜、少年を肩車して「もう少し、あと三〇センチ」「ダメだよ、これで精一杯だ」。森光子と坂本九の兄弟分が金庫を盗もうと塀を越え、ある屋敷に忍び込もうとしてる。仲間ののり平は美容師志願だが成り行きで美容院の院長の娘婿になりいろいろとある。まあ、他愛ないテレビドラマに毛が生えたような芝居でした。

ただ、のり平や森さん他ベテランが出て

たから何とか持ってるって感じで、それに坂本九が人気絶頂の頃で流行中の「ズンタタッタ」を歌う。だから連日、若い客で超満員。前売りもほぼ完売だったそうです。でも公演の半ばで九ちゃんが盲腸炎で入院。急遽代役を立てて、これが小鹿敦さんでした。前売りのキャンセルも多かったでしょうね。

小鹿敦はのちの小鹿番さん。東宝現代劇の生え抜きで、芸術座は劇団員を端役、脇役に起用して「実地勉強」ということで安いギャラで東宝系劇場で使っていました。菊田プロデューサーの作戦ですね。

この芝居に出た小沢幹雄さんは、小澤征爾さんの弟。佐藤富造さんは、『放浪記』で、子どもを連れた行商の役を初演から死ぬまでやってました。東宝現代劇の人間が出られるように、なるべく役をいっぱい台本に書くわけです。だから芸術座には大部屋が二つぐらいありました。

院長夫人の役で久慈あさみさん。小杉義雄さんは、ベテラン。三上直也さんは菊田先生の直弟子で、とにかく何かあると、菊田先生に怒られる。舞台を引き締めるためのスケープゴート的な役割でした。

小鹿番さんを始め、東宝現代劇の役者さんは、長持ちして、死ぬまで続けていた人がかなりの数いましたね。丸山博一さんも、みんな、『放浪記』に出た人です。

だからこの芝居のスターというと、のり平、森光子、坂本九に中島そのみですね。中島そのみさんも、とっても人気がありました。団令子と重山規子との三人で「お姐ちゃんトリオ」としてよく出てました。三人の映画を古澤憲吾監督が五、六本作りました。植木等さんの『ニッポン無責任時代』（一九六二年）っていう作品は、お姐ちゃんトリオの発展版の映画でしたね。そしたらそれが大ヒットしちゃった。

『あかさたな』

昭和四二（一九六七）年三月四日―四月二四日、芸術座、東宝現代劇陽春公演『あかさたな』（作＝小幡欣治、演出＝菊田一夫、音楽＝古関裕而）。

物語――明治中期。大森鉄平（三木のり平）は屋台の牛鍋屋を開業して成功。浅草に「あかさたな」を出したのを手始めに続々と支店を増やした。正妻のきよ（一の宮あつ子）は次女由美（西尾恵美子）を産んでから妻の勤めが果たせなくなった。そこで鉄平は妾を増やすことになり、一人一人の妾に「あかさたな」支店を順繰りに経営させてゆく。彼には「愛する者が百人おれば百倍の力で仕事に打ちこむ、これが男だ」という持論がある。一番支店は妾筆頭で桂庵（職業紹介所）の赤沢あさ（山田五十鈴）、以下大体は牛鍋屋だが、異色は火葬場を経営させている第一六番支店の袋田ひで（森光子）、それにいちばん新しい妾の第二一番支店の撞球場の立花しの（松川純子）。こういう生活に反発して長女が自殺。そして由美もついには板前の敬吉（井上孝雄）と駆け落ちする。豪勢を極めた「あかさたな」も一朝にして瓦解していくのであった。本店は、番外さんの水島くめ（丹阿弥谷津子）とその子の鉄八（浜田東一郎）が切り廻し、鉄平はあさとひっそり暮らす。昔の妾たち、そして鉄平の子供たちは寄りつこうともしない。鉄平は再起を夢見ながら寂しく亡くなり、葬儀も簡潔なものに終わる。他の出演者に赤木春恵ほか。

『あかさたな』は、小幡欣治さんの脚本で、菊田一夫先生の演出です。これは実在の人物をモデルにして、その主役をのり平が演りました。これは大当たりして再演を重ねました。

基本的には、のり平と山田五十鈴さんの二人のお芝居です。山田さんは、やはり素晴らしかった。少し下がったところに森光子さんがいました。山田さんがデーンとして貫禄があって大きな存在だから、森さんのちょこちょこする芝居が生きる。食い抜けみたいな役ですからね。山田先生はどっしりして、そんなに動いたりしなくても役になってるんですね。本当に巧い人は達者なんてことも感じさせない。山田先生は元々映画女優だから、セリフの声も云い方も舞台の人と違う。舞台の女優さんは皆さん声を張るでしょ。山田先生は女優というよりも「女役者」って感じでしたね。

初代の水谷八重子、杉村春子、森光子なんて名女優と云われた方々とは別種の大輪の花でした。本妻役が一の宮あつ子さん。愛人の中には丹阿弥谷津子さんの牛鍋屋とかをやってなくて、優しくってね、主人公がいちばん心安らぐっていう人物も出てくる。のり平の大森鉄平は、妾に支店を持たせて、あっちこっち回って歩いて集金する。それを突っ張って無理しているっていう風に演ってましたね。

この芝居は、どの場面も良かったけど菊田先生の趣味だろうけども、主役の出ない場面を一幕作りまして、つまりサブの話ですね。この牛鍋屋の女になる主役の出ない場面を作りました。

菊田先生は台本を、直したり、カットしたり、アレンジして、それから喜劇的な部分の演出では、「「どうもながながとお世話になりましたッ!」、って、この〝た〟のところで投げないとダメなんだ。そうしないと笑いは起こらない」。そのタイミングの演出なんかをね、「どうもながながとお世話様でした!」の〝た〟で、かけてた赤いタスキをぶつけると、セリフが揃うし、面白さが全然違うんですよ。そういうちょっとしたところが菊田マジックでしたね。

本妻と妾全員勢揃いの新年会で森さんの「ひで」が謀反を起こして、女がほぼ全員辞めて行く。「一六番」のひでが「みんな、この旦那だってね、今はこんな風にしてるけど、あと一〇年も経てば並のジジイになるんだよ。そしたら〝あかさたな〟なんて店はご破算だ。みんな辞めるなら今の内だよ」。それに同調して続々女が辞める。「あさ」役の山田さんが「人に火をつけて、やっぱり火葬場の女や」。山田先生は大阪弁、森さんはこすっからい下世話な東京弁。森さんは東京に出て来て、大阪仕込みのあざとい芝居と杉村春子からアクを削ぎ落した演技も学んだんですね。『越前竹人形』なんてシリアスな芝居でそういう面も見せました。『がしんたれ』で林芙美子役をやって、それがロングランして、『がめつい奴』の次ですね。そういう「中間演劇的な芝居をできる劇場を」ということで、芸術座を作った。つまり東宝劇場なんかで儲けて、芸術座はそんなに儲からなくても、ちゃんといい芝居をやろうということです。芸術座は、ちょうどいい大きさなんですね。

『あかさたな』三木のり平、山田五十鈴

『あかさたな』でのエピソードをのり平が脚本家の倉本聰さんとの対談でしゃべってます。

倉本　のり平さんで有名なのは、セリフの覚えが悪い、と。

のり平　悪いですねえ、ぼくは。

倉本　それで悪いのを解消するための手段が面白い、と。

のり平　大概、カンニングですよ。カンニングペーパー、カンペっていう奴。

倉本　だからそのカンニングのね、これも非常にのり平さんがユニークな、カンニング手法を今まで開発してらっしゃいますよね。

のり平　開発じゃない。伝説の方が多いですよ。そんなことしたことないっていうことをよく言われますよ。

倉本　でも、二宮金次郎っていうのはどうなんですか。

のり平　あれはね、ぼくが付き人にしてた、とってもね、年はとってんだけど、育たない、小っちゃいのがいたんですよ。発育不全（笑）。それで大広間の真ん中へ出るから、プロンプは聞こえるとこじゃない。カンニングはできない。どっかねえ……じゃあ、あの布袋さまみたいな置物があった。あれを二宮金次郎にして台本を持たして、そこをやろうかなっていう話をした。それは話だけでやってませんよ（笑）、事実……。

倉本　やったんじゃないですか。

のり平　いやあ、やってません、やってません（笑）。それを『あかさたな』っていう芝居の時に、そういう冗談を言ったんですよ。どうしようもない長ゼリフを一人しゃべるんですよ。それをどうもなんかカンニングすること出来ないんで。

倉本　あれは菊田さんですか、脚本？

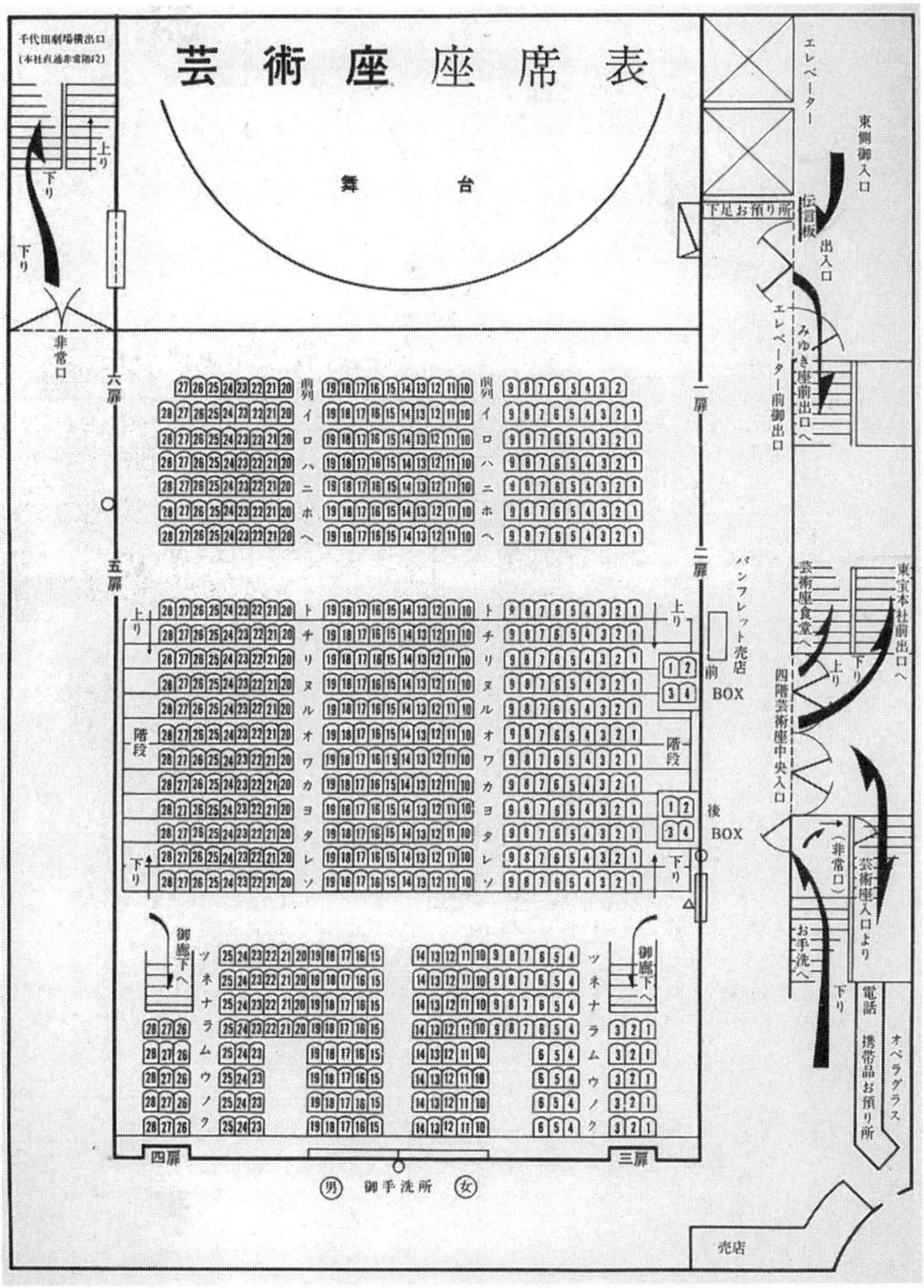
芸術座座席表
千代田劇場横出口
舞台
非常口
六扉
五扉
一扉
二扉
四扉
三扉
上り
下り
階段
御廊下へ
前BOX
後BOX
御手洗所
男
女
売店
エレベーター
東側御入口
下足お預り所
伝言板
出入口
エレベーター前御出口
みゆき座前出口へ
パンフレット売店
芸術座食堂へ
東宝本社前出口へ
四階芸術座中央入口
(非常口)
芸術座入口より
お手洗へ
電話
携帯品お預り所
オペラグラス

芸術座座席表

のり平　小幡欣治です。

倉本　だから、つまりカンニングができないようにわざと本屋がセンターに、のり平さんを置いたという説があるけど（笑）。

のり平　それはだって、一号、二号、三号…って、いろは順に女を抱えてすき焼屋をやらすっていうことですからね。昔の「いろは」っていう本物の…それがモデルですから、『あかさたな』っていう。で、ある時に大森の海岸かなんかでもって、カニ料理屋かなんか入って、みんなで行って。真ん中にどうしても居なきゃしょうがない（笑）。

倉本　あとはなんかいろいろと、なべ物の白菜の上に字を書いてたら、誰かが混ぜちゃったとか（笑）。それから……（笑）、いろいろ伝説が多いですね。

のり平　あのね、カンニングをやり始めて……ぼくらやっぱりそういう新劇っていうのかなあ。結構やってましたから。覚えるも覚えないも自然に、覚えちゃうようにやってましたからねえ。一番最初はね、『素人探偵局』っていうのをＮＨＫでやってたことがあるんですよ。テレビの前のラジオの時分で。で、これは公開放送なんですよ。それでその犯人当てみたいなことですけどねえ。質問するわけですよ。これがねえ、セリフの中に鍵がいっぱい散りばめてんですよ。これを言い損なったらあとの質問の時にえらい目に遭うんですよ。それでそれを間違えちゃいけないって言うことで、ぼくが最初に書いたのがそれなんです。それで小さい手あぶりを、箱火鉢を置いた時に灰のところへこういう風に（カンニングペーパーを置いて）やっといたら、その女房が水の也清美っていうの、それがカーッってんで（火箸で）突っついちゃったんですよ（笑）。それはホントなんですよ。いやあああ……火鉢こっちへ……灰の中へセリフがちゃんとあんのに、それを穴だらけに突っつかれた時には、もうあれは一番苦労した。

（ＴＢＳラジオ『倉本聰・ニッポン人生』）

『あかさたな』再演（昭和四八［一九七三］年五月一日―六月三〇日、芸術座、作・演出＝小幡欣治）でのエピソードを水谷良重さんが話しておられます。

水谷　私は初演で森光子先生がなさったお役で出していただいて、妾が一堂に集まる場面のお稽古してましてね。演出の小幡欣治先生からも「はい、じゃあこの場面はこれで」ってオッケーが出たところで山田先生が、「ちょっと待って。万が一、のり様が出て来なかった場合のお稽古しときましょう」っておっしゃって。のり平先生の前で、のり平先生が出てらっしゃらなかった場合の稽古したの覚えてます。山田先生の口立てで。

――　それは貴重なエピソードですね。よっぽど懲りたことがあったんでしょうか？

水谷　しょっちゅうなんです、のり平先生が出トチなさるの有名なんで。そこはお妾が全員集まる緊迫した場面だから主人公が出て来ないと始まらないでしょう？　だからそこを埋めておきましょうって。初演から何回もトチってらっしゃったわけですよ（笑）。のり平先生も苦笑いしてらした。

（『女優 山田五十鈴』責任編集＝美馬勇作、集英社インターナショナル）

矢野誠一さんは著書の中で、この『あかさたな』ののり平と作者の小幡欣治先生について書いています。

『あかさたな』の成功第一の原因は、なんといっても主人公の大森鉄平を三木のり平が演じたことだろう。エネルギーに満ちあふれ、精力絶倫を誇るには、瘦身でけっして大柄とは言えない三木のり平という役者の身についた雰囲気は、いささか遠いものがある。そんな意外性が、この役者の飄飄とした持味によって、たくまぬおかしさをかもし出し、芝居に格別のリアリティを与えてくれたのだ。

小幡欣治と三木のり平は、この芝居の稽古始めの顔寄せが初対面のはずである。ともに生粋の東京っ子だけに、共感するところが多かった。自分からしかけた仕事は、生涯一本も無かったといわれる三木のり平の、屈折と韜晦を多分にそなえた含羞を、東京っ子ならではの矜持として、小幡は素直に受け入れていたように思う。信頼感をいだいていたし、それよりなにより、役者として高く評価していた。

(『小幡欣治の歳月』早川書房)

竹中労さんが『あかさたな』を観に行った時のエピソードを書いています。

(のり平は)日常ふだんは、無口。とっつきにくい印象を人にあたえます。と申しますのは、のり平、自意識がきわめて強い人間で、どうしてもゆずれない意見というものを肚の底に持っております。話しだすとだんだん理屈っぽくなり、相手とケンカをしちまう。それがイヤだったもんだから、黙っている。とまあそんな次第で、けっして悪い人間じゃあございません。

つい先日も、『あかさたな』を観劇しての帰途に、楽屋に寄ってみますと、のり平がおりました。そりゃ主役ですから、いるのが当然ですが、この人ってものは、なんとなく〝おりました〟って感じですわっているんですな。珍しく世間話などしているうちに、滝沢修の〝演技〟についてアタクシ、「あの堂々たる一人芝居は疑問があるねえ」と申しましたから、とたんに黙っちゃった。

なるほど、『あかさたな』の幕切れで、大森鉄平が人力車からすべり落ちて死ぬ場面、あれは滝沢さんの『セールスマンの死』と、おんなじ工夫でした。いうならばケレンの芝居で、腰からのめって落ちて、梶棒ンとこへがっくりとブラ下がる。客の手が、チョイ間をおいて、ワッとくる演技です。

不用意にいった、アタクシの言葉てえものが、のり平の肚ン中の〝芸〟の虫にコチンときたにちがいない。それで、しばらく黙っているてえと、大将、アタクシを睨んで、こういうんです。

「劇評をやっちゃ、どう?」

まったく、イヤな役者じゃありませんか。だけど、手ごたえってものが、三木のり平には、ダイヤモンドの硬さである。ほんものの喜劇俳優に対比した、さわやかな後味がのこるんでげす。なにはなくとも、三木のり平。

（『スター36人斬り』ホリデー新書）

のり平は、滝沢修さんと中村翫右衛門さんを非常に尊敬していましたから、カチンときた様子がこの文章でまざまざと浮かびますね。「劇評をやっちゃ、どう?」っていうのもいかにものり平らしい皮肉です。

『あかさたな』は、昭和四四（一九六九）年三月六日公開の『妾二十一人ど助平一代』（脚色・監督＝

成澤昌茂）という東映映画にもなりました。タイトルも凄い（笑）。のり平は東映にはほとんど出てませんでした。主役は佐久間良子さんで舞台では当時、菊田先生の愛人の一人だった人のために作った場で、佐久間さんが今日から大森鉄平の妾になるっていう一幕を中心にふくらませて作った映画。ぼくは一回しか見てないから、あまり覚えてませんけどね。

第七章　森繁劇団とのり平新派

森繁劇団旗揚げ公演パンフレット

のり平と森繁さんとは不思議なご縁でね。のり平のお姉さんが日劇の地下で帽子屋をやっていました。その人が下宿屋もやっていて、そこに新婚時代、森繁さんが下宿していたそうです。中学生ののり平がね、そこへ時々遊びに行って出逢ってます。森繁さんがそのことを書いていますね。

私たちは新大久保の京菊荘というアパートに移った。その小さな八畳程に三尺の台所のついたその頃では奇態な部屋に住んでから、あわただしく色々なことが起こった。

その頃、このアパートに、新劇の美術をやる森幹夫が住人になったりしたが、彼は金持ちだったので、食うに困った新劇の連中がよくめしをくいにやってきた。そんな中に本庄克二（東野英治郎）などが妙なステッキをついて来たのが、何故か印象に残っている。

私の部屋の隣りに、女ばかりの三人姉妹がいて、おとなしいこの家族と親しくしていたが、時折、鼻のでかい中学生の弟が遊びにきた。これが後年の三木のり平である。

（『こぼれ松葉　森繁久彌の五十年』日本放送出版協会）

のり平も、そのことを自著で語っています。

僕がまだ中学生の頃、父親に小遣いを貰おうと思ってさ、本妻さんの新宿の家に行ったことがあったんだよ。ほら、僕はお妾さんの子だから。そう、大川家。（中略）

それで、そこに、茂路《しげじ》っていう腹ちがいの姉さんがいてさ、姉さんっていっても、僕とは二十三もちがうんだけどさ、その姉さんがこう言ったんだよ。

「四谷第二小学校の同級生の旦那さんで、早稲田を出てお芝居をやっている人がいるわ。名前は森繁久彌っていうんだけど、知ってる?」

って。その時は、べつにシゲさんは有名じゃなかったから、僕は知らなかったんだけど、戦後シゲさんが満州から帰ってきた時に、そんな話をシゲさんにしたことはあるよ。意外なつながりだね。

(『のり平のパーッといきましょう』)

森繁久彌さんは、昔、ロッパ一座にちょっとの間、居ましたね。お育ちがまずいっていうのは、異色ですよね。大学出でもある。インテリで文章も上手い、NHKにいたから声もいいし、声色も達者。ロッパから直接芸を盗むってことはなかったでしょうけど、影響はあったでしょうね。役者の在り方としては、自然体でね、おどけたりしないで、タイミングとか、しゃべり方で別の笑いをとる。アメリカの大スター、ボブ・ホープがちょっとカメラの方を向いてなんか言う。ボブ・ホープとかジャック・レモンからも盗んだんでしょう。森繁さんは面白い顔を作っておどける役者じゃなかった。コメディアンていうと、エノケン一派でも眉毛を太く目をまん丸く書いて鼻の下を黒くしたり。森繁さんはそういうコメディアンじゃない。なんか、大学出たいいとこの人って風に見えますよね。うちのお父さんはやっぱり怪しいでしょ。「こんな奴いるわけない」って。あと、のり平はやっぱり古風ですよね。動きもフシギだし。

森繁さんの芝居では、映画の社長シリーズはもちろん楽しかったです。その前の『スラバヤ殿下』(一九五五年)、『森繁の新婚旅行』(一九五六年)とか。ぼくは『喜劇各駅停車』(一九六五年)はいいなって思います。あれは喜劇って書いてありますけどいわゆる喜劇ではありませんよね。あの時の森繁さんも良かったですね。頑固一徹で。舞台ではそういう役も得意としていましたね。あとは、浮気してどうだとかっていう役ね。何をやっても上手かった。春団治も、佐渡島他吉も良かったし。とにかくセリフの上手いこと。まあ、歌が上手かったでしょ。だから、やっぱり催眠術にかかったようになりますね。森繁さんは首から上だけあれば生きて行ける。うちのお父さんは、全身がないとダメな人（笑）。

『狐狸狐狸ばなし』って舞台の元女形で田舎にいる伊之助って役は、北條秀司先生が森繁さんに当てて書いた芝居なんですけど、これが絶品でした。リアルなんですね。時代劇の型とかをするわけではないんだけど、ホントにさり気なく……「らしい」んですよ。やっぱり歌舞伎役者だとか、そっちの心得があると、そういう影響が出ますでしょ、型とかね。森繁さんは、そういうところが全くなかった。

『狐狸狐狸ばなし』

昭和三六（一九六二）年一月二九日―二月二六日、東京宝塚劇場、東宝演劇まつり、春の特別公演『狐狸狐狸ばなし』（作・演出＝北条秀司）。同時上演＝『好人好日』（作・演出＝中野実）、舞踊『春、花びらの……』（構成・演出＝菊田一夫）。

物語――大阪・曽根崎新地のお初天神裏に、小さな手ぬぐい職を営む伊之助（森繁久彌）とおきわ（山田五十鈴）の夫婦が住んでいる。伊之助は元女形の役者、おきわも芝居の下座三味線を弾いていた。おきわは、日中から茶碗酒で裏手の空心堂の法印・重善（十七代中村勘三郎）と密通。伊之助が

側に来るのも嫌うが、伊之助は彼女の肌が忘れられない。重善は先代住職を追い出し、近所のワルを集めては本堂で博打をやらせ、寺銭を稼いで酒代にし、後家、妾、女房、娘と手当たり次第に関係を結び、今は物持ちの桑島の娘おそめに惚れられたのを幸い、婿入りを考えている。おきわは、重善の女房になりたいが、伊之助が邪魔だ。ある朝、重善はおきわから手ぬぐいに使う染薬をふぐ鍋に混ぜて伊之助を殺したと告げられる。長良の焼き場へ寺男甚平と伊之助の雇人又市（三木のり平）を残して家に帰って、行燈を灯すと、座敷の隅に伊之助が座っている。重善とおきわは逃げ出す。翌日、伊之助がおきわの腰巻を井戸端で洗濯している。彼は生きていたのか、それとも幽霊か……？

東宝演劇まつり春の特別公演
パンフレット

いい芝居でした。山田五十鈴さん、森繁さん、中村勘三郎さん、そこにうちのお父さんがプラスされる。この時の森繁さんが素晴らし過ぎてね。自分の嫁さんの腰巻きを洗濯して干して、洗濯物をパッパッって叩くところなんか、ホントに元女形の旅役者って感じ。乱れ髪を直す――シケっていいますけどね。ちょっと水気をつけてね。山田五十鈴さんは、デンとしてました。森繁さんのほうは和事のつっころばしみたいな役柄です。弱いのが実は……とても悪い役というね。のり平の又市が、頭の弱い設定で出て来て、結局それをあとでひっくり返すけれども、最後の最後、逆にひっくり返される芝居です。『狐狸狐狸ばなし』は、何度も再演されて同じ役をいろんな方がやりましたけど、やっぱり森繁さんが演じた伊之助がピカ一でした。設定は、大阪ですけど、ちょっと離れた田舎ですね。だから勘三郎さんは、関西弁でやらないで、うちのお父さんはインチキな田舎弁ですね。森繁さんがネチネチしてて、いいんですよ。いい芝居でしたね。凄く話題になりました。森繁さんも何度か演りましたね。『狐狸狐狸ばなし』はホントに森繁さんと山田五十鈴さんが良かった。勘三郎さんも悪くはなかったけどそんなに仕どころがない役なんですね。

昭和三七（一九六二）年に森繁劇団が設立されましたね。森繁さんが書いています。

菊田親父から事務所に呼ばれ、

「おい、どうだ。劇団を作らんか」

と、いわれ、いやあんな煩雑なものはマッピラです。たのまれて出演している方がどれくらい楽か、せっかくですが、とお断りしたが。が、

「お前一人の劇団だよ」

と、不思議な話である。

「どういうことでしょう？」

「そのつど、台本によって必要な役者を集めて演《や》ればいい」

「ということは？」

「座員は、お前さん一人だ」

一見、それならと腰の浮く話だが、よくよく考えてみると、責任のいっさいはお前一人が引き受けるのだ、ということである。

「生涯に一度は、座長というものをやっておくべきだよ」

「何という名前にするんですか？」

「いろいろ考えたが、素直に森繁劇団というのがいいと思うが……」

「そりゃ、お断りします。第一、おかしいですよ」

「なじめないうちは、何でもおかしいんだ。三、四回も公演をやってみろ。これで良かったと君も思い、他人《ひと》も思うよ」

「東宝喜劇——なんかが意味が見えていいと思いますが」

「ダメダメ。昔はロッパ一座とか、エノケン劇団とかチャンと名前をつけたんだよ」

菊田一夫

とうとう強引に押しまくられ、たった一人で劇団の旗揚げということになった。

「まず、相棒として山茶花究と三木のり平をつけよう。どうだ」

「いいですね。女は？」

「女はきめるとうるさいから、そのつどがいい」

「そうですか。じゃ下座《したざ》はどうします？」

「お前がこれというのを選べばいい」

参謀格は決まったが、この下座という幹部、準幹部がなかなかの問題である。芝居が良くなるも悪くなるも、このへんの力で決る。そのまた下の大部屋というのは、これはどうにでもなるもので、幹部の人選にほとほと頭をひねった。(『こぼれ松葉　森繁久彌の五十年』)

菊田先生の結成公演パンフレットの「御挨拶」から。

森繁久彌は元来が舞台俳優でございます。

私がまだ若かった頃、それよりも、もっと若い年齢の彼は、第一東宝劇団の大部屋俳優でございました。そして彼は古川緑破一座に移り、そこから出征の赤紙を受けて戦地に召され、それが身体の事情で即日帰郷となって、そのままの横辷りで満洲新京放送局のアナウンサーとなった。戦争が終わったあとの彼は、舞台から横に辷って映画俳優森繁久彌が生れ、いまではまるで彼の舞台は、映画俳優の実演のように思われているが、その舞台の中味には、ただの映画俳優では及びもつかない、重厚さ、軽妙さ……芯の通った演技が示されている。それは彼が飽くまで舞台の俳優だからです。

森繁劇団旗揚げ公演『南の島に雪が降る』

昭和三七(一九六二)年一月三一日―二月二八日、東京宝塚劇場、森繁劇団旗上げ公演『南の島に雪が降る』(原作＝加東大介、脚色＝椎名龍治、演出＝森繁久彌)。同時上演＝『女を売る船』(村岡伊平治自

伝より、脚本・演出＝菊田一夫)。

物語――昭和一九年七月、太平洋戦争中のニューギニアの某基地。戦局は日増しに敗色が濃厚。照りつける太陽、ふり続く雨、兵隊たちの士気は荒れ始める。加藤軍曹(加東大介)を中心に元大工、染物、絵具等に少しでも経験あるものを集め、通称〝演芸分隊〟と呼ばれる一隊が編成され、その芝居が兵隊たちの唯一の慰めだった。『一本刀土俵入』の舞台に兵士たちは故郷を思う。特に女形の斎田上等兵(渥美清)の人気は素晴らしかった。元新派の子役であった。ある日、演芸分隊の指導監督が村山大尉(森繁久彌)から飯塚大尉(山茶花究)に変わった日から、芝居の稽古は作業の余暇に限定され、斎田上等兵も軍司令閣下の当番兵にされた。「雪が見たい。もう一度雪が見たい」。赤道直下の南の島で、純白の雪に恋しい内地の面影を託して兵隊たちは声をしのんで泣いた。

三木のり平は、役者志望だが裏方ばかり勤めさせられる二木兵長役。渥美清の斎田上等兵の女形は、自分のカアちゃんに似ていると大ファンで、斎田につきっきりになる。また、浪花節芝居出身の蔦山上等兵(伴淳三郎)の唯一のファンでもある。

『南の島に雪が降る』は、加東大介さんの原作です。戦争ものですから、男性しか出てこない芝居です。加東大介さんはいい方でしたね。なんか爽やかでしょう。映画の社長ものなんかでもね。劇中劇の渥美清さんの舞台が凄かった。全部さらってしまいました。暑いところで雪を降らせるわけですよね。加東大介さんが駒形茂兵衛で、お蔦を渥美清さんが演って、これがもう強烈におかしかった。渥美さんが女形で、顔を白く塗って、あの声でセリフを言って、そらおかしいですよ。渥美さんの場合はそこにもって来て、芝居が上手いからキチッと言うところは言うでしょ。それでお芝居をちょっと外すと、それがまたおかしいんですよね。声も良いしね。その劇中劇の前に芝居を作るまでのあれこれで、女形の扮装したままで出てくるから、うちのお父さんだって、写真を見ると半分笑ってますよ。加東大介さんの駒形茂兵衛は、なんたって前進座の出ですから本寸法ですよね。だけど渥美さんがもう全部さらっちゃいましたね。南の島で男ばっかりの軍隊ですから、女形が出て来ると「女だ！」と舞台に駆け寄る。紙の雪が降ってくると死にかけてる兵隊が「雪だ、雪だ」ってそれを見ながら死んでいく。この芝居は何度か見ましたが、劇中劇の加東さんもいいけど、渥美さんがとにかく無暗におかしい。この芝居ののり平はマラリアに罹って、もう気が狂って敵軍の空爆が始まってみんな避難してるのに外に出て来ちゃって「〽人の嫌がる軍隊に　志願で出て来るバカもある…」なんて歌ってるところを空からの焼夷弾で撃ち抜かれて死んじゃうって役でした。

渥美さんは、ＮＨＫの『夢で会いましょう』のコントもおかしかったですね。時々、場合によっては森繁さんそっくりに遊びで演じてみたり。渥美さんは、最初っから森繁さんを目指していました。

『南の島に雪が降る』伴淳三郎、渥美清、三木のり平

でも、コメディアンって半分ぐらいそうじゃないですか。いいところの人の役は出来ない。由利徹さんだって、みんな怪し過ぎますでしょ。ぼくは渥美さんのストリップ劇場時代は見てません。ぼくが見たのは『パノラマ劇場』っていうＮＨＫの『若い季節』が始まる前の番組かな。凄く派手な動きをしたり、プールにドボ〜ンと落ちたりとかね。ものすごく動きがありましたね。

森繁さんもこの時の公演のエピソードを書いていますね。


ある日、幕が降り、カーテン・コールで再び幕が上がると、私たちがずらりと舞台に並んでいた。その時、客席から元軍人らしい人が舞台に近づき、

「ありがとう、皆さん！　私が当時の隊長です」

と舞台面《づら》へ出て来た。

加東大介も泣いた。加藤も私も土下座してただ感泣した。客席も泣いた。

抱き合った元隊長と加東の姿は見る人の胸を打った。

この芝居には劇中劇があり、「一本刀土俵入」でお蔦《つた》をやり、万座を圧倒したのは渥美清である。恐らく浅草から丸ノ内の劇場へ来て、これが初めての芝居だろう。

ともかくウケるので渥美は毎日シャカリキで、白く塗った戦場の女形に懸命だった。

もう、そうなるとイッパシだ。渥美清は大役者になった。

そのお返しか、山田洋次さんから「寅さん」に出てもらいたいと私に話があり、どこかの港の胡散《うさん》くさい漁師の役を貰った。

（『もう一度逢いたい』朝日新聞社）

『恋文飯店』

昭和三八（一九六三）年二月二日―二七日、明治座、東宝・明治座提携、森繁劇団二月特別公演、夜の部『恋文飯店』（作＝小野田勇、演出＝阿部広次）。同時上演＝『子を貸し屋』（原作＝宇野浩二、脚本＝相良淳、演出＝森繁久彌、津村健二）。

物語――東京・柳橋にある中華料理店「江戸っ子飯店」。主人の陳《ちん》（三木のり平）は、生まれ育ったのが柳橋で自分は江戸っ子のつもり。見習いの武三（石田英二）と出前持の藤吉、小女の鈴子だけという小さな店だが、ラーメンの味は、芸者たちにも評判がよく、小学生の同級生だった芸者の桂子（淡島千景）は大のひいき。一時帰国していた陳と共に日本に出て来た梁《リャン》（山茶花究）は、商才に長け、今では赤坂に「紅天楼」という大飯店を経営している。陳には夢があった。小学校で二年下級だった二宮久美（水谷良重）に会いたいという願いである。戦争中に祖国への引き上げ時にK・Nのイニシャルで記された手紙には「戦争が終わったらきっと日本に帰って来てほしい、必ず待っている」と書かれていた。それが今日までの生きる糧になっていたのだ。東洋テレビから陳に連絡があった。番組でフランスから帰ったばかりの新進デザイナー二宮久美を扱うことになり、陳はその思い出の人として登場するように交渉を受ける。放送日、久美は陳を思い出すのに時間がかかり、放送後も懐かしく話す陳に迷惑そうな様子。友として義憤を感じた梁は、陳を「紅天楼」社長ということにして、久美を店に招待することを計画する……。

小野田勇先生が、公演パンフレットに「のすたるじあ」として書いていています。

「のり平も、ぼくも粋き《ママ》筋の商家の家の子で、育ち方もませ方も似ている。子供の頃、父親に連れられて芝居めぐりをしていたことなどそっくり、だから二人の芝居のふるさとは歌舞伎や新派なのである。いつかは一度二人で新派のような芝居をやってグッとお客さまを泣かせてみたいと言い合っていたものだ」

『恋文飯店』再演　西村晃、鳳八千代、三木のり平

『恋文飯店』は、「のり平新派」っていうシリーズですね。場所も浜町界隈。最初は森繁劇団の初っ端の芝居で始まったんですね。「江戸っ子の中国人が主役の新派をやろう」。主人公は下町生まれの中国人のラーメン屋なんですよ。しみじみとした下町の市井の人たちの様子を描いた久保田万太郎や川口松太郎みたいな芝居、新派大悲劇ではなくてね。

　第二場テレビスタジオ——小学生時代の幼馴染の二宮久美さんて人のご対面の相手として、のり平の陳さんを選ぶわけですよね。ご対面のシーンに出るというので、テレビスタジオに初めて行ったラーメン屋が、マイクに触れてキーンと鳴ったりという笑いがある。初演で山茶花さんがやった友だちの中国人を再演（昭和四七［一九七二］年二月一日—二七日、明治座、演出＝早野寿郎）では西村晃さんが演っている。西村さんに付いていた市村正親も出てますね。のり平の主人公は、古風な職人肌。友だちは大飯店を作って、成功して儲かってるんだけど、今でも友だちっていう感じ。その紅天楼のロビーでヤクザが騒いだりのドタバタもあります。山茶花さんが「オマエネ、コンナミセヤッテナイデネ、オオキイミセ、ツクタラドウダ」。中国なまりで演って、再演の西村さんも面白かった。自然というより、わざと大げさに演るとか、そういうことが好きなんです。それにのり平と一緒に出てる時は、うちのお父さんを笑わせようと思って、なんかやるんだけど、のり平の逆襲を受けて、逆に笑わされてしまう。なんか不必要に跳ねるとかね。受けるのってやっぱり嬉しいわけです。西村晃さんはふざけたいし、いたずらが好きで、別に難しい人でもなんでもない。役のイメージとして、悪役とか、怖い役を演りましたが、あれは完全に役ですね。芦田伸介さんっていう方もそうですよね。

この作品は、主要人物が全部中国人。森繁さんが、その頃、下町にまだいた声色の流しですね。声色屋五十番というのでちょっとだけ出ました。

『駅前二十年』

昭和四一（一九六六）年五月一日—二六日、明治座、劇団結成五周年記念、森繁劇団特別公演、昼の部『駅前二十年』（原作＝井伏鱒二『駅前旅館』より、脚本・演出＝中野実）。同時上演＝『貝殻島にて』（原作＝亀屋原徳、演出＝榎本滋民）、夜の部『悪女の勲章』（作＝小野田勇、演出＝三木のり平）。同時上演＝『幸吉八方ころがし』（原作＝永井龍男、脚色＝斎藤豊吉、演出＝津村健二）。

物語——昭和二二（一九四七）年五月一五日、戦災に焼けただれた街並みを見下ろす上野公園の夕方、戦地で生き残って帰還した三人の戦友、高沢駒吉（三木のり平）、西山宏（山茶花究）、生野次平

（森繁久彌）が集まった。三人は、辰巳屋の女主人お咲（京塚昌子）の口利きで、駅前旅館の番頭になった。好色家の次平は、女中のお小夜（赤木春恵）とデキてしまう。そして柊元旅館の番頭になる。彼は校長にいたずらされかかったお菊（瑳峨三智子）を救ったことから彼女に恋をする。お小夜は旅館を飛び出す。それから一〇年、柊元旅館は発展。今では団体旅行を一手に引き受けている。

『駅前二十年』（名鉄ホール）瑳峨三智子、三木のり平

そこへお小夜が娘次子を連れて訪ねてくる。次子の「次」は、次平の「次」だと言われ、次平は暇乞いを主人に告げる。一方、甲府の湯村温泉。西山と夫婦になったお咲、それに高沢の三人は、次平が一〇年前に見初めたお菊との仲を取り持とうと一夜の遊興を開く。お菊は温泉芸者になっていたが、一〇年前の面影を慕う次平は彼女をふってしまう。それから一〇年の月日が経つ……。

『悪女の勲章』も、のり平新派のひとつですね。これはトイレットマンという、トイレの番人みたいな人が銀座のクラブにいたんですよ。で、その店のトップのホステスが森光子さんで、高嶺の花の彼女に片思いしているトイレットマンとなんだか仲良くなってというお話です。初演で森光子さんが演った役を名古屋の名鉄ホールでは、黒柳徹子さんが演った。キャラクターは違いますけど上手な女優さんですからね。名鉄ホールの公演では、須賀不二男さんが出ていました。二枚目然とした役を演って形になる方。ちょっとした敵役、主人公の敵に回るような役が多かったです。往年の名脇役ですね。この方もロッパ一座だったんじゃないですか。

うちのお父さんと小野田先生は、「こんなような芝居やろうよ。こういうことも入れて……」と、アイデアをのり平が出して、それを小野田先生が台本に上手くまとめてゆくって形でした。

のり平が隣の和室をのぞくシーンがありました。のぞかれてることに気づいたその部屋の人が襖を開けようとすると同時にパッと横っ跳びになって開けた時はもう蒲団を掛けて寝てる形になってる。アニメみたいなシュールで人間離れした動きで、この時の客席の笑いがすご過ぎて劇場の音声をとってるアンプの真空管が全部飛んじゃった（笑）。「ここらへんに笑いが欲しい」なんてとこに舞台で加えたり工夫したりしてました。

『駅前二十年』っていえば瑳峨三智子に参ったっていう思い出です。もう芝居がどうのというよりも、睡眠薬を飲んで呂律も怪しかったですからね。来なかったりとか。ホントに困った。セリフをちゃんと言うか心もとないし、それを受ける芝居もしないといけない。で、のり平にあてがわれた（笑）。山茶花究さんがとっても重い役をやってました。山茶花さんが演った役を他の役者がやると、山茶花さんがいかに上手いかっていうのがすごく分かりますね。東宝劇場の『機関士ナポレオンの退職』で、内田朝雄さんが演っていた役を以前、山茶花さんが演ってた。もう全然違います。普通に淡々としゃべってるんだけど、ちゃんと締める時に締めて、軽くする時は軽くしてっていうね。だから『佐渡島他吉の生涯』の時の他吉の隣の下手な噺家をやって、「たまにはわいの名人芸でも聴けへんか」なんてね。森繁さんとのアドリブの応酬も出来る。綺麗な芝居なんですよね。綺麗なセンスのいい、格好いい芝居ですね。森繁さんと会ったのは、ロッパ一座の頃ですね。森繁さんが、ロッパさんから盗んだのは、座談のしゃべりとか、捨て台詞ですね。ロッパさんも他の人がさんざんやったあと、なんか一言いって全部さらっちゃう。映画でも森繁さんがカットの切れ目に一言捨てセリフを言い、ポーンと終わる。

『駅前二十年』は、ぼくは東京で見ました。面白い芝居で笑いも多かった。ただ、大変に長いし、登場人物が多く、のり平もそんなに大きな役じゃない。コメディリリーフっていうか……芝居全体のクッションみたいな役ですかね。それに森繁さんと絡めばなんか出来る。十八代目中村勘三郎さんが勘九郎の頃から、ラジオでご一緒した『大人の幼稚園』なんかを通して、芝居もしょっちゅう見に来てました。その勘三郎さんが「とにかくのり平先生ってえ人はね、舞台に出て来る瞬間になんか風が吹くような……出て来るとブア〜ッと「出て来たあ」って感じで、静かにどよめきが起こる。その感じっていうのがホントに素敵でね、憧れたんだ」って言ってましたね。芝居を随分見てました。多分影響を受けて盗むところは盗んだり、応用したりしたんだと思いますよ。うちのお父さんの出は何もしないで、ただ出て来る。お客さんは「ああ、出て来た。これから面白くなるぞ」って。だから出て来て、ちょっと遅れて拍手が来るみたいな。なんか綺麗な人が出て来ると「ほ〜」とため息が出る。うちのお父さんが出て来ると、「ああ、出て来た……」って感じですね。東宝系だと花道がないから、大抵袖から出て来ますよね。なんで上手《かみて》から出て来るのかっていうと楽屋が近いんですよ。下手《しもて》に行くには一回地下に下りなきゃいけない。そういう作りでした。下手にも楽屋はあるにはあるけれど、少しあるだけです。ほとんどが上手側にあるわけ。楽屋も衣装部も。だから下手の楽屋の人は、衣装を着たり鬘をかぶりに上手の方まで行かなきゃなんない。しかも上手に行くには地下を通るしかないわけですよ。

『佐渡島他吉の生涯』

昭和四一年一〇月一日―二五日、新橋演舞場、森繁劇団特別公演、昼の部『佐渡島他吉の生涯』（原作＝織田作之助『わが町』より、脚本＝椎名龍治、演出＝森繁久彌）。同時上演＝『ガラスの椅子』（作＝中江良夫、演出＝津村健二）。

『佐渡島他吉の生涯』の第四回目の公演から三木のり平は活弁士・橘玉堂役で出演。芝居自体の初演は、昭和三四（一九五九）年一〇月一日―二八日、大阪・新歌舞伎座。

物語――明治三七（一九〇四）年、フィリッピンのベンゲット山中では、多くの日本人労働者が道路工事に従事していた。佐渡島他吉（森繁久彌）もその一人。彼は静子（草笛光子）という美しいからゆきさんに思いを寄せていた。彼女もまたそうではあったが、ある貿易商に見受されることになる。彼女は、身に着けている南十字星のブローチを渡そうとするが、他吉は押し戻す。彼が仰ぐ満天の星座のなかに南十字星が青く宝石のように輝いていた。他吉が帰国。仕送りどころか便りも寄こさぬ他吉に女房のおつる（赤木春恵）は驚いたり、喜んだり。翌年、一人娘の初枝を残しおつるは他界。他吉は心を入れ替え、好きな酒やフィリッピンへ戻りたい誘惑も断ち切り、人力車夫として娘を育てる。彼の相談相手兼喧嘩相手は、隣に住む噺家〆団治（山茶花究）であった。一〇年が経ち、他吉の留守中に静子が訪ねて来て、手紙と南十字星のブローチを置いてゆく。一年後、初枝（森光子）の結婚相手の桶屋職人新太郎（石田茂樹）は、構えた店が火事になったことから、他吉は自分の夢を新太郎に託してフィリッピンへ行かせる。しかしそれが裏目へ出て、新太郎は異郷の地で

赤痢にかかり死ぬ。大きなお腹をかかえて寄席でお茶子として働く初枝はその報を聞き、他吉をなじり、にわかに産気づくが亡くなる。彼女の胎内から取り出された子どもに君枝と名づけ、彼女を育てるために他吉はがむしゃらに働く――。

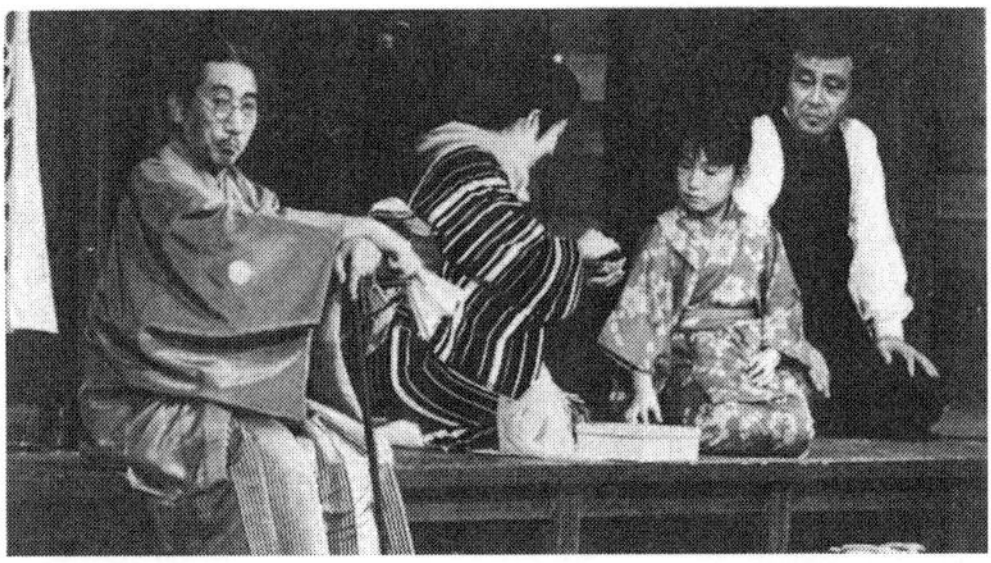
『佐渡島他吉の生涯』三木のり平（左端）、森繁久彌（右端）

のり平の役はキザな活動弁士の橘玉堂。これが晩年は落ちぶれて自転車で流して歩く紙芝居屋になる。元々は立原博さんが演ってて、そんな大きな役じゃなかったらしいんですが、のり平が演ることになって役をふくらまして紙芝居屋になるシーンもつけ加えて面白い役になった。

ベンゲットのたーやんのあだ名がある他吉の隣家に住んでる噺家の〆団治を山茶花さんが演ってました。のちの再演では芦屋雁之助さん、曾我廼家五郎八さんも演ってましたね。飄々として噺家らしくて、とっても結構なものでした。雁之助さんは雁之助さんで面白いしね、それぞれまったく違うんだけど良かったです。雁之助さんは、森繁さんのどんな無茶なアドリブでも全部受け止めるでしょ。漫才の呼吸《いき》なんですね。弟の芦屋小雁さんなんかは、雁之助さんが恐いんですね。頭が上がんない。あんまり愛想もないし、普段はどっちかっていうと暗い方ですよね。友だちもお作りにならない方ですしね。

森繁さんのベンゲットのたーやんは、絶品でしたね。頑固で一徹で。それで勝手な自分の思い込みとかやなんかで、みんなが不幸せになる。

「お父ちゃんの言うこと聞いた人は皆不幸になる」なんて。だから、かなり長時間の芝居ですよ。「南十字星のようなお方」の憧れの静子っていうヒロインのことを思いながら生きる。いいお芝居だと思いますよ。最後は、雲の上で人力車が出て来る。それで、その頃はもう死んでる人たちがね、「あんたあ、やっと来てくれたんか。早よ来い《お》なはれや」とか死んだ前の奥さんですね。「やっと来てくださいましたね、静子です」。いろんな心の中で会った人が並んでいる。舞台はドライアイスを炊いて、そこに人力車を引いた他吉がいるわけです。のり平の橘玉堂はまだ生きてるから、「他やん、俺はまだ一巻の終わりにはならんよ。お前が羨ましいよ」って、舞台袖に出て来て言う。「お前が羨ましいよ」。それで幕になる。ジワーッとしんみりさせた幕切れですね。

森繁座長の出し物っていうのは、壮士劇というか、新国劇に近いですよね。島田正吾さんとか辰巳柳太郎さんがやるような芝居。それから、河村黎吉さんと藤原釜足さんをお手本にしていらしたとか。河村黎吉さんは瓢逸としてね、それまでの俳優みたいに色んなことをしないで、軽ぅくやってんだけど、「この人の芝居はなんつうか、ワルツなんですね」って、森繁さんがそうおっしゃってました。「それで軽く瓢々としてる」。

森繁さんは、うちのお父さんとは、やり易いし、何をいっても大丈夫だし、舞台で遊べるじゃないですか。映画も舞台もアドリブのやり合いでしたね。そんな森繁さんが『佐渡島他吉の生涯』でののり平について書いていています。

のり平と五十年近くも芝居をやって来た。

「佐渡島他吉の生涯」に出た活弁ののり平は秀逸を極めた。何度も衣装を替えては、素晴らしい出場《でば》を創《つく》った。

そして最後に、活弁はトーキーにやられ、貧相な紙芝居のオッサンとなって登場する、その辺りは芝居の真骨頂であった。

四時間を超える大芝居で、私は休む暇もない。のりちゃんの紙芝居が出る時、私は、

「おい、すまんが少し引っ張って（延ばして）くれ」

心得た彼は、自転車を押しながら、〽　みどりの丘のォ――と下手くそな歌を唄いながら出ていった。

そこへ出る私の孫娘役と、彼女の恋人役の二人は、何を言われるかと、毎日ヒヤヒヤしていたという。

「ぼく、次郎《じろ》ポンです」

「ヒロポンはいけません。国を亡ぼす悪魔です」

「いえ、次郎ポンです」

「そんな怪しげな男は警察へ行ってもらいます。あそこは飯がタダなので私も行きます」

そこから、すべったりころんだり、といろんな芸を見せて、客を抱腹絶倒、感激の極みに追い込んだ。

（森繁久彌『品格と色気と哀愁と』朝日新聞社）

NHKで『佐渡島他吉の生涯』が放送された時に、アドリブで遊んでいるところを編集でカットされた。のり平は「全部、カットしちゃったよ。まあ、ストーリーと関係ないからしょうがないけど、あそこがいちばん受けたのに」って残念そうでした。

『空に真赤な雲のいろ』

昭和四二（一九六七）年五月四日―二九日、明治座、森繁劇団公演・夜の部『空に真赤な雲のいろ』（作＝椎名龍治、演出＝津村健二）。同時上演＝『質屋いそっぷ』（原作＝滝田要吉、脚本・演出＝井上和男）。

物語――元特攻隊教官の雀部《さきべ》昌之介（森繁久彌）は、戦後トラック運転手になり、東京立花附近の「応急住宅」で黒人の子どもと生活している。彼は、その子を黒人の婦人将校との間に出来た子どもだと話しているが、実は敗戦の落とし子に昌吉と名づけ育てている。雀部はパイロットへの夢をもち、それでも英語が出来ないために何度も試験に落ちている。そんな雀部に好意を持つはる（草笛光子）は、子連れで彼と再婚する。黒人遺児と夫婦との親子の愛情を、彼らを援助する屑鉄屋の山名善吉・つた夫婦（山茶花究・赤木春恵）や夜学の英語教師・立松由布吉（三木のり平）らとの人情を交えてつづり、やがて昌吉は立派な日本人パイロットになる。題名の北原白秋の「空には真赤な雲のいろ…」を森繁調で唄う。

『空に真赤な雲のいろ』草笛光子、森繁久彌

『空に真赤な雲のいろ』は、『佐渡島他吉の生涯』の椎名龍治さんの作品です。演出の津村健二さんは、菊田先生のお弟子さんのひとりです。

この芝居での森繁さんも良かったです。元特攻隊員の教官役です。うちのお父さんは、夜学の英語教師ですね。特にぼくが印象に残っているのは、息子がパイロットの試験か何かに合格したっていうのを、のり平がすごいど近眼の眼鏡をかけて、その電報を読む時に電報に眼鏡をくっつけて読むわけです。二階に知らせに階段を駆け上がろうとするんだけど、あまりの嬉しさに舞い上がってド近眼だから階段がある位置が分からなくなって階段がないところを五、六段駆け上がって落ちるんです。舞台の装置の階段を見て「これでなんか出来るな」って思ったんですね。お客は爆笑しながら感動して泣いてる。いいシーンになりました。

森繁さんが「のり平はいろんないい芝居をいたしましたが、私が忘れられないのは『空に真赤な雲のいろ』で、ど近眼で手紙を見て、階段を駆け上るところ」って、確か『徹子の部屋』(テレビ朝日)で話していたように思います。

——森繁さんは次のようにも書いています。

舞台のソデで、のり平の芝居を見ることが楽しみで、楽屋に客が来ていても、一寸失礼、ここの芝居だけは、どうしても見たいんで、とソデへ駆け上ってゆくと、もうそこは満員である。

「一寸俺にも見せろよ」

「困るなあ、僕らも見たいんで!」

そんな幸せな役者がのり平である。上手いといえばいいのかも知れぬが、上手いだけでは、座員なんてのは、なかなか他人の芝居など見に来ない。上手の上に、何かひきつけるものがあるからで、それが何であるかは、なかなか分らない。一生懸命、分析して、自分もああなりたいとか、あんな時に、あんな芝居をしてみたいと願って見てはいないだろうか。上手いまでは出来ても、それ以前の人間的な香りというものは、マネ出来るものではない天分の領域だろう。

そんな意味で幸せな役者である。

（「のり平のこと」『新春東宝爆笑公演』パンフレット　昭和四二［一九六七］年一月、名鉄ホール）

森繁劇団の二本目の芝居というのは、長いものが多くて、一代記みたいな芝居が多かった。劇団には、もちろん演出家は一応はいるにはいたけれども、みんなアイデアを出し合って、なんか作って行くっていうことですね。うちのお父さんは昔から菊田先生にも「アドリブはダメだよ。のり平は別に構わないけど……」なんて言われていました。

のり平はアイデアがあってもすぐに言わないでジッと様子を見てるんです。今村昌平監督の『黒い雨』（一九八九年）で紋白蝶がいっぱい飛んでるところで男三人並んで釣りをしてるってシーンがあったんです。ところが待てどくらせど紋白蝶が全然来ない。皆困ってスタッフが手分けして探しに行ったり大騒ぎをしてると、のり平がポツンと「あのね、砂糖水を染みこませたテッシュをあちこちに撒いておくと紋白蝶が来るよ」。で、やってみたらたちどころにたくさんの紋白蝶が集まって来た。それでそのシーンが撮影出来たそうです。「そんなの昔の子どもはみんな知ってるよ」。下北沢のバーで北村有起哉さんて方から「ぼく北村和夫の息子です。父がよくのり平先生の話をしてました」って、この話を聞きました。「なるほど、うちのお父さんらしいな」と思いました。すぐに教えないで皆が慌てるのを涼しい顔して眺めてる（笑）。

大部屋俳優の給金は安い。それで森繁座長はある試みをしたんですね。

私はやりきれぬ気持ちになりせめて腹だけは一杯にしてやろうと、楽屋に「森繁飯店《はんてん》」なるものをつくった。

出演者の一人で、今はもう他界したが、谷晃という役者が芝居より食い道楽で、これを炊事長にし、これに子役のおっかさんをつけて台所をあずからした。この二人が早朝、私の渡す小銭で魚河岸へ買い出しにゆき、新鮮な半端物を安く手に入れてくる。〝鰈《かれい》のから揚げレモン添え〟といったふうにその日のメニューを発表するのが一同の楽しみになった。

手のあいた女優がこれを手伝う。ドサ回りの一座とさして変わらぬにぎやかさだ。

タクアンをきざんでいる女優に、

「淡島さーん、出ですよ」

彼女は大急ぎでエプロンをとってお姫様になり、舞台に出て来る。（中略）

「谷さん、二場がとれました。出ですよ」

「なんや、また、出えか。いま油煮えてきたところや」

こうなると、どっちに熱をいれているのかわからない。（中略）

赤木春恵が「飯店」で、めしの準備をしているところへ、ボサッとした新人の当番がやって来て突っ立っているので、

「どうしたの、お腹すいたの？」

と、やさしく聞いたら、

「赤木さん、トチってますって……」

「バカね、早くいいなさい！」

真っ青になって飛んでいった話も、いま思い出すとおかしい。（『こぼれ松葉　森繁久彌の五十年』）

古今亭志ん朝さんと寺田農さんの対談にも――。

寺田　宝塚劇場でこんなこともありましたよ。昼夜の公演で、座長が森繁さんで、昼夜の間っていうのは、当然オヤジさん（筆者註・のり平のこと）は寝てるんで、僕は上の座長の部屋へ行ったら、ちょうど食事時で、もうすごいごちそうが並んでる、まさに昼食大会。それで、僕もその席に呼ばれ、ごちそうになったんですけどね、で、開演が近くなったんでオヤジの楽屋に行ったら、オヤジがこんなに小さくなれるのかっていうほど小さくなって、何か食べてるんです。で、見ると、小さなお茶碗《ちゃわん》に、前の日に出前でとった冷えたチャーハンの残りの上に、おせんべいを細かく割って、それにお茶をかけて、背中を丸めて食べているんですよ。僕はオヤジの弟子ですから、「みっともない、上を見ろ、上を！」って怒鳴りたくなっちゃいましたよ（笑）。
志ん朝　ダメ、ダメ。何て言ったってオヤジは強情なんだから。「プーンって臭《にお》うくらいの腐りかけがうまいんだ」なんて言ってるんだから。ですから、オヤジの家の冷蔵庫には、糸を引いたりしている食べ物なんかがいっぱいあるんで、危険だったね（笑）。「いまのヤツはひ弱でいけない。俺たちはこういうのを食ってきたから、大丈夫なんだ」なんて言って、バナナの黒くなったのから食べ始めるからな。

（「さよなら〝ダメだしオヤジ〟のり平さん」『本の窓』一九九九年六月号、小学館）

それはともかく、森繁劇団では次のような催しもありました。

森繁劇団顔寄せ
山茶花究、森繁久彌、三木のり平、草笛光子、中尾ミエ

公演中に二回開くセミナーも、みんなの思い出にある。終演後、舞台にゴザを三角に敷いて、上下の区別なしに全員が座る。作者も、照明も、効果も、美術も、劇場側も来た。

楽屋に届けられる酒や菓子を出し合って、無礼講で自由に討論する機会を与えたのだ。

「小野田先生に伺いますが、どうしてあんなにギリギリしか台本《ほん》ができないんですか？」

新人は素直だ。爾来《じらい》、小野田勇はセミナーはゴメンと出席しなくなった。

「座長におたずねします。座長は貧乏な役をするのに、なぜ、新調の衣装を汚して作るんですか？」

「三木先生が、最後までセリフを覚えないのはワザとですか？」

「山茶花先生は、楽屋でも怖い顔をしていますが、家庭でも同じですか?」
「座長は、台本にないセリフを時々いって女優さんを困らせますが、あれはいいことでしょうか?」
ばかばかしい話だが、一生懸命汗をかいて、その場をつくろった私たちに、とうてい「名優」の面影はなかった。
（『こぼれ松葉　森繁久彌の五十年』）

森繁劇団では森繁座長を「座」、立原博さんを部長の「部」なんて言っていました。『放浪記』で方言指導もしていた座員の荒木将久が言い出して定着したのです。しくじることを「シクだね」なんて。のり平部屋は終演後の飲み会が多く、そのまま楽屋に泊まる役者が多く「今日はトマだね」とか。「一だね」は、「最高だね」っていう意味でした。楽屋では皆さんそんな感じでした。昭和四〇年頃のお話です。

『楽屋のれん』

昭和四三年（一九六八）五月二日―二七日、明治座、森繁劇団公演・昼の部『楽屋のれん　明治は遠くになりにけり』（作＝小野田勇、演出＝三木のり平）。同時上演＝『葦原将軍』（作・演出＝榎本滋民）。物語――市川伝六（三木のり平）は、歌舞伎役者の花村屋・市川扇十郎（須賀不二男）の大番頭だが、家柄もなく、芸も今一つ。しかし、艶福家で愛人が三号までいるとの評判。その伝六は『義経千本

桜・吉野山の場』が終わり、楽屋前で扇十郎から舞台のトチリはお前のせいだとなじられている。そんな折、楽屋に長女三田村京子（河村有紀）の恋人・美濃部（古今亭志ん朝）が訪ねてくる。扇十郎の妻登紀子（赤木春恵）も現れる。彼女は融通が利かない体裁を気にする女。そこへ二号の娘で芸者の三代（水谷良重）がやって来て、伝六に「楽屋へ来るな」と平手打ちされる。三号である里江（草笛光子）が営む小料理屋「暫」は伝六が心休まる場所だ。花村屋の娘梨園子（十朱幸代）は、三号の息子十太（松山栄太郎）と恋仲で、それも伝六の悩みになる。そんなある日、扇十郎が不治の病で倒れ、「このままでは死にきれない」と伝六の元へ伝言が来る……。

『楽屋のれん』は、のり平新派のとっても良かった一本ですね。あとは『恋文飯店』かなあ。この二本は、今でも記憶に残ってますね。のり平は、現代劇を演るんなら、新派みたいなものをやりたい。森繁劇団の森繁さんのお芝居は割と新国劇っぽいでしょ、全体的に骨太っていうのか。

もう一本の方の『葦原将軍』、堂々とした失敗作ですね。狂人ばっかりの芝居なんで、混迷を極めました。つまり観客の共感を呼べなかったから、強引になんとか腕だけで持って行った。ただ、毎回、森繁劇団は意欲的だったから果敢にチャレンジしたんですね。

『楽屋のれん』は昼の部の一本目でした。森繁劇団では、一本目がだいたいうちの親父が主役で、それに森繁さんがちょい役で出るかみたいな。この芝居は初めＮＨＫテレビで水曜劇場『明治は遠くなりにけり』ってシリーズで何本かやった中の一本ですね。「おつかれさま」（昭和四三年二月七日放送）っていうタイトルでした。主に大正時代の人間の悲哀みたいなものを描いていました。一時間のテレビドラマで小野田先生が書いたもので、オリジナル作品です。それが面白かったんで、「今度、森繁劇団の一本目で舞台にして、やろうよ」って、テレビドラマでやったストーリーをもう一度舞台化して膨らませた。そしたら、とってもいい芝居になって大好評になりました。

ぼくも、『楽屋のれん』はとっても好きな作品なんですね。全体の話の運びもいいですし、のり平の市川伝六ってキャラクターがいいですね。主筋の役者には頭が上がらないんだけど、実は……という、ああいう人間模様がいいですね。芝居は初め『義経千本桜』の狐忠信の道行きで引っ込む場面で音が入るんですが、それで「これより三〇分間の休憩でございます」というアナウンスが入って、お客さんがざわつくんですけど、そこに「楽屋のれん」ってスライドが正面の幕に写って、小川寛興さんのテーマ音楽が流れる。これがしみじみして実に良くて、森さんの『おもろい女』でも使いました。

（下手の舞台袖から狐忠信の衣装の扇十郎に続いて、黒子姿で手に台本を持った伝六が入ってくる）

扇十郎　すいませんで済むと思うか、馬鹿野郎！

伝六　どうも申し訳ございませんでした。（背を丸め、頭巾をとりながら…）

扇十郎　後見なら後見らしく、もっとしっかりしろ！　出順をトチリやがって、何十年役者をやってるんだ！

伝六　五二年になります……。

扇十郎　トンチキ、頓馬、大根！

役者　（左手にはポットを下げ）だけど、今日のトチリは小父さんのトチリじゃないじゃない。旦那の方がトチったんじゃない。俺、ちゃんと袖から見てたんだから。

伝六　黙れ、何を言ってんだい。天下の市川扇十郎がトチルわけねえだろ。トチルのは、いつもこのおいらに決まってるんだよ。
役者　だって小父さん……。
伝六　そうなんだよ。
役者　大番頭ってえのも楽じゃないんだね。
（楽屋では、扇十郎が、衣装係、弟子に手伝われて着替えをしている）
伝六　旦那、只今、とんだドジなことで……（楽屋へ入って来て、正座で平伏する）なんとも相すいませんでございます。
扇十郎　お前さん、幾つになるんだい？
伝六　旦那より一〇上でございますから、え〜当世流に数えると五八……いやでござんすね、もう間もなく六〇の声を聞くってんですからね。
扇十郎　役者の六〇は働き盛りだ。まだ耄碌する年じゃねえよ。
伝六　へい、どうも相すいませんでございます。
扇十郎　気をつけておくれよ。まあ、あたしもちょっとぼんやりしていたけど、後見なら後見らしく、もっとしっかりしてくれなくちゃな。
伝六　へい、気をつけますんで、どうも……。

幕開けは、歌舞伎座とか昔の新橋演舞場の楽屋みたいになって、松竹系の感じですよね。舞台を下りてきた役者が化粧を落とすところとかを見せたんですね。
「楽屋へ来ちゃいけねえ」って、伝六が娘を怒る。なぜまずいかはあとあと分かるんですよね。みんなが困ることになる。伝六の主筋の市川扇十郎の奥さんはそのことを知らない。奥さんがきついからみんな伝六の子どもってことにした。

初演の時は、のちに水谷良重さんが演った小料理屋の女将さん里江役を草笛光子さんが演りました。草笛さんの方が少しあっさりしてて、やや硬質な感じでしたね。まあ、だいたい草笛さん自身がそんな感じですよね。

森繁さんは、ホットドッグ屋の親爺って役でね。新派なら屋台のおでん屋でしょうけど、「おでん屋ってのもあれだからな。ホットドック屋の親父ってのはどうだい？」。お店にお酒か何かを屋台で借りに行って、おでんも売ってるのかな。そこで森繁さんがお店に入ってくる。「馬券が全然当たんなくてさ。全部外れるんだよ」って。再演の時には菅原謙次さんが演ってました。ホットドッグ屋は最後の終幕のところでも屋台が出てて大矢市次郎の型です。まあ、遊びですよね。芸者になった娘と舞台の端で見てるんですね。娘は森繁劇団の時は水谷良重さんが演りました。再演の紅貴代さんはやりにくそうでした。「お嬢が演ってて本当に良かったから」って。

物語の仕掛けもいいでしょ。娘と息子がいて、それで娘と息子同士が仲良くなっちゃう。芝居は、お客さんが分からないまま進むんだけど、だんだん関係が明らかになってゆくって展開でしたね。よく出来てました。

三号の息子の十太と扇十郎の娘の梨園子の実の兄妹同士での交際を伝六は「お主のお姫様と家来のおめえが仲良くなるな」といって止めさせようとする。すると、息子が怒りを爆発させるんですね。事情を知らずに。

十太　もうこれ以上、父さんの犠牲になるのは嫌だよ。
伝六　犠牲！
十太　そうじゃないか！　俺は妾の子だ。それも三号の子だ。そのお陰で子どもの頃からどんな嫌な目に遭っていたか。極楽トンボのあんたには分かんないだろ。就職だってね、いくら成績が良くたって、一流の会社には絶対入れないいんだよ。家庭がちゃんとしてなきゃね。人生のスタートからぼくはそれだけ大きなハンディキャップを背負ってるんだ。市川伝六っていう道楽もんのお陰でね！
里江　十太（と、十太を突き飛ばし）、あやまんなさい！　お父さんにあやまんなさい！
梨園子　あ、十太君……。
（十太、店を飛び出してゆく…）
伝六　ああ、お嬢さん……。
梨園子　あたし、小父さんのこと嫌いになったわ！（と、十太の後を追いかける）
伝六　お、お嬢さん……。（と、戸口でその姿を見て、やがて戸を閉める）
三代　お父っつあん、でもね、この際だからホントのこと言っとくわ。あたしもね、反抗期がなかったわけじゃないのよ。のんきな顔してたけど、心の中じゃ、随分、お父っつあんを恨んだことがあったわ。どうして二号の子に生まれたんだろう。どうしてお父っつあんみたいな、道楽者の子どもに生まれたんだろうって……（涙ぐむ）、私、十ちゃん、見てくる……。（店の外へ駆け出す）
（店の座敷へ腰かける伝六）

里江　（カウンターにうっ伏して泣く）
伝六　お里さん……泣くなよ。
里江　だって……あんた……あんた、可哀そうすぎるもん……。（泣く）
伝六　おいらが可哀そうだって泣いてくれるのか。ありがとよ。
里江　十太や三代ちゃんにあんなことまで言われて。それでも黙ってジッと我慢してなきゃなんないなんて……私、ホントにあんたに申し訳ない……申し訳なさ過ぎます……。

初演の時の良重さんの芸者がとっても良かったです。新派で再演された時には、良重さんは料理屋の女将さんの里江を演ってましたけど、どちらも良かったですね。少し今風のモダンな芸者さんに見えますでしょ。再演の紅さんもそういうところが出るように、心がけていました。新派の女優が芸者を演るとお上手だけど普通の芸者になっちゃうんですよ。中身はドライな現代っ子の芸者ってのは良重さんにしか出来なかった。新劇の人には絶対できない。それを良重さんは易々と演じた。後年、再演の時に良重さんが女将さんの役にまわった時は見事に「耐える女」を演じました。生

『楽屋のれん』初演　三木のり平、水谷良重

意気だけど「腕を上げたな」としみじみ思いました。のり平も「やっぱり良重は上手いよ」と何度も言いました。面と向かって褒めないのがのり平でしたね。

再演の時は、花柳武始さんがフラワーデザインをやってる長女を好きなんだという役を演ってましたけど、初演の森繁劇団の時は、古今亭志ん朝さんが演っていて、だからあの役名は志ん朝さんの本名の美濃部っていうでしょ。良重さんとの恋人役っていうのもよく演ってました。だから二人の場面はいっぱい笑いがありましたね。それぞれに見せ場があって、ドラマがあってね。

初演の市川扇十郎は須賀不二男さん。それで、息子を本郷秀雄が演ったんです。本郷秀雄さんはのり平の義兄弟なんですよ。うちの母の妹と結婚したんです。十朱さんの梨園子って役名はうちの母の名前なんですね。内輪受けによくそういうことをしていました。この時の十朱幸代さんもとっても良かったです。再演時の市川扇十郎は、安井昌二さんでした。

『楽屋のれん』は、昭和五六（一九八一）年三月一日―二六日、明治座の「春の演劇祭」の新派公演で「三木のり平特別出演」の一本として夜の部で再演されました。

のり平が「(『楽屋のれん』の自らの役を）誰か別の人でも出来るんじゃないか？」と言ったら、良重さんが、「いや、あの役は先生しか出来ません」と言い切りました。市川伝六役は、泣かせたあとには、必ず笑いにもってゆく。居酒屋のカウンターに背中向けて腰かけても、これがいい形でね、役の感じが伝わる。

やっぱり明治座で公演する時は、のちののり平一座の場合でも新派の俳優さん、女優さんをいっぱい使っていました。脇に新派の役者さんを使うと下町の空気感や言葉の調子やなんかはすぐに出来ますからね。のり平が、新派自体に直接参加したのは、この時が初めてでした。のり平劇団にいつも新派の女優さんなんかを借りて公演してたんで、先代水谷八重子さんから「いつも新派がお世話になりまして」ってご挨拶されました。

初代水谷八重子さんが亡くなられたのは、昭和五四（一九七九）年一〇月一日のことです。そのお通夜でののり平のエピソードを水谷良重さんが書いています。

『メナムの王妃』公演パンフレット

のり平先生、バッグの中からカセットをひとつ取り出して、

「今夜は、マミーに聞かせたくて持ってきた」

「そんなの聞かされたら浮かばれないよ」と小野田先生。

十月五日発売の、のり平先生の歌だと察し、私はあわててデッキを持ってきました。

テープは、それのカラオケでした。眼鏡をずらして、歌詞カードを見い見い、唄ってくださいました。のり平演歌〝ちっぽけ酒場〟です。セリフが入っていました。

「あのママはどこへ行っちまったのかなあ……とうとういいそこなっちゃった……惚れてるよって、ひと言を……」

マミーはのり平先生に惚れておりました。大昔、東宝ミュージカル『メナムの王妃』（作者註・

昭和三二年九月四日～二九日、東京宝塚劇場）でご一緒して以来、惚れまくっておりました。

「どんなときでも、どんなことでもなんでも芝居にしちゃえる人よ」

新派で相手役をと、母はずいぶんラブコールをいたしましたけれど、夢かなわず、母は振られてしまいました。母の執拗なラブコールをにべなく断り続けた、たった一人のお方なんです。いわく「おっかさんが相手じゃくたびれちゃうよ」。

母は本当に惚れておりました。

（『あしあと　人生半分史』読売新聞社）

水谷良重さんは『快盗ねずみ小僧』以来ほぼズゥ――ッとのり平との舞台には出てました。良重さんは、小唄とか三味線とか日本物が少し弱かった。でも、弱いと言っても高いレベルでの話ですよ。新派公演の時は、新派の役者を使わなきゃいけないので、いろいろ苦心しました。ことに若手がちょっと手薄だった。初演の美濃部って役は、志ん朝さんが演ると爆笑になる。それが新派の人になると軽く笑いを取るというのがなかなか出来ないんですね。タイミングが取りにくいんですよ。再演での美濃部役は花柳章太郎さんの息子の花柳武始さん。だからいい役でした。配役が適材適所じゃなくて看板順に良い役にするみたいな、そういうシステムだったんです。うちのお父さんが「ホントに弱ったな」て言って、良重さんも「今の新派はこれが精いっぱいなんです」って話してました。

水谷良重

良重さんもホントだったら、歌って踊ってね、網タイツ履いて、足は長いしね。逆に草笛光子さんは、そんな派手じゃない。全体に硬質な感じがありますよね。セリフの言い方も硬質。色っぽいというよりも、はっきりしゃべる、ちゃんとしたところのお嬢さんって感じです。良重さんは、なんと言ったってご両親が名女優と歌舞伎役者、水谷八重子さんと守田勘彌さん。新派の人はみんな下町っぽい言葉をしゃべるんですね。だけど良重さんは何をやってもやっぱり上手かったですね。若い頃からテレビのレギュラー番組を二本ぐらい持ってらした。『あなたとよしえ』（日本テレビ）と『ママと良重とヒデ坊と』（NET）なんて。

ぼく自身がうちのお父さんの芝居に出たのは、再演の『楽屋のれん』の時でした。楽屋の出前持ちの役です。その前は、新宿コマ劇場とか東宝歌舞伎にはちょこちょこって出てました。あとは日劇ミュージックホールや赤坂コルドンブルーのレビューに半年ぐらい出たりしてました。

『最後の汽笛』

昭和四三（一九六八）年五月二日―二七日、明治座、森繁劇団公演・夜の部『最後の汽笛』（原作＝清水寥人『機関士ナポレオンの退職』より、脚本・演出＝井上和男）。同時上演＝『暖簾』（原作＝山崎豊子、脚本・演出＝菊田一夫）。

物語――ナポレオンと呼ばれ、焼酎をこの上なく愛する最古参の国鉄機関士・寺山源吉（森繁久彌）。その彼にぐうたらな万年助手・丸山咲平（三木のり平）が相棒として同じ機関車に乗務する。そして咲平の同期で今では助役に出世している西野八郎（山茶花究）がいる。人には厳しく気骨あふれた

源吉。その源吉をいささか恐れおののいている頼りない咲平。あくまでも上司に徹している西野。舞台はこの三人を軸に鉄道に生きる男たちの友情を骨子として描いてゆく。咲平の母の通夜を境に、それぞれの心のわだかまりが解けてゆく。「老兵は消えるしかない」と源吉が長い国鉄生活から身を引く決心をした日、機関車C12号48の汽笛を万感こめて心ゆくまで鳴らす――。

この「機関士ナポレオンの退職」は最初、映画の『喜劇 各駅停車』（昭和四〇［一九六五］年九月一八日公開）として公開されました。監督は、舞台と同じ井上和男さんです。このタイトルには、森繁さんがブツブツ言ってました。「『機関士ナポレオンの退職』。映画はくだらん名前をつけたね。機関士ナポレオンでいいじゃないかと言うのに、『各駅停車』だって。なんでも駅って書きゃあね、その頃は……」。映画評論家の淀川長治先生も「とても面白い、いい映画なのに、『各駅停車』なんてタイトルにしたんで損をした」って新聞でとても褒めてくれました。

山茶花、森繁、のり平の三人の主役って形でこの芝居をやろうっていうことだったんです。元々は森繁さんが主役だけど、台本や演出で修正を加えてゆくと、丸山咲平を軸にした作品になりました。これはとっても良かったです。森繁、のり平二人のやりとりがね。二人が、がっつり四つに組んで進む芝居って、それまであまりなかったんです。たいていは森繁さんが主役で、うちのお父さんは脇で時々出たり出なかったり。これは実質的にはのり平が主役でしたね。まあ、ほぼ二人主役みたいなものなんですけど、丸山咲平を軸にして作った。映画の方もそんな感じになってました。山茶花さんは助役です。冷徹なね。森繁さんのおかみさんが赤木春恵さん。映画では森光子さんがおかみさんを演ってました。映画でも、うちのお父さんがああいう役どころで、森繁さんとがっちり組むというのはなかなかないんですよ。喜劇って言うか、ホントにちゃんとした映画になってるでしょ。二人が並んで出て来るだけで魔法のように面白くなりますよね。漫才やコントとはまた違った笑いが出来る。どの舞台もそういうシーンは、面白かったですよ。

　東京宝塚劇場で、のちに『機関士ナポレオンの退職』として再演（昭和五五〔一九八〇〕年九月二日―二七日）されましたが、筋や構成がまったく違います。こちらの脚本は大藪郁子さんでした。『最後の汽笛』のほうが映画に近かった。脚本・演出も映画で監督した井上和男さん が手がけた。この『最後の汽笛』は、とっても、とっても良かったです。この公演の夜の部は『最後の汽笛』と『暖簾』、二本とも素晴らしいものでした。昼の部は、『楽屋のれん』だし、つまり『葦原将軍』以外はみんな良かった。

映画『喜劇 各駅停車』ポスター

　山茶花究さんの西野八郎の出番は、うちのお父さんや森繁さんに比べるとそんなに多くはない。源吉に退職を言い渡すんだけど、別に淡々と演るんだけど出るんですよね。悪い人でもないってことが芝居からにじみ出るんですよ。志ん朝さんは若い機関士の与田って役でした。

舞台の上に蒸気機関車を作りました。でも、のちに東宝劇場でやった時のほうが材質なんかではお金をかけてましたね。明治座でやった時は、大道具さんがいろんな木やなんかで、塗装で機関車に見えるようにしてました。要所、要所は金属を使ってました。叩くとね、金属じゃないとカンカンって鳴りませんから。でも、良かったですね。汽車が走っているシーンは、群馬県を走っていました。

そもそも原作の小説がいい題材で『機関士ナポレオンの退職』は新国劇でもやってるんですよね。誰が演ったのか。辰巳柳太郎さんだとか、緒形拳さんだったのか。この原作を元にして違う脚本で。ただ、ぼくは見てませんけど。

のり平の咲平は機関車の万年助手ですね。ナポレオンの方は、みんなに嫌がられているわけです。古い機関士でいつまで経っても辞めないので。

「助手は丸山か。これは大当たりだぞ」って、機関士たちが笑うんです。咲平が「やだなあ」って腐ってる。つまり「噂に聞いてるその人と組むのか、やだなあ……」と思っている。そこへ森繁さんのナポレオンが出て来る。「おい……!」。咲平は「ひ弱だなあ」って感じでね。映画の『喜劇 各駅停車』に近いです。「みんなが気に入ってるいい芝居になった。良かった、良かった」。井上バンさんがパーティの時にいらしたんですね。「すごく面白かったです」って言いました。これはぼくは、六―七回見てますね。

東京宝塚劇場の時は、夏目雅子さんが初めての舞台へ出た作品でもありました。

草笛光子さんが森繁劇団でのエピソードをお話しになっています。

「（のり平さんには）ホントに泣きましたね、おかしくって。だって、こっち（下手）から出てくると思ったら、こっち（上手）から出てきたり。引っ込んだなと思うと戻って帰ってきたり。のり平さんなんて、私がね、毎日火鉢のところへ座って、後ろをお通りになるんですよ。その足を後ろでね、ツンツンと毎日踏んでいくの。もうそこへ来ると踏まれる、踏まれたら笑っちゃうと思うので、その火鉢の中に枯葉かなんか入れといて、それを火箸でこうやって（突いて）、こっちへ気持ちを逸らせて、後ろを通り過ぎるのを待っててんですけど（笑）。ある日、森繁さんがそこに立ってらして、のり平さんそこでいらして、三人きりになった時に、なにかの拍子でブワッって三人笑い始めて、ワウワウ、ワウワウ笑って、それで客席も全部笑って。なんだかお客さん分かんなくって一緒に笑って、ワアワア笑って、それで次また始めました。あんなにみんなで大らかに笑っちゃうのっておかしいでしょ。で、のり平さんが出てらっしゃらないから、どうしたのかと思ったら、楽屋で麻婆豆腐作ってらしたりねえ。すっかり忘れて出てらっしゃらなかった。私が一人でどんなに、舞台で残されて苦労したか。つないだって来ない。とうとう幕が降りましたよ」（『山川静夫の〝華麗なる招待席〟』）。

一度、森繁劇団の稽古で、大道具さんが稽古場の後ろでトンカチでトントンって大道具を組んでることがあったそうです。「うるさくて稽古にならないな」って思ってたら、山茶花さんがそこへスゥ――ッと行ってね……この話は志ん朝さんから聞いたんですがね。「すんません。あの後ろの音がうるそうてね、役者が稽古出来まへんのや。ちょっと静かにしとってもらえまへんか」って言った。普段は大人しい方なんだけど、大変ドスが利く方だから、その場がシ――ンとなった。それを見ていた志ん朝さんが「なんて格好いいんだろう」と思った。「落語界にはこういう人はいねえなあ」（笑）って。

山茶花さんは、終始ブスッとしてましたね。基本的に不機嫌な感じでした。森川信さんも楽屋ではそうでしたね。お酒のせいもあるのかな。昼間は機嫌が悪かったです。「おはようございます」って挨拶をしても「はあい……」っていう感じです。

余談ですが、森川さんが座長になったのは、江利チエミの『スター誕生』からですね。それまで誰も森川信を知らなかった。新宿コマ劇場の社長が知らなかったんですから。まあ、役者のことをそんなに知っているわけではないし、そう勉強する人でもなかったから知らなかったんでしょうね。「こんな上手い役者が今までどこにいたんだ」って、ビックリした。

『機関士ナポレオンの退職』公演パンフレットより

——再演の『機関士ナポレオンの退職』について森繁さん自身は、晩年次のようにお話しになっています。

「『機関士ナポレオンの退職』。のり平が上手かったね。「ぼくより上手いなあ、この役者は…」。それからそう思わなくなった時もありましたがね。のり平はね、いよいよ私がね…私は機関士は辞めないと言うんですよ。辞めないって頑固に気張ってるクセにね、やっぱり辞めることになる。そして機関車を最後にね。あの東宝いっぱいに機関車を作ったんです。それで、こう（車体を）拭いて。そうするとのり平がちょろっと出て来る。（舞台の）奥の方へ。ああいう点が上手い男でしたね。結局、私が鍛えて、で、喧嘩で、それで飲み友だちでね。『機関士ナポレオンの退職』ね」

——のり平と森繁さんの笑いの違いについて、山川静夫さんと草笛光子さんがお話しになっていました。

山川　三木のり平さんに（森繁さんとの）笑いの違いをご本人に訊いたことがあるんですよ。「あのね、ぼくはね、後ろへ引く演技なんだよ。森繁君は前に出るようにやるんだ。そこがね、前へ出るのと後ろへ引くのと違うんだな」なんて、のり平さんがそういう説明をされましたね。

草笛　後ろへ下がった人が目立っちゃうんですよね。「なに？」って、下がったとしますね、それがもうすごい存在で気になっちゃって、目立っちゃって、笑っちゃって、ダメになる。後ろでツツツツ動かれるともう……何をしたっておかしいんですよ、のり平さんは出ただけで。

（『山川静夫の〝華麗なる招待席〟』）

森繁さんは、のちにのり平について次のように書いています。

不世出の役者、日本喜劇界の至宝である。もうこんな人は出てこないだろう。

彼は迷友であり、そして素晴らしい名優であった。

（『品格と色気と哀愁と』）

この章の最後に森繁劇団のもうひとりの番頭格であった山茶花究さんについての森繁さんの文章を紹介します。

山茶花《さざんか》を雀のこぼす日和《ひより》かな

どなたの句か失念したが、いかにも早春のあわれを誘う陽射しを感ずるのだ。まことに可弱《かよわ》い冬の花が、雪に、身を切るような寒風の中に、白や薄紅色の八重の花びらを散らす風情は何とも美しい。

　この山茶花の花とは似ても似つかぬ私の友がいた。遂に肺を病んで物故したが、その名を山茶花究という。これは花に因《ちな》んでつけたわけでなく、ただ三三ヶ九をもじっただけだが、ただでさえ常人とは少し違う役者たちの中でも、ひときわクセのある男だった。親友と呼べるものはほんの二三人、いかにも仇役《かたきやく》の典型ともいうべきにくらしい面がまえ、色紙を頼まれると「非情」と書くような奴だった。

山茶花究

　妙な話だが、〝森繁劇団〟を結成した時、副座長として、この山茶花と三木のり平が劇団内部の面倒なことを仕切ってくれた。当時皆若かったが、年の順に私を大ボン、山茶花を中ボン、のり平を小ボンと呼んだ。

山茶花とは、昭和十三年、初めてロッパ一座で一緒になった。何となくこの無口の男とウマが合い、莫逆《ばくぎゃく》の友となるカタメの盃を交すことになった。とはいえ、一夜彼の行きつけの屋台のような飲み屋に行っただけであるが。

心得た主人は、私には銚子と盃、彼にはコップになみなみと酒を注いで出した。私がオチョコに酒を注いで口に運んだその時、彼はコップを口に当て、息もつがずに一気にあおっていた。

「なかなかイケるね」

と山茶花の方を向いたら、彼は目をつむり口をだらりと開け、ヨダレをたらし、奇態な声でうなっているではないか。そしてやおら十分位たって初めて口を開いた。

「すまんが最初の一杯をキューッとあおってる時は、黙っていてほしいンや。酒が五臓六腑にしみわたり、熱い血が全身を走る瞬間があるやろ。あの時が酒の醍醐味《だいごみ》やからナ、その時話しかけられても返事は出来んから、おぼえておいてくれ！」

その昭和十三年から四十六年まで、腹を割って話し合い、共に慰め、共に酔い泣き、共に苦しんだ仲であった。

本名は山茶花究などというい加減な名前ではなく、末広峯夫という、扇の要《かなめ》みたいなレッキとした大阪の古い商家の中ボンである。ただ、酒におぼれて死を早めた。

ある時舞台へ一緒に出ていて、フワーッと私の方に倒れてくるではないか。いたし方なく抱き止めて、彼の分まで私がしゃべり、ようやく幕にしたこともある。最後は、アキレタボーイズ時代の美声も遂に出ぬようになって入院したが、淋しがって終始私を呼んだ。何しろ両肺とも全部ダメ、ほんの僅かしか健康な肺のない身体なので、本もテレビも頭を使うから見せると酸素が足りなくなっていけないと医者から厳禁された。宴会でも何一つ料理を口にしない妙な男の哀しい末路は、加えて栄養失調で、ガイ骨のようであった。

か細い声で、ある日訪ねた私の手をとり、

「もうアカン」

「元気出せよ」

「フム、なんや淋しい。一緒に行ってくれへんか」

そこまでは付きあい切れない。返事に困って、ただ呆然と友の顔を見るだけだった。彼は何を憶い、どこを見ているのか。いかにもあの世が見えているようなかすんだあの彼の目を忘れることが出来ない。

そして三月四日、山茶花の花のように散りこぼれて死んだ。まことに痛ましい破滅型の最期だった。

(「森繁口論　時は巡り　友は去り」)

第八章

名鉄ホール『灰神楽三太郎』から新宿コマ劇場「東京大喜劇」公演

明治座『極付 灰神楽女難道中』

のちに「のり平十八番」の肩書がついた『灰神楽三太郎』は、まずは映画シリーズとして始まりました。『灰神楽』については、小野田勇先生とのコンビで出来上がった作品だと言えると思います。小野田先生が「わが青春の『灰神楽』」という文章にまとめておられます。

灰神楽三太郎だが、これも又、のり平にもぼくにも記念すべき人物なのである。

ドジで間抜けで臆病でチャランポランで慌てもの……という故・正岡容氏つくるこの愛すべき男を知ったのは、戦前もいいところ、ぼくがまだ金ボタンの中学生の頃である。

正確な記憶がないが、とに角昭和十年代のはじめ、トーキーで職を失った弁士や映画スターくずれが寄り集まって出来た「笑の王国」で関時男という松竹蒲田で無声映画時代に鳴らした喜劇役者が主演していたのだから古い話だ。セキオヤという変てこな愛称を持つこの役者は、背が低くアゴのない、ちょっぴりワイザツな顔で、ガラ〳〵の塩辛声を張り上げては、すべったり転んだり引っぱたいたりする騒々しい芝居で、ぼくはあんまり好きじゃなかったが、この舞台では大いに見直した。

バカにおかしかったし、三太郎という主人公のキャラクターが楽しく心に残ったのである。

その同じ舞台を当時あまり勤勉家ならざるヨタ学生ののりちゃんが、（いつかこんな芝居をやりてえな）と大きな目玉をむいて見入っていたというのだから世の中は面白い。ムロン、奴もぼくもまだ見も知らぬ赤の他人時代である。その後「灰神楽」と聞けば飛んで行き、関時男が自分の劇団を持って再演したのも、相模太郎師御本人がカツラをつけて演じたのも洩らさず見ている。のり平も又同じだったそうだが……。

この間二十数年相立ち候で、あれは昭和三十二年の春か、もう相棒だったのり平が東宝で主演映画を撮ることになり、

「灰神楽三太郎をやりたいんだがね」

と言った時、プロデューサー達はハイカグラってなんだ？　ってな顔をしていたが、ぼくは即座に小膝を叩き、

「いいね、あれはのりちゃんにピッタリだ」

と叫んだら、

「知ってるのかい？　灰神楽を」

と感激の余り、持った盃バッタと落とした。

その頃アルバイトに放送台本をボツく書いてはいたものの、実は司会者なんかが本業で、映画のシナリオなんてどう書いていいかわからなかったが、灰神楽なら昔馴染みでいける気がして割合楽な気持ちで引き受けた。

のり平初主演というので、仲間の森繁久弥、越路吹雪などが友情出演の今にして思えば豪華キャストで作られ、幸いにヒットしたので、立てつづけに続篇が都合四本つくられ、のり平十八番ということになった。ぼくの映画の初仕事である。当然こんどは舞台でと考えていたが、初演は別の役者で実現された。のり平が弟のように可愛がっていた八波むと志の熱望で、のり平は快く許しぼくに脚本を書くことをすすめ、舞台稽古にもつきっきりで指導した。昭和三十五年十月、新宿コマの公演で好評だったが、その八波ちゃんも特別口演で出てくれた相模太郎師も初代、二代ともにいまは亡い。

肝心ののり平が舞台で演じたのは、三十九年名古屋、四十二年新宿コマの二回で、これは八波本とは別に、映画の最終篇「灰神楽木曽の火祭」を軸に書き下したが、それに又、大幅に手を入れたのが今回の「女難道中」である。思えば、のり平とも、三太郎とも、青春を共に生きてきた、永い永いつき合いである。

（「のり平役者生活四十年　謝恩奮闘公演」パンフレット、昭和五七［一九八二］年七月、明治座）

志ん朝さんは、のり平との出会いを次のように話しています。

「あたしはNHKの『若い季節』ですね。お互いレギュラーで。でも、その前から、あたしはのり平オヤジの舞台を見てましてね、もうすごくおもしろいんですよ。榎本先生（エノケン）とか有島先生（有島一郎）なんかと組んでも、のり平オヤジの芸は際立っておもしろかったんですよ。それで、『若い季節』で一緒になった時に休憩時間でいろいろ話をしていたんですがね、その時、「芝居に出させてくださいよ」って言っちゃった。そしたら、すぐにマネージャーの前島さんに、オヤジが「おい、ちょっと、これ、入れてよ」って。「名古屋だけどいいかい？　ひと月だよ、いいのかい？」なんて調子で、一緒の舞台に出してもらったのが『灰神楽三太郎』ですよ」（「さよなら〝ダメだしオヤジ〟のり平さん」）。

『灰神楽三太郎』

昭和三九（一九六四）年七月四日―一九日、名古屋・名鉄ホール、東宝・名鉄提携『爆笑ハッスル

公演 灰神楽三太郎 木曽の火祭りの巻』（原作＝正岡容、脚本＝小野田勇、演出＝津村健二）同時上演＝『ポケットの雪 のり平の私設応援団長』（作＝小野田勇、演出＝田沼則子）。

物語——海道一の大親分・清水次郎長一家には、大政・小政をはじめとして、あまた子分がいるけれど、中には、ドジで間抜けでチャランポランで慌て者、世にもまれなるオッチョコチョイの念の入った三下ヤクザで灰神楽三太郎（三木のり平）という名物男もいる。その三太郎、実は女心をくすぶるのか、やたらと女性にモテルと来ている。町一番の社交場のまりりん亭の看板娘・お紋もその一人。半人前の三太郎からは勘定をとらないし、何かと面倒を見る始末。兄貴分たちは口惜しい。しかし、世の中そうは上手くはいかず、この三太郎、ヘンな女にチヤホヤされて、いい気になってまんまと殺人犯に仕立てられてしまう。「犯人はお前だ」「脱獄作戦」「地獄への片足」へと三太郎の逃走と受難の旅が始まる。監獄で出会った浪人者・鴉の勘太郎（西村晃）もなぜか、三太郎らの行く先に見えつ隠れつ姿を現す……。

小野田先生とのり平のつき合いは、トリローグループからです。どちらも下町育ちで、それぞれ浅草の芝居小屋や寄席に通っていました。映画の『灰神楽三太郎』の脚本を書いた時、小野田先生はもう役者を止めてテレビの作家になっていました。映画の『灰神楽三太郎』は、小野田先生の台本で、歌詞や浪曲の文句は永六輔さんが書いた。

昭和三二（一九五七）年二月二六日に映画第一作『次郎長意外伝 灰神楽の三太郎』（青柳信雄監督）が公開されます。続いて、『次郎長意外伝 大暴れ三太郎笠』（青柳信雄監督）、『次郎長意外伝 次郎長一家』（日高繁明監督）と年内に公開され、翌年の一一月二三日に『次郎長意外伝 灰神楽木曽の火祭』

（青柳信雄監督）が公開の、四本のシリーズですね。これはヒットしました。四本も撮ったってことは、とても評判が良かったってことですよね。脱線トリオに出て貰ったり、森の石松の幽霊で森繁さんが出ました。三太郎が憧れていて、サイン入りのブロマイドを貰ってね。それはまりりん亭のお紋ちゃん（中田康子）から貰ったのかな。「これ石松さんのブロマイドよ」。まりりん亭は次郎長の子分のたまり場でね。最後の『木曽の火祭』が、舞台の『灰神楽三太郎』の元になってます。正岡容先生の小説『灰神楽三太郎』（南旺社）の本があるんですが、巻頭にね、うちのお父さんの三太郎の写真が載ってました。正岡容先生が大喜びでとっても気に入ってくださったんですね。うちのお父さんは動きが出来ましたからね。いかにも三下ヤクザらしい感じでした。

気に入った役でノってました。低予算の早撮りでしたけど、最後の『灰神楽木曽の火祭』は、割とお金がかかってる綺麗な映画でした。

灰神楽三太郎っていうキャラクターはのり平に合ってましたね。相模太郎さんに節をやってもらって、舞台の『灰神楽三太郎』の時もやっぱり相模太郎さんに出ていただいて節劇でやりました。だから、この作品に関しては、思い入れがありました。とても性に合いましたからね。

まりりん亭のお紋ちゃん――つまり、まりりん亭ってお店があって、次郎長の子分たちはみんなその店へ行って、張り合ってるわけです。でもなぜかお紋ちゃんは三太郎が好きなんですね。「女ってね、こうやって見てると心配になってね。可愛くなっちゃうもんなんだよ」なんて、でも三太郎の方は女にそんなに興味がないんですよね。

舞台では、森の石松の幽霊役は、荒木将久さんっていう元々森繁さんの芝居に出てて東宝にいた方が演りました。『放浪記』で方言指導してた方です。尾道のあのへんの人。初演は、名古屋の名鉄ホールです。名鉄ホールの時には、『ポケットの雪』を本名の田沼則子で最初に演出しました。確かバスの運転手だけど、野球が好きで私設応援団みたいなことをやっている。娘が中尾ミエさんでした。

この時の『灰神楽三太郎』は、まずは相模太郎さんの浪曲から始まって、これがやっぱり良かった。

新宿コマ劇場での再演（昭和四一［一九六六］二年九月一日—二七日、秋の東京大喜劇『三木のり平十八番灰神楽の三太郎』原案＝正岡容、脚本＝小野田勇、演出＝三木のり平・津村健二）は、最初は『西遊記』をやる予定だったのが予算の関係でダメになって、急遽、『灰神楽三太郎』をやろうということになりました。東京では初めてだったのでね。『西遊記』は、のり平が孫悟空で、志ん朝さんと谷幹一さんを八戒、沙悟浄にして、それで少しオペレッタにしてやろうということだったんですが、予算がとれませんでした。

「三木のり平　役者生活四十年　謝恩奮闘公演」（明治座、昭和五七［一九八二］年七月一日—二七日）で

映画『次郎長意外伝　灰神楽の三太郎』ポスター

は『三木のり平十八番より　極付 灰神楽女難道中』として上演しました。この時も内容はほぼ同じでタイトル他、明治座用に仕立て直しました。以後、このテキストで再演を重ね、後に五木ひろしさんも演じました。のり平十八番って謳った作品は、『灰神楽三太郎』だけですね。相模太郎さんはとうに亡くなっていたので、玉川良一さんがちょんがれ市って役で出た。いい浪花節語りになりたいので、次郎長一家に入って勉強したい。新しいちょんがれを作りたい。映画で中田康子さんが演ったまりりん亭のお紋ちゃんを名鉄ホール、新宿コマ劇場の時は、久保菜穂子さんが演ったのかな。八波さんの時は、筑波久子さんでした。明治座の時は、中村メイコさんで役名が変わって、ちゃっきり亭のお七になっていました。

新宿コマ劇場の時は、中山千夏さんも出ました。次郎長が昔お世話になった家のお嬢さんの役でした。「長五郎に会いたいんですが……」「長五郎？　長五郎っていたっけなあ？」、それで「へ　本名山本長五郎…あっ！　親分だ」。そこへ次郎長が出て来て、「てめえたち騒々しい、静かにしろ。客人か？」って言ったら、その娘が「長五郎！」「お嬢さん、どうなすったんで、そんな形をして？」。実はこういうことがって、皿家金兵衛って金貸しがいて、これが悪役ですね。その皿家金兵衛とカミソリ平馬っていうのがグルで、それで推理仕掛けみたいになった。明治座の時は、節で玉川良一さんを使ったわけです。

その前に八波むと志さんが演った『灰神楽三太郎』も見ました。一番最初の舞台化は、とにかく新宿コマ劇場で、脱線トリオ物だって言うので、「灰神楽三太郎はどうだ」って、のり平が八波さんにあげたんですね。演出は淀橋太郎さん。台本は小野田先生です。

『俺はお殿さま』

昭和四〇（一九六五）年一月三一日―二月二四日、新宿コマ劇場、東京大喜劇二月公演『俺はお殿さま』（作＝小野田勇、演出＝三木のり平）同時上演＝『娘よ胸を張れ』（監修＝菊田一夫、作・演出＝松木ひろし）。

物語――参勤交代で国許から江戸表に帰ってきた赤井御門守（三木のり平）。出迎えた奥方お花（旭輝子）には頭が上がらない。彼は養子なのだ。赤井家お抱え力士竜田川浪左衛門（千葉信男）が深川芸者を引き連れて来て、御門守は芸者みどり（五月みどり）と戯れるが、お花から「養子の分際で！」と凄まれる。屋敷内でも部屋住み身分から出世した御門守への妬みも激しい。爺の大久保三太夫（益田喜頓）と共に、城下でおでんを食しているところをくせ者の江戸轟大膳に見られ、三太夫は、主君におでんの立ち食いをすすめた大罪人として国許へ帰される。一方、お花は極楽院の天海に入れ込んでいる。夜、小姓の金弥と竜田川が御門守に芸者遊びの誘いに来た。夜、たらい舟で泉水から屋敷を抜けて、夜明け前に帰館すればいいと言われたが、御門守は泉水に落ち、そのまま外へと流されてしまう。翌日、ずっこけ長屋のらくだの馬の住居で赤井御門守は寝かされていた。馬（谷幹一）と兄弟分の遊び人半次（古今亭志ん朝）に助けられたのだ。半次は御門守を助けた礼金にありつこうと考えている。二軒隣りに住んでいる浪人鈴川主水（南利明）の妹みどりが久しぶりに戻ってくる。彼女は深川で芸者になっている。半次はみどりに惚れている。馬宅へ顔を出したみどりは、そこに赤井の殿様がいるので驚く。みどりと半次は、屋敷へ帰りたがらない御門守を町人風に仕立て上げる……。

『俺はお殿さま』は、のり平と小野田先生による落語シリーズの第一作です。そして新宿コマ劇場公演は、座長をやりたがらなかったのり平の満を持しての舞台でした。これまで座長になることを渋り「のり平を座長にする会」なんていうのまであったようです。この芝居の時には発起人である森繁さんや越路吹雪さんも見に来ました。

この公演は石田英二、南利明、千葉信男、志ん朝、谷幹一、左とん平、小桜京子といった芸達者が笑わせ、のり平は「らくだ」や大屋根の上の立ち回りで客席は湧きに湧き幸先の良いスタートを切ることになりました。さらにはのり平座長による「東京大喜劇」の第一弾で、このあと、『快盗ねずみ小僧』『三木のり平十八番　灰神楽の三太郎』と続きます。

『俺はお殿さま』について小野田先生は、のちに明治座での再演時（昭和五六〔一九八一〕年九月二日—二七日）に「『思い出ばなし』　演出家のり平誕生記」として以下のように書いておられます。

初演は昭和四〇年二月新宿コマ劇場というのだから、陣屋の熊谷ではないが（十六年は夢だ、夢だ）の思いが深い。

あの頃は、仕事のある時もない時も、しょっちゅうつるんで歩いて、よく学び（？）よく遊んだ。その夜も、当時のり平君がごひいきだった四谷の小料理屋で仲間の何人かととぐろをまいていたが、ぼくが四谷の生まれだということから少年時代の思い出話になり、小学生の頃から落語好きで晴れの学芸会には必らず一席やるのは勿論、体操の時間なんかに雨が降ると、その頃は先生も今みたいに進学々々とセチ辛くないから、「小野田、なんかオハナシをやれ」ってことになり、ついには他の組からお座敷がかかって借りられていく騒ぎだったんだぜと、やや得意顔で話したものだ。

ところが、「おれもそうだよ、まったくおんなじ」と、のり平君が言い出したので、すっかり嬉しくなり、おれの得意は「粗忽長屋」ぼくの十八番は「がまの油」などとはしゃいでいるうち、「落語の人物をいっぱい登場させた喜劇をやろうじゃないか」と、どちらともなく言い出して、一も二もなく話はきまり、夜が更け夜が明けるのも知らず、あれこれ喋べって、「目黒のさんま」「将棋の殿様」「蕎麦の殿様」などの主人公赤井御門守とらくだの馬さんとをくっつけて、「俺はお殿さま」の骨格が出来上った。

『俺はお殿さま』三木のり平、五月みどり

さて、本はあがったが、演出をどうするか？　いまもそうだが、喜劇の演出家というのは、なか〳〵適任者がいないのである。
その上、この場合落語の味を生かせる落通でなければいけない。ぼくは提案した。
「いっそ、のりちゃんがやったら？　ハッキリ名前を出してサ」
実は、それまでにも、ぼくの名前で彼が演出したり、他の演出家の時も、すぐれたアイデアやギャグを出して助けたりしていたのだが、正面切って三木のり平演出とうたったことはなかったのである。

いまこそ、役者が演出することに、なんの不思議もなく、いろ〳〵な人がやっているが、たった十六年前のその頃は、劇場側や制作者側に、なんということなく抵抗があったのである。そんなことで、照れ屋ののり平君にもためらいがあったが、強引にすすめて承知させた。

やるときまったら彼のハリキリぶりは大変なもので、わかりやすく、こまかく、時にジョークを飛ばして和気アイ〳〵、時に締めるところはきびしく締めて、まことに水際立った演出振りで、この芝居みごとに成功、シリーズとして蜿蜒つづくことになった。

そして、それ以後のり平主演のぼくの作品は全部彼の演出によるのは勿論、新派、前進座その他、喜劇だけにとどまらずシリアスな作品にまで手広く、引っぱり凧のありさまである。


のり平が初めて新宿コマ劇場の主役で座長公演でやる時に「東京大喜劇」というのがつきました。菊田一夫先生のアイデアです。それはつまり今までの「コマ喜劇」とは違うということです。コマ劇場は、森川信、由利徹、佐山俊二、八波むと志、トップ・ライト、金語楼、茶川一郎……そういった面々でいつも喜劇を上演していたので、差別化を図ろうという狙いで菊田先生が名づけました。今までの「コマ喜劇」よりは、もう少しお行儀が良くて、演劇としてもキチッとしているというように。

南利明さんは五月みどりさん扮する深川芸者みどりの兄で長屋に住んでる鈴川主水という、浪人で瓦版の原稿書き、蝦蟇の油売り等インチキな仕事をして生きている侍役を明るく楽しく演じました。益田喜頓さんは、三太夫の役でした。

コマ劇場の舞台機構をフルに使い、コマでなけりゃ出来ないよう舞台を作る。舞台が上がったり、下がったり、少し下がりながら回ったりする回り舞台もありますからね。周りの一番外側のセリを回して、その部分を川に見立てて舞台進行したりも出来るわけです。『俺はお殿さま』では、芸者みどりを乗せた舟を竿で漕いで、船が流れるように舞台の外側を回って行く。それで真ん中の舞台が上がってゆき、そこが土手になり、長屋の連中が花見をしているというような。落語の『長屋の花見』ですね。石田英二さんの大家さんから酒に見立てた番茶を呑まされ「今月の月番亀十、お前酔え」と無茶振りされ「酔っ払っちゃった」という長屋に住む駕籠かき亀十を演ったのが安藤ロール。彼は二年後にコント55号の坂上二郎で売り出します。当時は安藤ロールの名でくすぶっていて楽屋で人を笑わせる男でした。芸名は内藤ロックとロックンロールというコンビを組んでいた名残ですね。マネージャーは、のり平や有島一郎さんが所属した中川プロにいた浅井良二さんでした。

そこにのり平が城を飛び出して、「おいらも遊んでばかりもいられないから」と、船頭になって、始めのうちは、船を回しちゃったり、ぶつかったりなんかして女将さんに迷惑をかけたけど、「どうやら一人前の船頭になったじゃないか」なんて、『俺はお殿さま』の中に落語の『船徳』が入っていて、『長屋の花見』があって、『らくだ』もある。コマで主役を演ることが決まって、「何を演ろうかねえ。今度は落語のネタをいっぱい集めて、落語の人物がいっぱい出て来るようなそういう芝居をやりたい」って小野田先生と話をして、「それでいこう」ということになって、『俺はお殿さま』は、落語でお馴染みの赤井御門守が主役なんです。殿様と恋をする芸者役の五月みどりさんがとっても良かった。ホントに深川の芸者羽織みたいに見えて可愛いんですよ。「唄う五月みどり」っていうのを第二幕の幕開きに持って来て、歌をひと通りお客さんに聞いていただいて。『俺はお殿さま』は、コマ劇場の初演の時がいちばん面白かった。落語の『らくだ』も演って、大家さんの家と裏長屋を死骸を担いで行ったり、戻ったり……回り舞台を回して移動を見せるんです。やっぱりそういうところが楽しいんですよ。志ん朝さんの丁の目の半次と谷幹一さんのらくだという配役でした。だから、せっかくのコマ劇場独特の舞台機構があるんだから、回り舞台やセリなんかをいっぱい使おう。全部暗転じゃなくて、暗転、明り転、いろんな変化や、宿屋を作ったりね。のり平の赤井御門守が長屋にたどり着いて、町人に成りすます。映画『ローマの休日』（一九五三年）がヒントになっていて、殿さまがお忍びで町へ出て行くんです。『俺はお殿さま』の場合は、お城にある池の泉水が凍っているのが割れて大川に流されて行った。それで殿さまを小姓と相撲取りの千葉信男さんが探して歩く。この作品は、芝居としても良かったし、笑いどころも満載でした。その頃はテレビでも志ん朝さんと谷幹一さんは人気者でした。城の大屋根の上での立ち回りもありました。谷幹一さんがその時代の思い出を話しています。

『俺はお殿さま』「らくだ」の場面　三木のり平、谷幹一、古今亭志ん朝

「一番思い出深い芝居はやっぱり三木のり平演出の『らくだ』。丁の目の半次の役の朝さんが、俺のらくだを後ろから支えて、ドドンパに合わせて舞台狭しと動き回るとこや、死体の俺が縁側から落ちて、反動で戻ったのを見て、のり平さんが驚いて座った姿勢からぱっと高い柱に飛びついて、朝さんが「蝉じゃねえんだから」って突っ込むところ。見事なチームワークでした」（「サンデー志ん朝の名コ

ンビ！　志ん朝&谷幹一の青春グラフティ」)。

――志ん朝さんと寺田農さんの対談から。

志ん朝　『おれはお殿さま』っていうのも、いいお芝居だった。あたしは大好きでしたね。落語をうまくつないでありましたけど。お城から抜け出して長屋で町人たちと交わって、結局城に戻ったお殿さまの最後のせりふ、「べらぼうめ！」がよかったんだ。あの、のり平オヤジは最高だったね。

寺田　殿さまが最初長屋に来た時はそれが言えなくて「べらべらめぇ」とか「べらめえめ」とか言って、笑わせておいて、最後の「べらぼうめ」でストーンとオチましたからね。思い出しましたよ、オヤジさんのあの姿を。涙が出るね。

（「さよなら〝ダメだしオヤジ〟のり平さん」）

『快盗ねずみ小僧』

昭和四一（一九六六）年四月一日―二七日、新宿コマ劇場、春の東京大喜劇『快盗ねずみ小僧』（原作＝吉行淳之介、脚本＝小野田勇、演出＝三木のり平、「黒の舞台」構成＝川尻泰司）同時上演＝『ミュージカル・レビュー・足ながお嬢さん』（作＝松木ひろし、構成・演出＝シュニー・パルミサーノ、演出＝日高仁）。

物語――飯泉霧太郎（西村晃）の父は平戸六万石の舟大名だが密輸の濡れ衣を着せられ何者かに殺されお家は断絶、母は自害、二世を誓った恋人も去る。侍稼業が嫌になり浪々十数年、世を拗ねて八幡様の境内で足相占いの店を出していた霧太郎はコソ泥次郎吉（三木のり平）と出会う。足を見て

天下の大泥棒に仕立てる。煎餅の上を割らずに歩くトレーニングの日々重ねた後、子の刻に大名屋敷に参上、御金蔵を破り、貧しい者の家々に小判を分け与え人気者になる。瓦版は彼を義賊として連日書き立てたが、江戸中の評判になった次郎吉が人気に溺れ、霧太郎の手に負えなくなる。それを追うのが上方から来た目明かしの猫辰（吉田義男）であった。霧太郎は仇に巡り会い目出度く本懐遂げ、最後は二人で江戸を去る。

これは、吉行淳之介の『鼠小僧異聞　雨か日和か』を原作にTBS連続ドラマ化（『快盗ねずみ小僧』昭和四〇［一九六五］年八月三日—四一年一月二五日）して大当たりしたんです。小野田先生の脚本で、やっぱりのり平と西村晃さんが出演しました。今度はそれを舞台にしよう。初演は新宿コマ劇場です。お芝居の方は、ほかに長屋の隣人で谷幹一さん、志ん朝さんが熊さんと八さんで絡んで、人形劇団プークも絡み舞台狭しと暴れまわる芝居で連日大入り超満員でした。左翼的な人形劇団プークの川尻泰司さんとは、のり平は戦中からの付き合いで、闇パン屋をしていたのり平が差し入れをしていたそうです。

そのほかは水谷良重さんの緋牡丹お蝶、E・H・エリックさんが謎の外国人用心棒、千葉信男さんが講釈師樂山、それに左とん平さんが吉原の場面で佐野次郎左衛門、木田三千雄さんが大家さんなんていうメンバーでした。捕手や侍や町娘、通行人はコマ劇場なのでダンシングチームが務めました。音楽もテレビと同じ小川寛興さん。新宿コマ劇場の「春の東京大喜劇」第二弾の座長公演でした。のり平劇団の座組みが固まりつつあった頃です。水谷良重さんがのり平劇団に加わったのはこの新宿コマ劇場の二回目からです。

西村晃さんの奥さんが人形劇団プークの川尻さんの家の方だったので、プークの人々に参加してもらって、夢のシーンを何場か作りました。蛍光塗料で光る人形や江戸の街に巨大なブラックライトを当てて広いコマ劇場全体が幻想的で色鮮やかな空間になりました。プロローグで犬の遠吠えに火の用心の拍子木が鳴り、一面の漆黒の闇夜の舞台中央にポッと用水桶が浮かびます。頃は丑三つ時。捕り手役人の呼び笛があちこちからピーッ、ピーッと鳴る。そこに黒装束のの り平が出て来る。「へっ、木っ端役人がいくら俺を追っかけ回したって、この次郎吉様が捕まるもんかってんだ」。そこに御用提灯を持った大勢の役人たちが「御用だ」と次郎吉を囲み立ち回りになる。スッと消えた次郎吉が客席に現れ役人に追われて舞台へ。蜘蛛の巣状の縄に乗っていい形になったところで「快盗ねずみ小僧」の文字が大きく浮かび、テレビと同じ小川寛興さんのテーマ曲が流れる。——とまあ、こういうシーンでした。

飯泉霧太郎っていう侍の西村晃さんは、武家を嫌って長屋暮らし。湯島天神境内で易者をやって足の裏の相を見て、暮らしを立てている。これは吉行さんの原作にあったものですね。その霧太郎が、コソ泥の次郎吉と出会い、これをねずみ小僧に仕立てる影の司令塔。ところがだんだんと次郎吉が人気者になって霧太郎の言うことを聞かなくなる。もちろん笑いがいっぱいある。長屋の貧しい人と因業な金貸しの間を上手く助けるとか。東宝ミュージカルで培ったものを生かして、ここで歌を出したり、いろんなものをお見せしました。

テレビの『快盗ねずみ小僧』で霧太郎の西村晃さんとのり平の次郎吉が飯を食うシーンがありました。西村さんはお櫃のフタの裏にセリフを貼っておいた。ところがのり平は茶碗の中に貼っていた。だから西村さんはセリフに詰まるとフタを開けのり平に飯をよそう。のり平は台詞が読めなくなるから慌てて飯を食う。これを延々とやりスタッフは必至で笑いを堪える。放送されたら、何か異様に切迫した場面に見えたそうで好評でした。

舞台の『快盗ねずみ小僧』の時は、長屋の住人で隣に住んでいる左官の熊に大工の八五郎を志ん朝さんと谷幹一さんが演りました。当時、フジテレビのバラエティ番組『サンデー志ん朝』（昭和三七［一九六二］年七月二九日─四〇年九月二六日）なんかで人気者だった谷幹さんと志ん朝さんは連夜のり平と飲み歩いていました。その頃のことを、谷幹一さんがのちに話してます。

「のり様はさみしがりやですからね、飲みに行くと必ず僕らがお供をした。水戸黄門と助さん格さんのかたちですよ。人を引き連れて歩くというのは古川ロッパさんから森繁座長、のり様、そして朝さんに引き継がれてますね。

のり様は、僕と朝さんが、今日の芝居のあそこはどうのって言い合ってるのをそばで聞いてるのが好きでね。で、聞いておいてチョロッとうまいことを言う。困るのは、僕が酒を一滴も飲めないのに、二人して何とかして飲まそうとする。大酒呑みの朝さんは「酔っぱらったときの気分を知らないんだから、ちょっと人生損してますよ」って言ってたけど、こっちはヒロポンの気分を知ってるぜって（笑）」（「サンデー志ん朝の名コンビ！　志ん朝＆谷幹一の青春グラフティ」）。

のり平は、四二歳、いよいよこれからやりたい芝居が出来る、気力体力共に絶頂だったようです。やがて活躍の場は新派のホームグラウンド浜町明治座へ。楽屋泊まり込み時代が始まります。

第九章

明治座——三木のり平公演

『与太郎めおと旅』京塚昌子、三木のり平

のり平が生まれ育った浜町にある明治座での実質初めての座長公演が、小野田勇作・三木のり平演出での落語シリーズ第二作『めおと太鼓』です。この公演の三年後から「三木のり平公演」が始まります。

『めおと太鼓』

昭和四四（一九六九）年一二月二日―二五日、明治座、特別公演・昼夜『めおと太鼓』（三遊亭円生口演「文七元結」より、作＝小野田勇、演出＝三木のり平）同時上演＝昼の部『お茶子』（作・演出＝川口松太郎、演出＝中村哮夫）夜の部『雪の金閣寺』（原作＝川口松太郎「古都憂愁」より、脚本＝小幡欣治、演出＝平山一夫）

物語――江戸落語中興の祖・三遊亭円朝が中国の噺を元に創作したと伝わる名作。左官の長兵衛（三木のり平）は、腕はいいが博打にうつつをぬかす道楽者。家には後添え女房おかね（中村メイコ）となさぬ仲の娘お久（十朱幸代）がいる。火の車の生活を打開しようとお久（十朱幸代）は、吉原の大店・佐野槌の女将（三益愛子）に自分の身売りを頼み込む。感心した女将は長兵衛を呼び出し、お久を担保に五十両を貸す。心を入れ替えた彼は帰路、吾妻橋の袂で集金した五十両を失った文七（古今亭志ん朝）という青年が川へ飛び込もうとするところに通りかかる――。

小野田先生は、再演時（昭和五五［一九八〇］年三月一日―二五日、明治座）のパンフレットに次のように書いておられます。

「芝居の芯はご存知「文七元結」だが、上の巻として、主人公の長兵衛おかねが結ばれるまでの、いわば青春篇をつけた。

おかね役のメイコさんや、ゲスト格の西村晃さんを生かしたかった為もあるが、もう一つの大事な狙いは、円生本の中で発見した、おかねが後添えで、娘のお久とは生さぬ仲だったということを、はっきり見せておきたかった為である。今までの芝居では実子でやっているが、成程義理の仲だからこそ、母の窮状を見兼ねて、お久が断りもなくわれから身売りをしようという心理が素直にうなづけるし、哀れも増すと思うのである。その件の下の巻は、多少の味つけがあるにせよ、殆ど原本の噺をなぞっている。あまりの名作で換骨も奪胎も出来なかったのである」

女房のおかねは、中村メイコさん。これがもう大変に良くって。メイコさんはお芝居が、はっきりして分かりやすい。早口でしゃべることは得意だから、相手役としてはたいへんやり易い。のり平とメイコさんがテレビ番組で話しています。

のり平　『文七』なんかでも最初に俺が飲んで帰って来る時に「お久はどこへ行った」って探す、あのやりとりのところが好きなんですけどね。

メイコ　私も大好き。

のり平　江戸弁のドンドンやりとりなんて。

メイコ　ポンポン、ポンポンね。長屋ものですから、ホントいい意味ではしたなく、伝法で、そういう言葉の勉強にも、小野田先生のもちろん台本が素晴らしいから、一字一句、例えば〝ぞろっぺえ〟とか、〝すっとこどっこい〟だの凄いいろんなことを覚えて。それを夜中に、小野田先生のご本が遅いものですから、さすがの私も初日前、夜中に大きな声で「お前さんって、もうこのすっとこどっこいの宿六め！」って言ったら、姑が隣の部屋から「そんなに悪いですか。私の息子は――」（笑）っておっしゃって、「すいません。お義母さま、これお芝居のセリフを覚えてるんです」って言った思い出がありますけど……（笑）。（『山川静夫の〝華麗なる招待席〟』）

『めおと太鼓』中村メイコ、三木のり平

おかね （お久は）家出だよ。こら確かに家出だよ。

長兵衛 家出だ？　じゃあ、お久はなんだあ、ここのうちになんか不足でもあるというのか。

おかね おや？　そいじゃ無いとでもお云いかい？

長兵衛 なにを！

おかね あるとも。大ありだよ。そら、お久は気立ての優しい娘だから、口にこそ出さないけど、とうにお前さんなんかに愛想尽かしてますよ。

長兵衛 俺にか？

おかね そうともさ。考えてもごらんな。いいかい。可哀そうに年頃の娘だってえのに、綺麗な着物一枚買ってやるわけでなし。年がら年中ボロにばっかり包んでおいてさ。あげくの果てに自分はなんだい。博打ですられて帰ってくりゃ、女房の私をぶったり、蹴ったり、八つ当たり。

ちっとも仕事をしないで、直にプイッと出てったり。飲んべで、ぐうたら、ぞろっぺい。おっちょこちょいの慌てもん。喧嘩早くて、仕事は遅い。飯より、女房より、娘より、博打が大の好きという、そんなすっとこどっこいの大酒飲みなんざ、愛想つかされるのは当たり前だい！

長兵衛　また始まりやがった。お前、よくしゃべるねえ、相変わらずな。食い物も満足に食ってねえで、よく口が動くねえ、お前は。

メイコ　世話場のこともね、はたきのかけかたとか、それから例えば神棚って時代劇には必ず出て来ますよね。おかみさんを演った時に、どうしても娘役ばっかりその頃演りつけてた（笑）。（ポンポンと柏手を打つ高さが）高いんです。「おかみさんってやっぱりこのへん（お腹のあたり）で、ポンポンとやんないと粋じゃないよ」って、そういうちょっとしたいいことをのり平先生に教えて頂いたんです。

（同前）

外崎恵美子

佐野槌の女将、お駒役は、初演は三益愛子さんでした。二回目からは外崎恵美子さんって新国劇のとっても上手い人で、三益さんも良かったけども、外崎さんは大店らしい、まあ貫禄があって。セリフには一通りのことしか書いてないけど、その中に情もあるけど厳しいところも出さなきゃいけない。難しい役ですが、これが素晴らしかった。
娘のお久は初演は十朱幸代さんでした。とても可愛らしくて、いいお久でした。佐野槌の女将さんが、お店に呼び出した長兵衛に言いますね。

お駒　お前さん、この娘を知ってるだろ？
長兵衛　えッ？　知ってるなんて段じゃございません。あたしのガキなんです。なんでお前、こんなとこへ来てんだよ。おっ母さんが泣いて心配してんだよ。ええ？　お前はここがどういうとこだか知ってんのかい？　ここは男と女が……ナニしちゃうんだよ。
お久　知ってます、あたし……。
長兵衛　知ってる？　ませたガキだな。

――なんてやりとりがある。古今亭志ん朝さんが十八代目中村勘三郎さんとの対談で言ってます。「長兵衛はお父さん（先代勘三郎）と三木のり平さんがよかったね。吉原の角海老《かどえび》に入ってくるとき、自分が仕事した廊下の壁を改めながら歩いてくる長兵衛なんて、理に詰みすぎる。そんな人が博打で借金だらけになるわけがない。のり平さんのは、幕切れに足が痺れてよろけてポーンと壁に手を突いたときに初めて見て、ここも塗り直しに参ります、って言う」（『勘三郎伝説』文藝春秋）

もともとこの芝居は『人情噺・文七元結』って外題で、歌舞伎でも音羽屋（尾上菊五郎）とか、中村屋（中村勘三郎）とかが演って、前進座の中村翫右衛門さんも演りましたけども、やっぱり根っからの道楽者で、だらしなくってというようなところは、身びいきかも知れませんがぼくが見た中では誰よりも、のり平の長兵衛がそういうところがよく出てました。衣装なんかもホントに汚くて。帯の締めかただとか、着物の着かた、歩き方とかね。

初演の時に初日の舞台を録音しました。「後々再演とかする時に、録っとけばいいよ」って、ぼくが提案したんです。

大川端の吾妻橋の場。出て来るのは、長兵衛と古今亭志ん朝さんの文七の二人だけ。のり平の芝居は舞台全体を広く遣って、舞台上手から下手にも動いてというように役者を動かすんです。ホントは下手橋の側で演ってりゃいいんですから(笑)。でも、そうすると芝居が小さくなる。橋のセットは下手寄りのところにありました。まず始めは、文七が花道からトボトボと歩いて来て、後をふり返り、ふり返りして、舞台の吾妻橋のところまで来てウロウロしてるところへお金を借りた長兵衛が上手の吉原の見返り柳のあたりから出てくる。橋のほうで文七が川へ飛び込もうとするのを見て、パッパッと走って来て、「なにやってんだ、この野郎！　あぶねえじゃねえか！」っていうところで、舞台の真ん中寄りまで文七を引っぱって来てそこへ座らすわけです。のり平は演出も兼ねてましたから、芝居をしながら、「お前、ここな」って志ん朝さんに座る場所を指導していました。それでまた立ち上がった時に、舞台上をウロウロ、ウロウロして、それで長兵衛がふり返った時に文七がまた川へ飛び込もうとする。それでもう一度元のところへ引っ張って来ちゃって。セリフだけで見せないで、とにかく動くってことですよね。あと無闇に間を持たせないで、ポンポン、ポンポン、やりとりする。落語のあのままです。江戸っ子の感じがとにかく出るんですね。どういう気持ちで金をやったかっていうのが難しいですよね。前半をうんと早くやっておいて、後半のあたりから少しテンポを落として、「まあ、聞いてくれ」って、「これにはふけえわけがあるんだ……」。そこから、音楽が入る。「お誂えむきに三味線が聞こえて来やがった」。で、三味線の音に乗って歌舞伎の型で金の由来の台詞になります。

長兵衛　おめえどうしても死のうってえのかよ。

文七　はい。

長兵衛　おそろしく頑固に思い込んじまいやがったんだなあ。ったくしょうがねえな、おめえ。五十両、おまえ本当になくしちゃったのか、おまえ。よーく探してごらんよ。探し忘れってことだってあんだよ。うん。ほらあの、七度たずねてなんとかって言うじゃねえかよ、おまえよく。ふんどしの裏なんかよく見てごらん、あ、あったよ、おい！　あら石だこりゃ。なんでおまえこんな袂に石っころなんて入れとくんだよ。はっとするじゃねえか、おまえ。しょうがねえな……。おう、その顔上げてごらんよ。おめえは正直もんなんだな。上に馬鹿がつくくれえの正直もんだ。

文七　どうせわたくしは馬鹿でございます。

長兵衛　同じ馬鹿でもおいらの馬鹿とは大ちげえだ。なあ、そんなわけえ身空で死んじまうなんてえのは、俺だってそれをみすみすおまえ、見逃してあっち行っちゃうわけにはいかねえよ！　おめえ、どうしても五十両なくちゃ死んじまうのか。

文七　はい。

長兵衛　物は相談だけど、おめえ、三十両にはまかんねえか。いやいや、身投げを値切ろうってわけじゃねえけどよ、こっちにだって色々都合があるわな、おめえ。どうしてもいけねえかい、五十両なくっちゃ。べらぼうめ、江戸っ子だよ。よし、この五十両、おめえにやるよ。さあ、くれてやるから持ってけよ。そうすりゃ死ななくて済む。何を人の面じろじろ見てんだよ。おまえにやるってんだよ、五十両。

文七　ご冗談を。そんな大金を見ず知らずのお方に頂くわけがございません。

長兵衛　俺だってやりたかねえや、おまえ。おめえがだけどこれがなきゃ死んじまうってからやるって……、おめえ俺をうさんに思ってんのかい。まあそりゃそうだろうな。そりゃ八つ口が開いてりゃあ、おめえ。こらかかあの着物だよ。こんなちんけななりをしてそりゃ、五十両なんて大金は持ってっこねえと思うだろうな。そりゃな、だけどおめえの金盗んだわけじゃないよ。この金についちゃおまえ、ふけえふけえわけがあるんだよ。まあ、いいや、聞いてくれ。おいらな、酒好きの博打好き、借金だらけで八方ふさがりだ。今年十七になるお久という一人娘が、吉原の佐野槌という女郎屋に身を売ってこしれえてくれたのがこの金だよ。そこのうちのおかみさんてえのは情けぶけえお方だ。来年のお盆までに金を返しゃ、娘は、娘はさらでけえしてくれるってんだよ、な。だからおめえ持ってきなよ。おめえこの五十両がなくちゃ死んじまうんだろ。だけどおめえに今この五十両おいらやっちまうとだよ、借金の穴埋めする五十両と合わせ

『めおと太鼓』三木のり平、古今亭志ん朝

て百両になっちまう。そうすりゃおめえ、百両となりゃあ、おいらにもちーっと荷がかちすぎだ。来年のお盆どころか。だけど、娘は泥水の中にいても死にっこありゃしねえ。死にゃしねえ。だけどおめえはこの五十両なくちゃ死んじまうって、だからおいらおめえにやるってんだよ。だからな、おめえがちょっとでもありがてえと思ったらな、まあ金毘羅様でもお不動様、なんでも、おめえの贔屓にする神様なんでもいいよ、どうか、今年十七になるお久という娘が、吉原の佐野槌という女郎屋に身を沈めておりますが、どうか悪い病気にかからねえよう、かたわにならねえように、それだけ祈ってくれりゃいい、な、それだけ頼む。持ってけ、な。

文七　結構でございます。そんな謂れのあるお金を頂くわけには参りません。

長兵衛　馬鹿野郎、五十両やるってんじゃねえかよ。

文七　いえ、結構でございます。

長兵衛　てめえも強情な奴だな、おめえは！　てめえが受け取らなきゃ、川ン中うっちゃっちゃうぞ！　まったくしょうが、おい。

文七　結構でござ……。

長兵衛　持ってけ！（と、五十両の包みを投げつけ走り去る）

メイコ　文七をね、志ん朝さんがして、これがまたね、いい〝つっころばし〟でねえ。

のり平　天下一品でしたね。

（『山川静夫の〝華麗なる招待席〟』）

志ん朝さんの高座での長兵衛の人間像みたいなものが、それ以前に演った『文七元結』と比べてみるとね、うちのお父さんの演った長兵衛の影響をうんと受けていて、佐野槌の女将の外崎恵美子さんにしても、近江屋卯兵衛の市川中蔵さん、あとは佐野槌の藤助（山賀秀男）さんもしかりです。

志ん朝さんの落語には、全体的にあの芝居の空間的な位置関係が頭に入ってるから、お客さんにもそう見えてると思います。志ん朝さんは、一回、文七が川へ飛び込もうとするところを、両手を上手側に伸ばして引き留める。そして身体を引っ張って下手側へ倒すでしょ。そうすると今度は長兵衛が文七のいる下手の下の方を向いて話す。すると今度は文七が上手の上の方を向くという形が出来るでしょ。他の噺家さんが演ると、文七と長兵衛は上下《かみしも》をふり分けて話をするだけになる。文七が二度目に飛び込もうとする時に、また引っぱって上手側に座らせるから、その逆の位置関係になるわけですよね。

「朝さん、落語はなんで上下しか使わないんだい？　後ろも前もあるだろ？　空間を広く使ったらもっと立体的な奥行きが出来ていいんじゃないか」っていうことをうちのお父さんから教わったって言ってました。それから小道具の使い方。志ん朝さんも初めは「吹っかけやがって、こん畜生」って、財布を持ち上げると中から小判がバラバラバラッって落ちちゃうっていう風に演ってたんです。歌舞伎もそうだと思う。

「朝さんね、長兵衛が渡した財布を下へ下ろしちゃったら、それきりなんだよ。それより、「こん畜生」って、財布を持った手を上げた時に「これは石じゃないな」と思って、顔のほうを財布に近づけて行ったら、お客もそっちを見るだろ？　そうしたらこの小道具が生きるだろ」

そういう小道具の生かし方ですよね。志ん朝さんのほかの噺もみんなそうなってるけど、ただ、直接ダイレクトに影響が濃厚な落語は『文七元結』だと思いますね。

そこら辺は、志ん朝さん自身も語っていますね。

「自分で『文七元結』を演った時に、随分前に演ったのと最近演ったのとでは、その部分がまるで違う。普通、噺だと一回上下が決まったら、それっきりズーッとそのまんまなんですよ。でも、お芝居の場合には、例えば、大川端でもって飛び込むのを止めて、座らす位置をこっちへやってというところでは……人物が、居る場所が入れ替わったりしますでしょ。これをね、ちゃんと演るとすごくいいんですよねえ。だから、そういうのをぼくはお芝居を演ってて良かったなあ、と思います」（『山川静夫の〝華麗なる招待席〟』）。

（のり平親父は）教えるのが大変にうまいんです。抽象的なことはあんまり言わない。具体的でわかりやすいんです。

例えば『文七』で、五十両の入った金包みを文七にぶつけて逃げてく長兵衛に、「引っ込みがつかないもんだから石ころかなんかぶつけやがって」って文七が金包みをほうり投げようとしてアッて重みを感じて、振りあげた手をおろして金包みを目の前にもっていくんじゃ駄目だって。チキショーッって拳をふりあげて「あっ、普通の石じゃないな、この重みは」って気づいて、手をあげたまんま、顔の方を手元の方に目を向ける。

そうすると客の方も金包みの方に気が行くんだ。目を向ける前に手を下したら何もならない……そういう説明が、ものすごくうまい。

だから他の役者に言ってるのを聞いていても非常によくわかる……大きな声を出す。物事ははっきり言う。

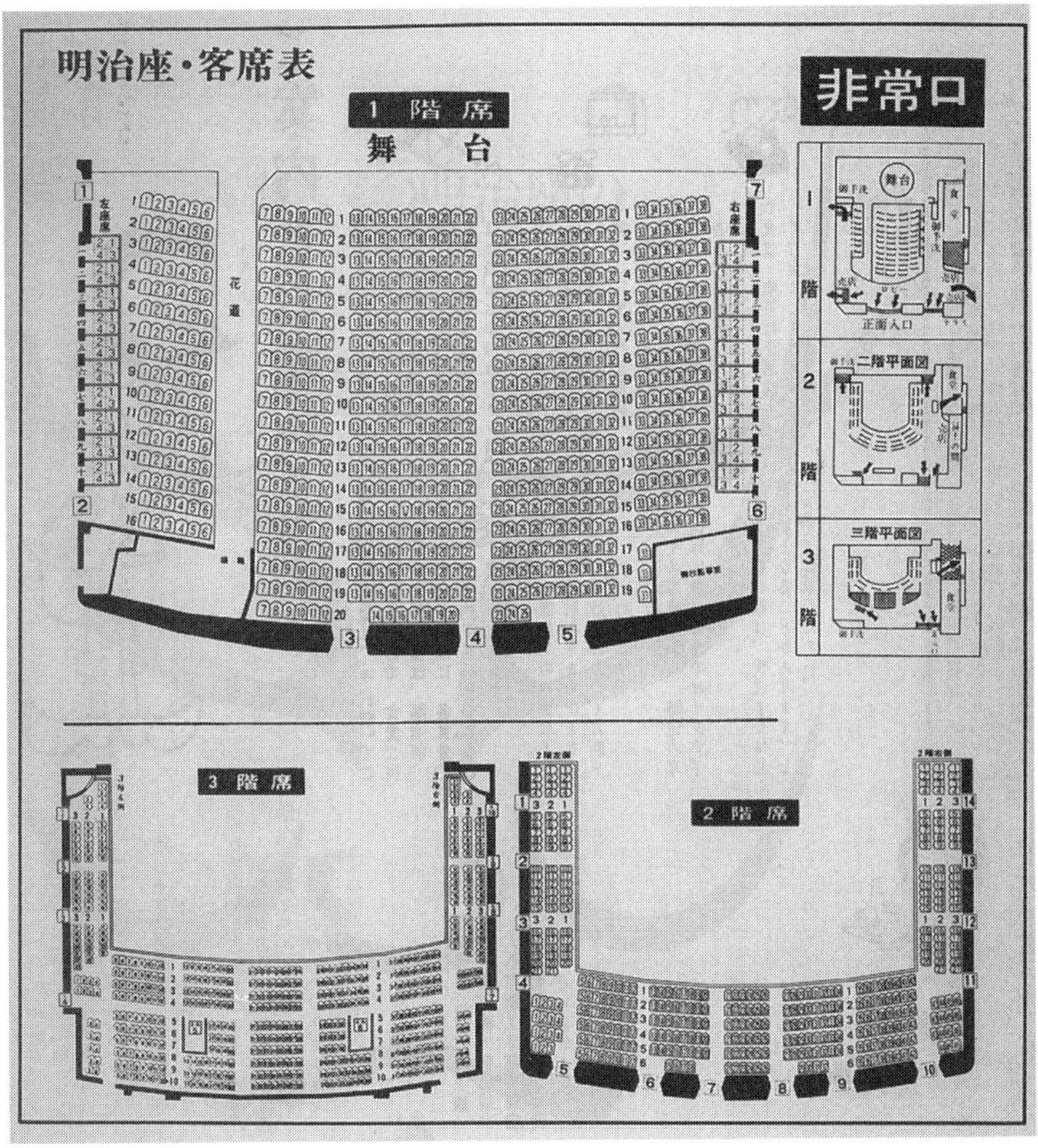

明治座座席表

それから、大事な小道具はお客によく見えるように絶対身体の外に出す、とかね。

だから、『芝浜』の最後に女房が財布を拾ったのは夢じゃなかったんだと亭主に打ち明けるところでも、「お前さん、この財布知らない？」って、いっぺん客席に見えるように差し出す。

そういうことはいっぱい教わりました。

（『ありがとう笑名人（笑芸人叢書）』第一巻、白夜書房）


大詰めで長屋の長兵衛宅での夫婦喧嘩の件も面白かったですよ。「なんだ、この野郎！」って、いろんなもんを投げっこやなんかしてね。メイコさんがいろんなものを投げつけるわけです。それをすりこ木を持ってうちの親父が野球のバッターのように打ってね。メイコさんが言ってましたよ。「いろんなものを投げて、それをのり平先生が打つんだけど、すりこ木のところへなかなかものが来ないから、「お前は、ぶきっちょだね」って怒られました」って。

メイコさんは東京でも山の手の育ちでしょう？　長屋のおかみさんなんて役について、「ああいう下町言葉って、私初めて演った」って言ってました。とても良かった。

文七を伴って出て来る近江屋卯兵衛を演ったのは市川中蔵さんで、この方がとても結構でした。温厚な優しい旦那さん。長兵衛夫妻の夫婦喧嘩の真っ最中に下手から酒屋の小僧に「こっちですよ」って案内されて来る。

「長兵衛さん、びっくりしますよ。いつも二合、三合のちびちび買いですから」

「どうもご苦労さまでした。ごめん……ごめんくださいまし。左官の棟梁・長兵衛さんの御宅はこちらでございますか？」

「ええ？　なに……なんか……ええ？　べっ甲？　小間物屋？　それはお門違いです。うちはそんなものには縁がないですから。うちの嬶ァの髪なんか、蕎麦屋の箸を折っぺしよって刺してんですから……」

「いえいえ、そういうことはございません。実はこれが……」

――って、文七を示して、

「これに見覚えがありますか？」

「あッ！　おめえだ……おめえだ。ほか見ろ。居たじゃねえか。ざまあ、見やがれ！　バカヤロー！」

で、長兵衛がいろんなもんを蹴飛ばしたりしてね。で、来た二人に「まあ、お上がりんなって」なんて、座布団を探して、あったんだけど凄い貧乏なうちだから、座布団に穴が空いている。裏返してもやっぱり穴が空いている。だから比較的どっちがましかってやって、比較的ましな方を上に置いて。文七もいるから、その座布団から、綿をちぎって、叩いて広げて勧める。近江屋卯兵衛が、「もうひとつお願いがございます。受け取って頂きたいものがございます。見ず知らずの方に五十両を恵んでくださったとは、私たち商人にはとても考えられません。つきましては近々この文七に店を持たせたいので、以後親類づきあいをお願いしたい」

――みたいなことがありますよね。それで「頭、頼みますよ」って旦那が言ったら、シャリンって花道の揚幕が開いて、駕籠が出て来て舞台下手のところで止まる。中から

市川中蔵

綺麗に着飾ったお久が出て来る。

「はあ……」

「親方、この贈り物でもお受け取りは願えませぬか」

「大好物でございます。おかね、そんなとこへ居てねえで出て来いよ！」

衝立の後ろに隠れてたメイコさんが堪りかねて半纏に腰巻代わりに巻いた格好で出て来ちゃう。

「これは、これはお内儀でございますか」

そして身も世もなくお久と抱き合っちゃう。文七とお久の縁談の話も出る。

舞台の前へ出て文七とお久が抱き合う。

「お前さん、堅く結ばれるのは当たり前、元結屋の夫婦だもの」ってメイコさんが言うと、「ちげえねえ。じゃあ、俺たちも左官の夫婦で固まるか」「ヨッ！　出来ました！」というところで幕ですね。

小野田先生が落語にはないサゲみたいなものをつけたんですね。

志ん朝さんもそこらへんを次にように話してますね。


　長兵衛のうちに文七と主人の近江屋卯平《ママ》が訪ねてきたところなんか目に浮かぶなあ……長兵衛が文七に「ゆうべ俺はおめえに五十両やったな」「はい、いただきました」「ほらみろ、ざまみろってンだ。ほんとにどうも」って言いながら、長兵衛が一枚しかない穴の開いてる座布団の穴から綿をひとにぎりちぎって、それをトントントンって平たくして文七に、「オゥ、これ敷きねえ」（笑）。

　ああいうのが何とも面白くてねえ。

そいから、一度出した金は受け取れねえって長兵衛が突っぱねてる隙にかみさんが屏風の陰からその金を横取りしちゃって、それを長兵衛が家ン中をずーっと探してって、卯平の懐まで探しちゃう（笑）。

その辺のもっていきようがね、見ている方もホッとするし笑うし涙するし……。（同前）

西村晃さんは敵討ちに追われている侍で、長屋に住んで侍を嫌ってるという神谷周平って浪人役をこの時は演ってました。

原作の三遊亭円生さんが何度か公演をご覧になって、楽屋でうちのお父さんに、「あの長兵衛はまことにどうも結構、絶品です。志ん朝をこれからもどうぞ、よろしくお願いします。それから、ついでにあたくしも……てヘッ」なんて挨拶をされていました。

この頃ののり平と黒門町と呼ばれた八代目桂文楽師匠とのエピソードがあります。その場に立ち会った柳家小満んさんが書かれておられます。

志ん朝師匠がもう芝居を始めていた頃、ニッカウヰスキーが「ニッカを世の中に広めてもらいたい」というパーティを催したことがあります。先代の三遊亭金馬師匠、森繁久彌さん、三木のり平さんといった方々が招かれていました。

そのパーティに、あたしも黒門町の師匠のお供で伺いましたが、文楽師匠がのり平先生に挨拶をしたんです。

勿論、社会的にも年齢的にも、文楽師匠がのり平先生よりずっと上なんだけど、のり平さんに

深々と頭を下げて、

「志ん朝がお世話になっております。どうぞよろしくお願いを致します。あれは落語界にとって〝百年に一度の男〟なんですから、どうぞ、そのおつもりで大事にお願い致します」

いずれは落語の世界に返してくれってことですけど、「百年に一度の男です」って、お願いをする師匠も偉いけど、お願いされる志ん朝師匠も凄いですよね。

（『KAWADE ムック 文藝別冊　古今亭志ん朝 増補新版　落語の申し子』河出書房新社）


大阪・道頓堀中座でのエピソードをのり平、志ん朝さん、山川静夫さん、明治座の廣田一さんの座談で志ん朝さんが披露しています。

志ん朝　あれは『めおと太鼓』でしたか。『文七元結』の。あの中座で演りました。いちばん最初に先生が弱ったのは（笑）、劇場の方からの注文でね、「ズゥ――ッと花道を出て来たならば、七三で客に挨拶してくれ」って……（笑）。「いやあ、そんなことは……」「藤山寛美さんは、それをもうズッと……」「いや、だけど寛ちゃんと俺とは違うし……」、劇場は「なんとかしてくれ」。とどのつまりおやりになってましたよ。「どうも、本日は…」って、ヘッへへへ……！
廣田　その前に新歌舞伎座でね……。
のり平　そうなんだよ。びっくりしたねえ。あの、何にもしてないのに、稽古もしてないのに、（ミヤコ）蝶々さんが出て来て、いきなり花道に出て来て挨拶を始めちゃってね。長いんだよ、それがねえ（笑）。あんなことすんのかなあって思ったもん。

廣田　あれ、三、四年、新歌舞伎座へ出てましたから。
山川　まあね、観客にサービスするという気持ちは、のり平さんも十分持ってらっしゃいますけど……のり平さんはさり気なくしようとするし。関西はやっぱり目に見えるように、形に見えるようにすると、サービスを。その違いかなあと思うんですよね。
のり平　あのね、役になってて、今度、この役を取って素になるってことが出来ないですよ、ぼくは。関西の人は平気ね。平気っていっちゃヘンだけども……（笑）。
志ん朝　その代わりすぐにパッと戻るんですね（笑）。とってもなんだか、くすぐったいとこがある。だからよく先生が「遠くのほうから、朝早ァくに来るんだから、ちゃんと芝居やれよ」という……だからサービスは「ちゃんと芝居をやれよ」というのが先生の。直に「いやあ……」（愛想よくお辞儀する）って、こういうサービスじゃないんですよね。それをいきなり注文されたもんだから、七三のところで弱って、何言ってんだか分かんなかった（笑）。しどろもどろになるっていうかね、照れくさいというかね、ヘッヘヘヘヘ……！
（『山川静夫の〝華麗なる招待席〟』）

市村正親さんは、舞台芸術学院での修行時代、親しくなった西村晃さんの付き人見習いを経験したそうです。そして——。

そのうちに（筆者註：西村さんから）「卒業した後はどうするんだ？」と進路までご心配いただいて、「まだ何も決めていないんです」と申し上げると、「だったら今度、三木のり平ちゃんと芝居をするんだけど、また手伝ってくれないか」と頼まれたんです。これが『文七元結』をベースにした『めおと太鼓』という芝居で、約1カ月間の名古屋公演（1970年4月／名鉄ホール）。主演は長兵衛役の三木のり平さん、女房おかねに中村メイコさん、娘お久に十朱幸代さん。文七役は古今亭志ん朝さんで、長屋に住む浪人の役が西村さんだった。

舞台俳優の付き人をやるということは、この名優達の舞台を袖から1カ月間、見れるということ。役者志望の僕に、西村さんが本物の舞台、生の演技を見せて下さったんですね。特に目の前で繰り広げられた三木のり平さんと志ん朝さんの「大川端」のやり取りは、他に比べようがないくらいの貴重な財産になった。この経験がのちに、市村座での一人芝居『文七元結』につながるわけです。

僕の脳裏には、いまだにあの時の残像が焼きついています。

『めおと太鼓』は、ちょっとだけ芝居に出してもらったりしたこともあり、本格的に舞台に関わった最初の仕事でした。この公演中に西村さんから、「よかったら、私が面倒を見るから、しばらく付き人をやらないか」と誘っていただき、「はい、お願いします」と二つ返事でお引き受けしたのです。

そして舞芸卒業後、3年間の付き人生活が始まりました。

（『役者ほど素敵な商売はない』新潮社）

『めおと囃子』

昭和四七（一九七二）年二月一日―二七日、明治座、三木のり平二月奮闘公演『めおと囃子』（作＝小野田勇、演出＝三木のり平）**同時上演＝『恋文飯店』**（作＝小野田勇、演出＝早野寿郎）。

物語――本所べらぼう長屋に住む大工の勝五郎（三木のり平）は、普段は大人しい腕の立つ職人だが、酒が入ると人格が変わってしまう。弟弟子の長次（古今亭志ん朝）と梯子酒、彼の介抱でやってきた向柳原の土手で腰元風の娘に斬りかかる黒装束の男に遭遇する。酒が入って勢いのついている勝五郎は飛び出してゆき、侍たちを追い払う。助けた娘は赤井御門守の腰元お千代（光本幸子）という美しい娘。その言葉遣いの丁寧さも念入り。不思議な縁が巡って、勝五郎と千代は夫婦となる。この二人に、木曽屋の旦那幸兵衛（西村晃）にその息子徳三郎（松山英太郎）、女師匠とよ春姐さん（鳳八千代）、浪人の島田重左衛門（中川秀夫）に娘のお美乃（葉山葉子）と江戸の庶民の泣き笑いの物語。

明治座での「三木のり平公演」は、この公演から定例化されるようになりました。落語シリーズ三作目ということになります。うちのお父さんも小野田先生もとりわけお気に入りの作品と話していました。

小野田先生は、初演のパンフレットに「冗言《ぐだら》　冗語《ぐだら》」として、作劇について書かれています。

「「めおと囃子」はじめの予定では「芝浜」を骨子にする筈が打ち合せをしているうちに、だん〳〵慾ばって来て（子は鎹）（富久）をつきまぜることになり、それで話を組みはじめたのだが、どうもいけない。ひっかかる一点がある。財布をひろったのは夢だと、亭主を三年もの間だまし続けて立ち直らせる女房が、下町育ち長屋暮らしにしては、あまりに小賢しげで、ぼくには好きになれないのだ。そのあたりをなんとか自然な話にならないかと思いあぐねたあげく、ヒョイとこの女房を（たらちね）の馬鹿〳〵しいほど行儀のいい女にしてみたらと思いついた。大名奉公の御殿女中にでもすれば、その物堅さと亭主をだます小賢しさもうなづけようし、多少はいわゆる教育ママ、マイホーム女房の一面にもつながって今日的じゃないかと思ったのだがどうだろう……。と云って、ぼくはフェミニストの甘ちゃんだから決して女を厭な奴には描かない。大方の男がこうありたいと願ういい女房にしてあるから、乞う御安心」

お芝居自体には、落語の『芝浜』に『子別れ』『たらちね』が入って、あと『火事息子』も入って、江戸の庶民を描いた作品です。本所べらぼう長屋ですね。

初演は女房の千代役を光本幸子さんが演りました。再演（昭和五五［一九八〇］年一二月二日―二六日、明治座）では、京塚昌子さんでしたね。つまり『たらちね』の女性ですね。京塚さんは、新派の人で花柳章太郎さんの影響が濃かったかな。お盆の持ち方、衣装や座り方とか影響を受けたと思いますよ。『めおと囃子』でも見事でしたね。新派の女優さんは初代水谷八重子、市川翠扇さんを始め、とてもキチッとしたいいお芝居をなさいますよね。京塚さんが出演する時は必ず上田茂太郎さんという新派の女形の方が役者兼付き人で何か一役やる。『めおと囃子』の再演では、小言幸兵衛役の西村晃さんの親戚の天満屋おかんを演りました。落語の『富久』みたいな話で火事見舞いに駆けつけたのり平が酒癖が悪いと知らず「火事を免れたお祝いだから」と酒を勧める。これが絶品で、遣り手婆ァとか汚れた芸者なんかがとても良かった。

冒頭は夜更けの柳原土手で試し斬りをしようと毎夜待ち受ける二人組の侍に奥女中のお千代が襲われるんですね。「無礼もの。無礼をすると許しませんぞ」。そこに花道から酔っぱらった、のり平と志ん朝さんが一緒に出て来る。「今夜の俺はついてんだよな。もう一回博打場行って、パアーッといこうじゃないか」「パーッたって、ピィーッたって。ホントにしょうがねえな。兄貴は酒が入ると変わっちまうんだから、しっかりしとくれよ」とか言ってると、向うの方で「無礼者！」……。「おッ、なんだ?」「辻斬りだよ」「辻斬り? 面白い。見に行こう」「よしなよ」って見に行っちゃって、それで酔っぱらって怖いものがないから助けちゃう。それで見込まれて、「こういう人のところへお嫁に行きたい」って、そのたらちねの千代が長屋へ来ちゃうわけですよ。

祝言は、本所べらぼう長屋の勝五郎宅で行われる。金屏風の前に、棟梁と西村晃さんの幸兵衛の間に、紋付袴姿の勝五郎と花嫁姿の千代が座ってる。

千代 あ〜ら、わが君……。

勝五郎 キミちゃん、呼んでるよォ〜! キミちゃん、いないの?

幸兵衛 (白扇で床を叩く)お前のことを呼んでいらっしゃる。

勝五郎 私がわが君ですか? へえ〜。

千代 不束者にそうらえども、ももとせの契り、あやにかしこく、幾久しゅうお導き賜りまするよう希い上げ奉りまする。

勝五郎 東西、東西〜ィ! このところ……。

幸兵衛 (白扇で床を叩く)花嫁があんなに綺麗に御挨拶なさってる。花婿のお前も一言なんか言いなさい!

勝五郎 そんな難しいこと、あたしには言えませんよ。あんまりビックリしたんで、嫁さんの名前忘れた。名前、なんてんですか?

上田茂太郎

千代　自らのことの姓名を問いたもうや？
勝五郎　女のクセに清兵衛さんてえの？
千代　わが君が自らの名を問いたもうや？
勝五郎　ええ、水からでも、お湯からでも結構です。名前を一つお願いします。
千代　自らことの姓名は、父は元京都の産にして、姓は安藤、名は慶三、字を五光。母は千代《ちよ》女《じょ》と申せしが、わが母三十三歳の折、ある夜丹頂の鶴を夢見て妾《わらわ》を孕めるが故に、垂乳根の胎内を出でしときは鶴女《つるじょ》と申せしが、成長して後これを改め、千代女と申し侍るなり……。
勝五郎　長え名前だな。そんなの一回じゃ覚えきれませんよ。
幸兵衛　何を言ってんだ！　今のはな、姓名についての由来というものをズッとご説明になった。千代女と言われる。まあ、分かりやすく言えばだな、お千代ちゃん……。
勝五郎　ああ、お千代ちゃんでいいんですか。そんなら訳はねえけど、さっきのあれ一人前の名前かと思って、嬶ァ呼ぶのにいちいちあれやってたんじゃ大変だと思って、ビックリした。

長屋はお馴染みの隣との境に壁があって、間に穴が空いて風呂敷を被せてあって出入りが出来るようになっている。初演の時は、志ん朝さんは大工。再演の時は若旦那の役を演ってました。初演は、松山英太郎さんが徳三郎の若旦那ですね。
酒癖の悪い勝五郎は、幸兵衛宅をしくじり、その息子の徳三郎も勘当の身の上。幸兵衛の木曽屋が火事に見舞われ、勝五郎は、徳三郎を引き連れて火事場の手伝いに行き、出入りを許される。風向きが変わり、火事から免れた祝いにと無理やりに飲まされた酒に勝五郎は酔い、大暴れ――。

幸兵衛　待てえ！　せっかく出入り差し止めを許してやったのに、てめえといい、徳三郎といい、始末に負えねえな。
勝五郎　その徳三郎は、俺が連れて来てやったんだ！
幸兵衛　ああ、余計なもんを連れて来やがって。あいつはな、私は改めて未来永劫に勘当だ！
勝五郎　何抜かしやがんでえ、コンチクショウ！（と、手尺で殴りつけ）
幸兵衛　あ痛ァ〜ッ！

勝五郎は帰り道「夜の町」で、五〇両入った財布を拾い、べらぼう長屋の住民を連れて吉原三浦屋で散在する。翌朝、酔いが醒めた勝五郎にお千代は「財布を拾ったのは夢だ」という。二二両二分の借金。勝五郎は「おれは出て行くぜ　お千代　かんべんしておくれ　勝五郎」との書置きを残して姿をくらます。

七年後、「勝五郎は上方で修業して大工としての腕を上げているので戻してやりたい」と大工の棟梁が木曽屋幸兵衛に話している。「深川木場」に、旅姿の勝五郎が姿を見せ、子どもたちにいじめられている亀太郎を助ける。残った子どもを迎えに来た親に「角乗りがみたい」という亀太郎一人がその場に残される。積まれた材木の陰から姿を見せる勝五郎。木場にしゃがんでいる亀太郎に声をかける——。

勝五郎　おい、亀ちゃん！

亀太郎　えッ！
勝五郎　おめえ、亀太郎って言うんじゃねえのかい？
亀太郎　そうだよ。おいら亀太郎って言うんだよ。どうして知ってんだい、おじさん？
勝五郎　いやあ、おめえ、亀みてえな顔してるもん。（木場に並んで座る）
亀太郎　そうかなあ？
勝五郎　おい、もういっぺん済まねえけど、ちょいと立ってみてくんねえ。
亀太郎　こうかい？（立ち上がる）
勝五郎　うん……（しみじみと亀五郎を眺め）随分、大きくなりやがったなあ。（と、立ち上がり）
亀太郎　おじさん、知ってんのかい、おいらのまだガキの時分を？
勝五郎　なにを言ってやがんだい（笑）、おめえ、今でもガキじゃねえかよお。
亀太郎　違うよ。もう一人前だい！　だからクソ食らえだ！
勝五郎　何をいってんだい。口が汚ねえな、おめえ……おう、おめえのおっかさん、お千代さんて言やしねえかい？
亀太郎　ああ、いやに詳しいんだね、おじさん。
勝五郎　それでよ、おめえのおっかさん、あれだろ。おめえとはまるで反対で凄く丁寧な口をきくだろ？
亀太郎　チェッ！　当たらねえやい、普通だい。どっちかと言うと、ぞんざいな方かな。
勝五郎　ヘンだなあ。
亀太郎　うちは職人だから、丁寧な口をきくと叱られらい。

勝五郎　おとっつあんにか？
亀太郎　おっかさんにだい。
勝五郎　じゃあ、おめえのおっかさんと暮らしてるおとっつあんてえのは、どんな人だい？
亀太郎　いねえやい、そんなもん……長《なげ》え、長え旅に出てて（しゃがむ）、いつけえってくるか分かんねえんだってさ。
勝五郎　じゃあ、まだ一人でいるのか。
亀太郎　分からねえ、おじさんだな。おいら一人じゃねえ。おっかさんと二人だよ。
勝五郎　ああ、そうか、そうか……おじさん、頭悪いなあ。（と、頭巾を取り）
亀太郎　おいらのおとっつあん、もう死んじまったんだ、きっと……。
勝五郎　死んでなんかいやしねえやな、おまえ。ようよう、生きてるよ。きっとどこかで生きてるよ。
亀太郎　そしたら、ダメなオヤジだなあ。
勝五郎　ダメなオヤジだなあ。
亀太郎　おいら、子どもだからいいけど（立ち上がり）、何もおじさんが言うことないだろう？
勝五郎　おお、そうか、そいつは悪かった。あッ、亀ちゃん、も一つ訊きてえことがあんだけどなあ。
亀太郎　何だい？
勝五郎　おめえのおっかさんと仲良くしてるおじさんてえのはいるかい？
亀太郎　ああ、いるよ。

勝五郎　そうかい。いるかい。
亀太郎　たんといらあ。お隣のおじさんだろ？
勝五郎　おお、長次さんのこったなあ。
亀太郎　ええっと、棟梁のおじさんに、小言の爺さん。それから按摩のおじさん。
勝五郎　いや、そんなおじさんたちじゃねえんだよ。もっと特別に仲良くしてるようなおじさん、夜になるとソオッと来るおじさんいねえか？
亀太郎　泥棒かい？
勝五郎　泥棒じゃないよ！
亀太郎　おじさん、おいらもう帰らあ。（と、走り出す）
勝五郎　おうおう、おう、ちょっと亀ちゃん、待ってくれよ。もう少しおじさんと話相手になってくれ！　おじさんとつき合ってくれよ。そうだ、おめえ、さっき角乗りが見てえって言ったな。角乗りを見せてやろうじゃねえか。（と、上着を脱ぎ）
亀太郎　おじさん、川並かい？
勝五郎　川並じゃねえけれどな。おじさんだって、おめえぐらいの時分からこの辺で遊んでたんだ。川並のおじさんの角乗りを見てたんだ。だから、見よう見まねで、あんまり上手かねえけどさ、少しぐらいなら出来るんだよ。やってやろうじゃねえか。
亀太郎　ああ、早く見しとくれよ。
勝五郎　ああ、見せてやるよ。その代わりな、（上着を丁寧に畳み）これはおめえ真似しちゃいけねえよ。あぶねえんだからな。大きくなってからならいいけど……ああ、そういえば、おめえ、鰻好きかい？
亀太郎　うん！　ズゥ——ッと前にいっぺん食べたことがある。おつゆのついたご飯がとっても美味しかったことを覚えてる。
勝五郎　……ズッとめえにいっぺんきりかい？
亀太郎　うん、うちは貧乏だから、贅沢は出来ねえんだってさ。
勝五郎　よし！　それじゃあな、こうしようじゃねえかよ。おじさん今角乗り見せてやるから、晩飯つき合いねえ。鰻奢ってやろうじゃねえか。
亀太郎　ダメだよ。
勝五郎　えッ？

『めおと囃子』角乗りのシーン

亀太郎　うちに断らないで他所で飯なんか食ったらおっかさんに叱られちまうよ。
勝五郎　そうか。そいつは悪かったな。そいじゃ、こうしようよ、明日の昼飯ならいいだろう？おっかさんに断って出て来い、なあ。ほれ、あそこに〝う〟という字が、こんなに長あく書いてあるだろ？　あらあ「うの字」という鰻屋さんだ。ああ、おじさんな、明日のお昼にあそこで待ってるからよ。おめえ、おっかさんに断って出て来いよ。その代わりおじさんにご馳走になるなんて言っちゃあいけねえよ。う〜〜ん、あッ、棟梁のおじさんにご馳走になるとそう言って出て来なよ。分かったな。よ〜し！

亀太郎 おじさん、余計な口上が長げえなあ。早く見せてくれよ。

勝五郎 ああ、見せてやるぞ。よく見てろよ、角乗りなあ。（手ぬぐいで鉢巻をし）そんなに角乗りが好きなのか。（右袖を肩脱ぎにし）よ〜し！（拾った手鉤棒でトンと地を叩いて）それじゃ、おじさんなあ、明日のお昼にあの鰻屋で待ってるぜ！

亀太郎 うん！

勝五郎 じゃあ、一緒に鰻を食おうな。

亀太郎 うん！

勝五郎 きっとだぜ！（手鉤棒で川に浮かぶ丸太を寄せ）

亀太郎 うん！

勝五郎 よし、よく見てろよ。いいか……。

浮いた丸太に飛び乗りつつ、「ほうら、どっこい……どっこい……どっこい……どっこい！」と、足で丸太を回してゆく――。

亀太郎 おじさん、割かし格好いいじゃねえか。

あの亀太郎は、こまっしゃくれた悪達者な子役を嫌うのり平のお気に入りで、初演からずっと同じ子役が亀太郎を演じてました。セリフが不明瞭なのが難ではありましたがそのまま演らせていました。

落語の『富久』『火事息子』から『芝浜』、『子は鎹』につながって、落語と同じように鰻屋で夫婦の再会となります。

『めおと囃子』は何度も再演されました。名鉄ホールでもやったし、九州でもやったし、どこへ行っても喜ばれる芝居であるのと、セットの数が比較的少ないので、旅を廻るにはいいんですね。大村崑さんが徳三郎、若旦那を演ったこともありました。

片岡秀太郎さんが高田美和さんとご夫婦だった頃に『めおと囃子』を九州に持って行くとき、千代の役を高田美和さんが演って、若旦那の役を秀太郎さんが演りました。旅だとご夫婦だからホテルの部屋も一緒だし、便利なんですね。秀太郎さんの芝居は、やっぱりさすがだなあと思いました。好きな人にはたまんない役者。若旦那をやってもいいんですよ。玄人好みの役者ですね。少し意地の悪いところを上手く出したりすると、とてもいいんですね。ちょっとクセのある役者さんで退廃美ていうものを持っていらっしゃる。これは上方の和事特有のものなんですかね。関西ご出身の森繁さんも時々ね、そういう初代中村鴈治郎ラインみたいなお芝居をやりますね。

一連ののり平の落語シリーズについて、山川静夫さん、のり平、志ん朝さん、明治座の廣田一さんが座談で話しておられます。

山川　志ん朝さんに伺いたいのは落語と芝居ということで……のり平さんの芝居には随分落語が入ってますよね。困るのは古典落語をパロディ化する場合に、古典落語を知らなきゃ困るわけですよね、これが……。
志ん朝　ただね、ご覧になって頂ければよく分かりますけれど、まったくパロディということは抜きにして頂いて十分に楽しめるということです。だから落語を知っていればそれ以上に「あッ、あすこのあの噺だな」「あの噺のこの部分だな」というのが分かりますけれど、例えば、なんか有名な『勧進帳』なら『勧進帳』の、それをパロディ化したっていう、その面白さっていうのがありますけど……ところが今までズッとやって来た一連のシリーズというのは、そうでなくて、噺一つがドラマですから、ほかの噺と上手い具合につなげて、尚且つ一本テーマが通ってて、ということですから、パロディという意味では、あんまり気にならないと思うんですよ。今まで先生がやって来た「落語シリーズ」はね。

のり平　だから黙ってやってると、「う〜ん、あれを盗んでるなあ」とかパロディと思わずに……そう思われちゃ困るんだ。ホントはパロディのつもりで承知でやってるんだから。

志ん朝　だから、サブタイトルには必ず「落語シリーズ」という風に書いて……。

廣田　でも、全然古典落語を知らない人がご覧になれば、まあ正しい芝居というのかな、新しいストーリーで受け入れられるように上手く……やっぱりそれは小野田先生とのり平先生のお力かも分かんないけどもね。

（『山川静夫の〝華麗なる招待席〟』）

『めおと囃子』ののり平のエピソードについては、志ん朝さんと寺田農さんの対談でも触れておられます。

寺田　あれは、『めおと囃子《ばやし》』だったかな。大工をやらしてもらったんだけど28日間の興行で、初日から27日間、オヤジから何のダメ出しも出て来ないんです。そうなると、まあこっちもそれなりにいいのかなって思いますよね。

志ん朝　そりゃそうだ。いけなければすぐにでも、口にする人だから。農がそう思うのも無理はないね。

寺田　そしたら千秋楽の前の晩に飲みに行って、また夜中の2時頃になってもうそろそろ帰ろうかっていう時に、「お前ね、今月のあの芝居だけどね、あれでいいのかい?」って聞くんです。

志ん朝　怖いね、どうも。

寺田　いいのかいって言われても、ねえ(笑)。「先生が何も言わないから……」とか何とか、ごまかそうとしたら、大変ですよ、それから。一幕一場から、「あそこはこうだろ。ところがお前はこうやってる」って、ずーっとやって、数えたら9つもあった。こっちも酔ってましたからね、「わかりました。明日、それでやります」ってことで別れた。ところが寝ちゃうと忘れちゃうんですね。朝起きて、チェックしてみたら7つだけは覚えていたけど、あとのふたつがどうしても思い浮かばない。えい、いいや、千秋楽だしっていうんで、覚えていた7ヵ所だけ直してやって、お疲れ様で、また例によって飲みました。そしたら、オヤジが「あそこはあれでいいんだ。後は、慣れていけばいいんだ」とか、僕が直したところを褒めてくれたんですけど突然、「あとふたつ、どうした?」。

志ん朝　オヤジらしいね。

寺田　それで、酔ったオヤジが「明日からまたやるんだよ。そこんところを気をつけて」って言うから、千秋楽の夜でしょ。思わず、「えっ、今日で終わりじゃない」って言ったら、烈火のごとく怒りましたね。「お前は今日で役者をやめるのかい。そうじゃないでしょ。それを明日から生かせって言うんですよ」って。

(「さよなら〝ダメだしオヤジ〟のり平さん」)

『めおと泥坊』

昭和四九（一九七四）年七月三日―二八日、明治座、三木のり平七月特別公演『めおと泥坊』（作＝小野田勇、演出＝三木のり平）同時上演＝『浅草馬道通り』（作・演出＝土橋成男）。

物語――ドジな泥棒の五郎吉（三木のり平）が、女師匠よし春――実は女泥棒（水谷良重）の家に押し入り、逆に色仕掛けでまるめこまれてその手下になる。切腹の真似をして金を貰う浪人・荒木又十郎（田崎潤）、野だいこの一八（古今亭志ん朝）、遊び人の与三郎（天野新士）、又十郎の妹で奥女中・滝川（波乃久里子）が登場して、落語の『転宅』『野だいこ』『酢豆腐』を綴りながら、五郎吉とよし春の助けた子どもが実は大名家の御落胤であったという展開に。〃めおと〃シリーズ第三弾、落語シリーズとしても四作目にあたる。

『めおと泥坊』は、『転宅』みたいな作品ですね。

小野田先生が公演パンフレットに「作者口上」として次のように書いておられます。「明治座で上演しております「めおともの」。今回の「めおと泥坊」は「めおと太鼓」（文七元結）「めおと囃子」（芝浜、子は鎹）につゞく第三作ってェ訳で、ネタは間抜けな泥坊が女師匠の家へ押し入って、色仕掛けで丸めこまれる「転宅」を芯に、「睨み返し」の浪人者や「野だいこ」の幇間一八、その上慾張って歌舞伎の与三郎めいた若旦那くづれのお兄哥さんやら「子連れ狼」の大五郎まがいの子供までからませて、チョッピリお涙もあろうてえ滑稽芝居でございます。いつもは、明治座で書き下して、あと、地方公演という順なんですが、こんどは珍しくこの二月に名古屋で初演、磨きあげたものを持って参った……と、カッコよく申したいところですが、（中略）お役者衆の顔ぶれも変わりましたんで、あれこれ大巾に書き直しまして、殆ど初演同様」

演劇評論家の藤田洋さんが『めおと泥坊』について以下のように記されていますね。

「女師匠の稽古所へ忍び込むところが、いちばん受けた。苦労して天窓から忍び込み、勝手口に回ると外に置いてきた子が立っている。勝手口には中からカギがかけていなかったのだ。忍びこんだ女師匠が、実は女泥棒で、かえってこき使われる身になる。一人前の泥棒に仕込もうと、忍び足の特訓。せんべいを並べてその上を歩き、割って失敗すると物差しでひっぱたかれる。その恰好のおかしいこと」（『明治座評判記』）。

のちに、五木ひろしさんが大阪の新歌舞伎座で『鼠小僧ふたり　おれは恋泥坊』（昭和五九［一九八四］年五月）として演りました。水谷良重さんが演った役は、朝丘雪路さんです。ぼくは五木さんの公演の方がよく覚えています。この時はのり平は演出だけでした。題名だけ変えましてね。志ん朝さんやチャンバラトリオも出ました。チャントリのリーダーが儲け役でした。朝丘さんの演った小唄の師匠の弟子が沢田雅美さん。この新歌舞伎座の舞台はテレビでも放送されました。そのビデオを見たことがありますが良い舞台になっていました。なんとなく小野田＝のり平芝居って分かるから面白い、のり平は五木さんの喜劇をたくさん演出しました。

明治座公演は、この興行から定期公演になってゆきました。年二回の時もありました。「のり平一座」は、座員や周りの脇役の人とかは決まっているんですが、ヒロインやなんかは決まっていませんでした。特に志ん朝さんや水谷良重さんは、ほぼ座員のように、西村晃さんもよくお出になっていました。のり平の芝居は楽屋も舞台も楽しいというので、皆さん、だいたい二つ返事で引き受けてくださって。のり平は、劇団員には気難しくはなかったです。ただ、うちのお父さんの場合は初日に楽屋へ「おはようございます」と挨拶に来るのはなしというのがありました。「朝から眠いのに「おはよう」とかは、ご遠慮させて頂きます。うちの劇団はそういうのなしね。舞台か、どっかで会えばいいし、それは止めよう」。その代わり毎晩、終演後に楽屋で飲むんですよ。なんで明治座にいちばん出てたかって言いますと、明治座だと毎晩泊まれるわけです。酒盛りで役者も大道具さんも衣装さんも、その時都合のいい人が来て、時には見に来たお客さんまでもが来て、皆で宴会が始まるんです。それを楽しみでやってました。朝の三時ぐらいまで飲んで、そのまんま寝ちゃいます。朝起きて朝湯ってのものり平の日課でしたが、これは残った酒を抜くのと目を覚ますっていう意味もあったんでしょうね。明治座の楽屋は専用の風呂場があり、開演一〇分前に起きて、風呂を浴びて、化粧衣装、そして楽屋から奈落を通って花道まで一分、さらには舞台に出ているうちに目が覚めて、酒も覚めるという流れですね。昼の部が終わったら鍵をかけて夜の部開演の一〇分前まで寝るわけです。劇団員も皆二日酔いですよ。

そのあたりのお話を、山川静夫さんが、志ん朝さん、明治座の廣田一さんとも話しています。

山川　お二人だったらね、少しはのり平さんの困った部分とか、そういう部分もあるんじゃないかと思ってね（笑）。

志ん朝　（笑）そりゃあもう廣田さんがね、もう具合が悪くなるぐらい困らされてると思いますよ。

山川　そうなんですか。

志ん朝　ちょっと形の変わったね、わがままな方なんですよ。例えば廣田さんなんかが、一生懸命こう大事に大事にね、こう丁重にもて扱うとね、これがまた気に入らないんですよ。「俺はそんな役者じゃねえんだ」てなことを言う、ね。「それじゃ、そうですか」って放っとくと、「なんだよう、ちっとも構ってくんねえのか」なんて……これがまあ、我々にもあるんです。「何もなんだよ、何も無理してつき合ってくれなくたって、いいんだよ。ええッ？　嫌なんだったらドンドン帰ったっていいんだから」って言うから、「あッ、そうですか」って帰ろうとしたら、「帰んのかあ！」……(笑)。難しい……で、普通ね、楽屋の常識として、芝居が始まると、もちろん初日は当然そうなんですけども、毎日一応座長の部屋に「おはようございます！」「よろしくお願いします」ってみんな、挨拶に行くんですよ。そうすっと「あッ、よろしく」とか「ご苦労さん」とかって、まあ返事が返って来て、偉い人の方のところへ若い連中はみんな行くわけですよ。あたくしなんかもこう方々を廻るんですがね。のり平オヤジに限っては「朝、挨拶にくるな」てんですよ。みんなや、初めて出る人なんか、「おい、ここの座長は楽だね」「楽じゃないいんだよ。朝、挨拶に来いって言う方がい

『めおと泥坊』三木のり平、水谷良重

いんですよ」「そう?」「ええ、今に分かりますから……」って(笑)。どういうことかって言うと、「朝、来なくていい」と、「終わったら必ず夜来い」。「おう……上がれ、上がれ……おう、ちょっと寄って寄って……いいから」って。これが……。だから終わって、お湯から出て、それで一杯カッとやった時に人が揃ってないと、「なんだよ。誰もいねえのか。ちょっと他探してこい。まだ帰ってないのがいるんじゃないか」てんで、周りにいる人たちは方々行って、「すいませんっけど、ちょっと……」「いやあ、あの今日は用があるんで……」「いやあ、弱っちゃったなあ……」。だから、顔を出せば、「おう、おいおい上がって上がって……」って言われちゃうから、みんなあの……。

廣田　その時分、そうね。

山川　まるで『寝床』ですね、落語の(笑)。

志ん朝　挨拶に行かないんですよ、夜は。ところが、「それはダメだ。朝は来るな。うるさい。支度してる時に、いちいちおはようだなんだかんだって言われて、そのたんびにね、「ああ」ってこう(挨拶を)やんなきゃいけないから。朝は来るな。夜来い」ってのが、これがほかの座長と違うんですよ。

廣田　まあいずれにせよ、お泊りですから。

志ん朝　そうなんですよ。

山川　お泊りですか。

廣田　お泊り。もう楽屋で宿泊ですから……。

志ん朝　東京ですからね。他から来ててですね、例えば大阪の方からお見えになってて、それでホテルよりここの方がいいとおっしゃって。例えば亡くなった藤山寛美さんなんかね、よくあの(新橋)演舞場の楽屋でお泊りになってたことがあったようですけど、のり平先生は家は東京なんですから。四谷ですから、帰って来られるんですよ。だけどそこへ泊るんですよ。

山川　ぼくは廣田さんね、明け方までのり平さんと飲んで、それであたし明治座へ送って行ったことがある。

志ん朝　楽屋でお休みになった方が、なんか安心らしいです。

山川　安心ですね。遅刻することはないですからね。

廣田　一回あったんですけどね。

山川　一回あった?(笑)

廣田　それも用心されたんでしょうけどもね。

志ん朝　それで楽屋へ泊る。

(『山川静夫の〝華麗なる招待席〟』)

『おれは天一坊』

昭和五〇(一九七五)年七月二日―二八日、明治座、三木のり平七月奮闘公演、通し狂言『おれは天一坊』(作=小野田勇、演出=三木のり平)

物語――頃は八代将軍徳川吉宗公の治世。釣鐘建立に集めた浄財を、因業な和尚にまきあげられるよりはと、村祭りの境内のインチキ博奕でふやす小才の利いた法沢(三木のり平)は、誤って殺した老婆の亡霊におびえるような気の小さなドジな男だ。天下を狙う悪のグループの天忠(金田龍之介)、

赤川大膳（内田良平）**、山内伊賀亮**（寺田農）**に、なぜか藤井左京――実は七化けお京**（水谷良重）**が加わった四人は法沢を天一坊に仕立て上げる。**

「作者口上」として公演パンフレットに小野田先生が書いていています。

「これまでは「めおと太鼓」「めおと囃子」「めおと泥坊」と、落語シリーズを続けて来ましたが、今回は、のり平君の希望で講談ネタに趣向を変え「天一坊」をとりあげることとなりました。

将軍御落胤になりすまして天下を狙ったこの大悪党は、御存じのように、舞台に映画にテレビに再三登場しました、いわば手垢のついた材料ですが「のり平の天一坊」と一口に云ってみただけで、なにやら新鮮で面白そうな気が致します。（中略）

そこで――まづ、喜劇の主人公は真の悪人であってはならないという鉄則を踏まえて天一坊を愛嬌あるおっちょこちょいの小悪党とし、当人はそんな大それた気はなかったのに、いつの間にか思わぬ大陰謀の主犯にまつり上げられる喜劇的でしかも悲劇的な人物にしてみました。そして、これは又、歌舞伎の狂言としても知られて居りますので、そのパロディを狙って、だんまりやら六法やらの手法をとりいれたり、通し狂言の中幕としての所作事の一幕をつくって、楽しい芝居の遊びを盛り込んでみました」

『おれは天一坊』は、寺田農さんにとって、とても印象深い舞台だと思います。NHKのテレビドラマ『男は度胸』（昭和四五［一九七〇］年一〇月九日―四六年一〇月一日）の時に、天一坊の役を志垣太郎さんが演ったんです。そこについている伊賀亮っていうニヒルな役を寺田農さんが演ってた。ぼくもちょろっとそのドラマに出ました。のり平が床屋で、そこの小僧ですね。脚本が小野田先生でしたからね。小野田先生の台本は、なにしろセリフがしゃべりやすい。朝ドラの『おはなはん』も小野田先生の作品です。ホント持ち味が軽いんですよ。『男は度胸』の時も、いろんな登場人物が出て来て絡んでくるのを整理するのがとても上手かったですね。あれが寺尾聰さんのデビュー作です。うちのお父さんは小猿七之助を演ってて、主役の浜畑謙吉さんが徳川吉宗かな。それでその頃の寺田さんは、「もう役者なんか辞めてやる」って思っていて、あまり楽しく演ってなかった。その時に、うちのお父さんに会って、「今度、舞台に出ないか」って誘われたんですね。それで志ん朝さんに相談した。「う～ん、うちのオヤジと農は合う。先生と農はきっと合う」と言って誘ったんですね。

『おれは天一坊』水谷良重、三木のり平、寺田農

寺田農さんがのり平と初めて出会った時の印象を次のようにお話しになっていますね。

「昭和44年だったかな。『大日本スリ集団』っていう東宝の映画で、オヤジの息子をやらせてもらったのが最初です。初日に、撮影所の演技担当の人がわざわざ三木さんのところまで挨拶《あいさつ》に連れて行ってくれましてね。そうしたら、その頃、オヤジは林家正楽ばりの紙切りに凝ってらして、楽屋で一生懸命紙を切って、何かを作ってたんですよ。それで「今度一緒の映画に出させていただきます寺田です。よろしくお願いします」って挨拶したんだけど、紙切りに夢中で、人の顔も見ない。こっちもまだ若かったから、「寺田です。寺田です。寺田です」って3回言ったら、「わかってるよ」って。それでも顔を上げなかった。それが最初です」(「さよなら〝ダメだしオヤジ〟のり平さん」)。

『おれは天一坊』の初演は明治座ですね。寺田農さんにとっては、これが商業演劇初舞台ですから、着物のこともよく分かんない(笑)。舞台の時代劇なんて出たことがないから。でも、悪役の侍だったので、そんなに動きだとか上手じゃなくても出来るんですね。逆に町人やなんかのほうが難しい。侍の格好さえしていれば、動かなくても様になる。それで引き受けた。ところが出てみるとこれが大変な大役でした(笑)。寺田さんがテレビで演った伊賀亮をそのまま持って来て、のり平は天一坊を演ってというプランだったんですね。「とにかく俺が演りながら教えるから」って。例によって小野田先生の台本も出来てこないわけです。台本も出来てないで主役で凌ごうということですね(笑)。小野田先生はいつも遅いんです。『おれは天一坊』の時は、ホント遅かったですね。周りが往生してる。通し狂言ですから(笑)。初めて参加した寺田農さんは、ドキドキしておられたと思いますね。商業演劇の稽古時に皆さんお召しになる浴衣も間に合わせのものを着ておられた。袖は足らない。裾から長い足がはみ出ている。そこでのり平は言いました。

「外人が温泉で浴衣着ているわけじゃないんだから、ねえ、おまいさん、なんとかなんないの?」

寺田さんが、その時の戸惑いを書かれています。

先生は打ち解けないとなかなかヒトの顔をみておしゃべりにはならない。どんなにこっちが丁寧にご挨拶しようが、ただ下を向いてうなずくだけである。なるほどこれが、かのムズカシイという謂《いわ》れなのかと納得するしかない。

ところが、舞台の稽古中ののり平氏はそれまでのムズカシサとはうってかわって大爆笑のなかで稽古は進められる。幹部俳優はもちろん、大勢の若い役者にも演出家でもあるのり平氏が気楽に話しかける。当然のことながら、すべての役者がイキイキと芝居のなかで動きまわっていくことになる。(中略)

なんといっても、本番初日を三日後に控えて、台本がまだ半分もできあがっていない。しかもわたしの役どころというのが、主演ののり平氏をもしのごうかという大役なのである。イキイキどころか、ドキドキをも通り越してほとんどヤケである。

そんななかでも、稽古は台本のできている部分をきめこまやかに、しかも笑いに包まれて進められていく。コイツらの神経は果たしてどうなってるのか……。

「間もなく客入れしますから緞帳を下ろしてください」

それまでの二日間、本番初日まで完全徹夜で稽古をしてきたのだが、非情な劇場側製作者の言葉でラストシーンすなわち「大詰め」は、緞帳の下ろされた舞台でヒソヒソ声で行われることになった。緞帳の向こう側ではすでに入場してきた客の声すら聞こえてくる。なんと三十分後には開演なのである……。

こうして、商業演劇初出演の舞台は幕を開けた。

いきなりドッとした爆笑が客席から沸き起こる。座頭三木のり平の登場である。のり平氏は演出も兼ねているから、ほとんどご自分の役の稽古はできない、常に代役での稽古である。当たり前のことだがセリフを覚える時間などない。もっともこのセリフを覚えないということには、もっと違ったイミがあることに後々気がつくことになるのだが……。

しかし、こんな状況で幕を開けたのにもかかわらず客席からの爆笑の連続はなんなのだろうか。今までわたしのヤッてきたことはなんだったのか……。

プロフェッショナルということは、ホンモノのプロということは、のり平氏のようなヒトをいうのだ……。

わたしの出番は、第二景からであった。そろそろ前の景が終わろうとするころ、舞台の袖にスタンバイをする。観客のどよめきのなか、舞台は暗転となる。わたしの目の前をのり平氏が、次の景の衣装替えのために足早に通り過ぎる。わたしとしては、緊張とかアガルとかももはやなく、開き直るというか、妙にサメていた。

「おまいさん、大丈夫ですよ、ナニ客なんてものはみんなスイカみたいなもんだから、スイカ畑でヤッてると思ぃやナンてこたぁない……」

ハッと気がつくと、先ほど衣装替えのため引っ込んだはずののり平氏が言い忘れたとでもいうように、わたしの耳元でささやくと、再び一目散に楽屋の方に消えていった。

「客はスイカ……」なんと古典的なハゲマシであろう。はるか以前に新劇での初舞台のときにもそんなことを言われたことを思い出した。それを「天下ののり平」ともあろうヒトが、しかもこのクソ忙しい初日の舞台の袖で、わざわざ引き返してきて……このヒトは愛情あふれるヒトなのだ。それともよほどわたしのことが心配だったのだろうか……。

この瞬間、暗がりのなかでわたしは、これから生涯「三木のり平」を師匠としていこうと決めたのである。

(『寺田農《みのり》のみのりのナイ話』淡交社)

寺田さんにのり平は、こう言ったそうです。
「セリフを覚えなきゃイケナイってのは誰かが決めたんですか、そりゃおまいさんはセリフを覚えたほうがヤリやすいんでしょ、あたしはセリフを覚えないほうがヤリやすいんだから……」
のり平劇団の制作については、山川静夫さんが志ん朝さんと明治座の廣田一さんに訊ねておられます。

志ん朝　えー、あのなんて言うんでしょうかね、（のり平先生が座長だと）安心してられるんですよ。で、と言って他の演出家の人だとか、座長が不安かって言うと、そういうことではないんですけど、とにかく例えば小野田先生が割と筆の遅い方で、なかなか台本が出来て来ないという時に、初めて出られた方は「まだ台本が来ないよ。おいどうすんだ、どうすんだ！」と。あたしら慣れてるから「そんなあ、大丈夫ですよ。大丈夫ですよ」っつうて平気なんです。それで一枚ずつぐらい出て来ると、「お～い、ちょっと集まれ！」ってんで、子どもが路地で遊んでるみたいにみんなしゃがみ込んで、舞台の上で。台本をこやって（突き出すように持って）、生原本見ながら、「ここんとこはこういう風に言うの。お前、セリフこういう風に言うの。こういう風にいうの」っつって。「覚えた？　覚えた？　じゃあ、立って演ってみよう！」って、直ぐ出来ちゃう。

廣田　（笑）。まあ、どう言うんかな？　ピッタリしたコンビって言うんかな。だから、台本が遅いのは、困るのは制作が困るんです。ホント毎日、毎日ですね、小野田さんの仕事場へ制作部のものが交代で取りに行くんですけども。だけどオヤジさん自身は全然、「もうこうなるだろう」という予測がついてるし、片方も「少々遅れてものりちゃんなら大丈夫だろう」と……。

志ん朝　そうなんですよ。おおよその演出は出来てますから、「そしたら、そっちから出て来てくれ！」ああだとかこうだとか……そん時にまた棟梁なんかがいるわけです、大道具が。「棟梁、ちょっと悪いけど、そこ。確か入って向こう側、切り抜き出来るよな。役者が逃げられるだけ、穴、出来るよな？」「いやあ」「出来るはずだよ！」。それもちゃんと頭に入ってますから。こういう図面を見て、そうすると「じゃあ、そこから逃がしてくれ！」。そこまでを今、こういう原稿用紙を見ながらやってて。全部、ビビビビビッってやっちゃうン。
山川　それが立体的になってるんですね。
志ん朝　なってるんです。だからこっちは、もう平気でした。
廣田　俳優さんは、皆さん、やっぱりオヤジさんを、のり平さんを信頼していらっしゃる人が多いから、そんなにみんな、あれ（心配）はないんです。
山川　やはりこういう信頼関係が、まあ仲間というかね、全部もうなんでも知っている者同士が、実はこの明治座の芝居を面白くしてたんだということが分かります。
（『山川静夫の〝華麗なる招待席〟』）

『おれは天一坊』は、講釈種とはいいながら、やっぱりいろんな歌舞伎っぽいことを取り入れてました。寺田農さんの他にも金田龍之介さん、内田良平さんていうキャスティングが面白いでしょ。内田さんなんて、普通は時代劇に出ないような人ですよね。寺田さんにしたってそうです。時代劇をやる場合、時代劇を演りなれてる人ばっかり使わないわけです。そうすると化学反応を起こすわけです。つまり、『めおと囃子』でも初演の時に志ん朝さんが演った大工を再演では寺田農さんが、「兄貴、しっかりしとくれよ。しょうがねえな」って演った。志ん朝さんも決して悪くはないんだけど、寺田さんがやると現代の青年みたいな感じが出るんですよね。まあ、その頃はそんなにお上手ではないんだけど、でも、いい感じになりますよね。声もいいですからね。逆に志ん朝さんは時代劇はいいんだけど、現代劇になるとパッとしない。寺田農さんは、実際は不器用なんです。ただ、そういう異質な人をひとり放り込んでおくと場の空気が新鮮になる効果が出るんです。みんなが時代劇専門の役者ばっかりよりもね。でも、初めての舞台稽古の時は、寺田さんはホントにオロオロ、オロオロしてました。やっぱり、「舞台稽古の時に、まだ台本が出来てきてないのに、のり平劇団の人ってどうして、こうも平気なんだろうな」って。のり平が平気でしたからね。「まあ、なんとかなるんだろう」って。寺田さんは、もうパニックになってた(笑)。でも、「寺田は、これでいい」。みんなに、「寺田になんか言うんじゃないよ。俺が全部言うから」って。なんか教えたがる人っているんですよ。ぼくもよく言われたことがありますけど、困るんですよね。それでその人のいいところがなくなっちゃうじゃないですか。だから、毎日、楽しく、新鮮に出来るようにのり平は心掛けていました。終演したら、みんなで飲んで、ああだこうだって、芝居始まってからも改良を重ねていくわけです。芝居が好きなんですよ。舞台が好きなんですよ。

志ん朝さんと寺田さんの対談でも、そのあたりのお話をしています。

寺田　でも、3人でよく飲みましたねえ。楽屋にもよく泊ったしね。

志ん朝　明治座だろ。覚えてますよ。オヤジと飲んでると、とにかく長いからね。一緒に飲んでると、もう帰るのが億劫《おっくう》になっちゃうもんな。これから帰って、車を掴《つか》まえて、乗って、家に帰って、かみさんとああでもない、こうでもないって言い合って、やっと寝たとしても、すぐに起きなければいけないし、起きても、昨夜《ゆうべ》はどうしたの、こう言っただの、そんなこと言ったかい、お前に？　俺が？　それはいけませんねなんて、またかみさんと言い合って、また車掴まえて……（笑）なんて考えると、楽屋に泊まっちゃうかってことで。

寺田　本来は楽屋は泊まるところじゃないんだけど、のり平劇団必携の毛布とか枕とかを持ってきてますから、そのまま3人で川の字になって寝ましたけど、暖房が切れてるんで、寒かったのと、オヤジと師匠の鼾《いびき》がすごいんで、「ああ、帰ればよかった」なんてね……（笑）。

志ん朝　とにかくオヤジの芸談がはじまったら、もう帰れなかった。これはうちの親父の志ん生がそうでしたね。飲むとはじまる。それで、間の悪いヤツがいつも徹底的にやられちゃう。

寺田　徹底的っていうより、逃げ道は用意しておいてくれるんですよ。でもそこへ逃げ込もうとすると、待ち構えていて、「お前、それはこうじゃないのかい？」ってグウの音も出ないほど言われちゃうんですよ。

古今亭志ん朝（左）、寺田農（右）

志ん朝　しかも、当人はものすごく飲んで、ベロベロになって覚えていないだろうと思っていても、翌朝、挨拶に行くと「あそこは昨夜言ったみたいにこうして」なんて言うんだから。覚えてるんだよ、自分が言ったことを、当たり前だけど（笑）。農なんか、芝居の最中にやられてたんじゃないか。

寺田　そうですよ。僕なんか、手取り足取りでしたから。花道から一緒に出て行くでしょ。で、ご自分が芝居をしながら、僕の体を動かして、僕の居場所を教えてくれるんです。それで、目を見ると「わかった？　ここなんだよ」っていう目をしてるんです。まさにプレーイング・マネージャーでしたね。

志ん朝　あたしも言われました。「そこで朝さん、続けてせりふを言っちゃダメなんだよ」ってオヤジが言うから、「どうしてですか？」って言ったら「そこで続けて言うと、間がとれなくなるだろ。お前はいいよ、ワーッと笑いが来て、拍手が来るから。だけど、俺のせりふが聞こえないよ、お客に」って。相手が俺だからいいけど、他の役者だったら失礼になるっていうんです。なるほどって思ったね、あの時は。うるさいけど、いいこと言うんだ。それもわかりやすくね。これがのり平オヤジの真骨頂だね。

（「さよなら〝ダメだしオヤジ〟のり平さん」）

志ん朝さんは、のり平の演出について次のようにも話しています。

アドリブで毎日違うなんていうようなことはみなさんが周りで勝手に思ってるだけで、三木のり平っていう人はそういうことをとっても嫌いました。

そんときによって呼吸がちょっと違ったりとか新しい台詞が入ったりなんてことはあるけども、アドリブでってことは絶対にしません、自分が演出してるから。

若い役者がよく親父に「あ、これ真面目にやるんですか？」「そうだよ、喜劇だから」。

（『ありがとう笑名人（笑芸人叢書）』第一巻、白夜書房）

『おれは天一坊』では、とにかく寺田さんは伊賀亮って悪役。のり平の法沢っていう坊主を天一坊に仕立てるのに、水谷良重さんのお京に金田龍之介さんの天忠と一味になって、だんだん仲間が加わって来る。途中に、これもやっぱりお軽・勘平の道行きみたいな場面があって、この時は、長谷川稀世さんの夕姫、のり平の天一坊の地獄の道行きにしたんですね。黒いところに蝋燭をいっぱい吊って、閻魔大王と鬼四天っていうのが出て来ての、夢の設定です。あとは長谷川稀世さんのお姫様のところで、公家やなんかがいる場所でお茶会をやるんです。それで、「本当に天一坊かどうか見てやろう」と意地悪を公家が言うのをこの夕姫がかばう。それで「初雪やトンビ転んで蛇が鳴く」ってうちのお父さんがまたいろんなことを言って、爆笑の連続にするっていう場面です。幕開きの三幕のお茶会の場。そこに天一坊一行が招かれて、夕姫が「まあ、なんて素敵な人なんだろう」、それで稀世さんとのり平の道行きの一幕がある。稀世さんが美しかった。夢で見ての地獄の道行き。天一坊、実は法沢という小坊主。「どんな嘘でも浄玻璃の鏡に映ればイチコロのウヌが正体知れているのだ」。閻魔大王は大門伍朗という森川信芸能学校出身でアングラでぼくと知り合い、のり平劇団に入った男です。その後、蜷川幸雄の芝居に出るようになり重用されました。地獄で、「〽エンマ、トットッ…エンマ、トットッ…松島ァ〜……」と歌ったり、立ち回りは大門が伴内の型での閻魔大王、それに鬼四天を川島満さん、橋本仙三さん、その他のり平劇団の幹部が演りました。それで鬼四天と黒四天をチャンバラでやっつけて、ふたりで逃げてゆく。

寺田さんには次のような失敗談もありました。チョーさんこと志ん朝さんとのエピソードです。

「ミノリなら、絶対ウチの先生とは合う」

はじめての商業演劇出演という不安に渋っていたわたしを、なにからなにまですべてに面倒を見るからと勇気づけてくれたのもチョーさんであった。そしてその言葉のとおり楽屋から舞台まであらゆることにお世話になる。

初舞台は、有名な「天一坊事件」を扱ったもので、座長のり平が天一坊である。わたしが扮するのは山内伊賀亮という天一坊の黒幕、大ガタキ役。チョーさんは幕府の目付、池田大助役。すなわち敵味方であった。

ある景で、チョーさんを敵の間者と見破ったわたしが、いきなり斬りつけ崖の下に突き落とすという場面があった。刀と槍によるかなりの手数のある殺陣《たて》である。

ところがある日、斬りつけたわたしの刀が手が滑ったのかはるか舞台の奥へ飛んでいってしまった。瞬間なにが起こったのか茫然自失、後から考えれば、武士なのだから大刀がなくても小刀を使えばなんのことはないのだが、この辺が初舞台の悲しさ、なすすべもなくただ素に戻って突っ立っていたのである。

しかしここでびっくりしたのは、わたしだけではなかった。相手役のチョーさんも瞬間なにが起こったのかを把握していない。刀を持たないわたしがただ突っ立っているのである。ここはなんとかしなければ芝居が続いていかない。自分が槍を使ったら勝ってしまう、心優しいチョーさんは、かくなる上はと、手にしていた槍をいきなり放り出してしまったのである。

こうして舞台の上では、なにも武器を持たない二人が睨《にら》み合っているだけという珍妙なことになった。

いつまでも睨み合っているワケにもいかず、チョーさんがいきなりボクシングの構えをし出した。わたしも慌てて構える。時代劇でボクシングである。そうこうするうちにチョーさんが組みついてきた。今度は相撲である。もうこのころには二人ともわれとわが身がおかしくてたまらない。吹き出しながらしがみついているだけである。

「早く、早く、崖から落として…」

笑いとあえぎのなかで苦しそうなチョーさんの小声で、ようやくのこと崖の下に突き落としたのではあった。

この、世にも珍妙な大トチリは後々「のり平劇団」では、いかに役者がとっさの判断が大切であるか、そしてふだんからそうした状況を考えていなければいけないか、それにもまして芝居というモノは、役者同士の助け合いであるという教訓にすらなっているノダ…。

(『寺田農《みのり》のみのりのナイ話』)

志ん朝さんと寺田さんの対談で、のり平の芝居以外の面についても話しています。

志ん朝　のり平オヤジの芝居以外の思い出っていうと何だろうね。

寺田　やっぱりアンパン事件でしょ。何日か前のアンパンのほんのひとかけらの食べ残しを、サランラップに包んで冷蔵庫に入れておいたら、お付きの子が食べちゃって、大モメにモメたことがありましたよね。

志ん朝　オヤジはよく何でも取っておくんだよ。メロン事件っていうのも、あったね。楽屋見舞いで、メロンをいただいたんだよね。誰でも早く食べればいいのにって思うでしょ。「切りましょうか」なんて言っても、「こんなところで食べたってしかたない」とか言って、なかなか食わせないんですよ。ひと月ぐらい置いといたのかな。そしたら、ある日、突然、そのメロンが爆発しちゃった。あまりに古くなったんで、発酵して中にガスがたまったんでしょうね。ボーンと（笑）。そこまで取っておくことはないと思うんですけどね。　　（「さよなら〝ダメだしオヤジ〟のり平さん」）

のり平は、自分から行動を起こして何かやろうと思ってやったことは一つもないんです。「何かやりませんか」って声をかけて頂いて、「じゃあ、なんかやろう」みたいな。全部、成り行きなんですよ。成り行きで舞台美術やるようになって、成り行きで役者やって、ラジオへ出ることになって、売れちゃったみたいなことです。

だけど子どもの頃から芸事は見てたから全部出来ちゃった。ただ、森繁さんに言わせると、「のり平のチャンバラはメンコの絵みたいだ」（笑）。でも、チャンバラトリオのリーダーが言ってました。「おたくのお父さんは、立ち回りは下手や。そやけど殺陣の帳尻だけはきっちりと合わせる」って（笑）。でも、歌舞伎の方も新派の方、五木ひろしさんや新劇の方々も皆さん、うちのお父さんの芝居を見に来てくださいましたし、出てもくださいました。

『喜劇四谷怪談』

昭和五一（一九七六）年七月三日―二九日、明治座、三木のり平七月奮闘公演、京塚昌子参加『喜劇四谷怪談』（作＝小野田勇、演出＝三木のり平）。

物語――時は元禄――殿中松の間。高師直（西村晃）の度重なる意地悪に塩冶判官（三木のり平）は、師直に斬りかかる。「仮名手本忠臣蔵」の始まりである。その頃、塩冶判官の領地赤穂では、塩冶家の重臣四谷左門（市川中之助）に二人の娘がいた。姉は丸々と肥えたジャンボ娘・お岩（京塚昌子）。妹は姿形がよいお袖（水谷良重）。お岩が三〇石の小身者でおっちょこちょいの慌て者、腕も度胸も金もない民谷伊右衛門に一目ぼれ、親に夫婦にしてくれとせがむ。この人選に藩中の者が不思議に思う。それもそのはずで四谷左門が間違えた。お岩が一目ぼれしたのは、美男の名の高い香宮与右衛門（古今亭志ん朝）。つまり、「カミヤ」と「タミヤ」、「ヨ」と「イ」を聞き間違えたのだが、すでに藩への正式手続きが終わっており、今更訂正も出来ない。数日たち、赤穂城は大騒ぎ。元より不良侍の香宮与右衛門と仲間の直助（西村晃）は、騒ぎに便乗してお家の重宝と金を盗んで逃げだす。この二人に利用された伊右衛門も国にはおられず恋女房を連れて江戸へ向かう。赤穂浪士の敵討ちを恐れる高師直は、出入りの金持ち・伊藤喜兵衛（市川中蔵）に赤穂浪士の動静を探るように依頼。喜兵衛が目をつけたのは、赤穂の重臣の婿で、少々軽くて人の好い民谷伊右衛門だった。他に長谷川稀世、芦屋小雁ほかの出演。

小野田先生が公演パンフレットに「怪怪談《あやしげなかいだん》」と題して、このお芝居について書いています。

「「喜劇四谷怪談」は旧作である。初演は、昭和四十四年九月帝国劇場だから、七年目の浮気ならぬ、幽霊出現という訳である。

この芝居、キメ手はなんといっても大女優京塚サンのお岩様と小男優（？）のり平クンの伊右衛門の取り合わせの妙にある。考えただけでもニヤ〱してしまうおかしさで、これが一本立ちになって初の作品だった柏原正一プロデューサー（東宝）の企画のヒットといえよう。それだけに作者は苦しかった。（中略）苦しまぎれに、日本の代表的幽霊諸君の応援を頼み、おなじみ「四谷怪談」の本筋に「かさね」「牡丹灯篭」をミックスし、三倍フルエますという珍種に仕立て、その上、もと〱南北の原作が「仮名手本忠臣蔵」の世界を借りているのを幸い、殿中刃傷の場や、お軽勘平もどきの「道行」を彩りにし、それでも足りずに吉原甫左門殺しに「夏祭浪花鑑」団七九郎兵衛の泥仕合の趣向を盛ったりの慾張り版に仕上げたものだ」

『喜劇四谷怪談』の初演（昭和四四［一九六九］年九月三日―二六日、制作・監修＝菊田一夫、作＝小野田勇、演出＝観世栄夫・三木のり平）は帝劇でやりました。初演からのり平と京塚昌子さんのコンビです。あとは宝田明さんや谷幹一さんが出ました。明治座の時は、石田英二さんが出た。四谷怪談の面白いところは、初めに忠臣蔵の松の廊下の場面から始まり、その後日談みたいな形の物語なんですね。松の廊下で歌舞伎の定式です。「殿中でござる」のところを、西村晃さんの上野介、のり平の内匠頭で演る。だからある種の趣向ですよね。幕開きに「なんだろう？」ってまずお客さんに思わせる。役者も作者も歌舞伎の素養があって、実験的な手法が出来ます。それも、「実験だ、凄いだろう」じゃなくて、芝居を面白くするための手法なんですね。

のり平の伊右衛門は実は気が弱くて、仕方なくお岩を殺してしまうみたいな。そういう作りにしていました。戸板返しの前にジョーズが出てきて死骸を食べてしまったりね。帝劇の時は、宅悦を財津一郎さんが演りました。財津さんを東京の劇場で最初に出したんですね。財津さんは、異色で不思議なヘンな芝居で面白かった。

それから忠臣蔵のお軽勘平の道行き。これをお岩と伊右衛門で伴内には財津さん。これが突拍子もなくて可笑しかった。京塚さんは、その後の『与太郎めおと旅』でも愛嬌があって、お上手だから娘役をやると本当に娘になるんですよ。上手いし、とっても人気がある女優さんでした。

『喜劇 四谷怪談』三木のり平、京塚昌子

のり平の伊右衛門と京塚さんのお岩っていう見た目がまずおかしいでしょ。それに伊右衛門の化粧は、写楽の役者絵みたいにしてました。幕開きは忠臣蔵の松の廊下で始まり西村晃さんの吉良にのり平の内匠頭の「刃傷でござる」が終わると定式幕が閉まって、オープニング音楽が鳴り、その定式幕に「喜劇四谷怪談」ってスライドにデーンと映る。うちはこういうことが好きでしたね。

帝劇はミュージカルの劇場だからオーケストラがいました。帝劇の最先端の舞台機構を使っていろいろとやりました。共演は西村晃、扇千景、松岡きっこ、平田昭彦、波乃久里子さん。のり平は台詞や回り舞台をどう使おうかって夢中になるんですね。東宝系は松竹系と違って縦の空間もある。大屋根の立ち回りとか宙乗り、いろんなものをお客様に楽しんでもらいたい。

幕切れは雲に乗ったお岩さんが「あなた〜」と呼びかける。死んだ伊右衛門の黒い着物がスッと外れると白装束になって宙を上がってお岩とあの世で結ばれるという芝居でした。

『牡丹灯籠』や『累』も織り込んで盛り沢山で邦楽トリオの「シャンバロー」が大薩摩で劇場を沸かせました。

『三木助恋ごよみ』

昭和五二（一九七七）年八月六日―二八日、明治座、三木のり平八月奮闘公演『三木助恋ごよみ』

（原作＝安藤鶴夫「三木助歳時記」より、脚本＝小野田勇、演出＝三木のり平）。

物語――「これから死ぬから集まって下さい」という病床の三代目桂三木助（三木のり平）の電話でかけつけた近藤亀雄先生（安井昌二）、桂文楽（近江俊輔）、古今亭志ん生（江戸家猫八）、昔の弟子の花田（古今亭志ん朝）、妻の仲子（高田美和）の前で、過ぎ越しかたを語る回想形式で始まる。二ツ目の小柳時代に大ネタの『芝浜』を高座にかけてしくじり、賭場で藤江（水谷良重）という女と知り合い関係をもつ。小柳を慕う下座のおかね（葉山葉子）と旅回りに出て困っているのを、大阪の二代目桂三木助（西村晃）に助けられて、三木男という弟子に。昭和十八年、東京に戻った三木男は花柳太兵衛という舞踊家に転向、戦後再び落語家になり、親子ほど年の違う踊りの弟子の仲子と結ば

れ、三代目桂三木助を継ぎ、ラジオの「トンチ教室」での活躍と、芸と女のエピソードを綴り、田舎の駅で「深川」を踊り、『芝浜』もちょっぴり聴かせる。
「枕許に集まったみんなが帰って行って、三木助一人になり、やがてコトリと息たえる幕切れは、今までの小野田作劇術、のり平喜劇にはなかった趣向で、からい味つけといえるが、いかにも三木助の人生を伝えて上出来だ」（ほんちえいき「東京劇信　東京夏の八劇場」『演劇界』一九七七年七月号）。

公演パンフレットの「人情噺・安藤鶴夫」と題した小野田先生の文章はちょっといい話です。

安藤鶴夫さんとの出会いは、あれは、もう二十年以上も前になろうか、僕が、今でいうタレント業の足を洗って、テレビドラマや劇作の、もの書き業に転向しようと決心した頃のことだ。行く先の確たるメドがあったわけではない、一番不安な時代であった。

ある日、赤坂飯店で遅い昼食のソバを食っていると、坊主頭に太い縁のメガネをかけた大きな人が入って来た。

あんつるさんだなと思った。顔は知っていたが、口はきいたことがなかった。ハテ、挨拶をしたものか、どうか、一瞬僕は迷った。

僕には、どうもそういうところがある。その、愚かな逡巡をふき飛ばすように、安藤さんが大きな明るい声で呼びかけてくれた。「こんにちはァ」そして又もっと大きな声で、こういった。「そこへ座ってもいいですか？」時間はずれで、他に客はいない。ガラガラの店でである。僕は、ぶきっちょに「ハイ」と一言。だって、安藤さんは、僕の一周りも上の先輩だし、名人の人情噺を聞くような随筆や小説や、あったかい劇評のファンだったのだから。ひそかに好きだと思っていた人に、いきなりそんなことをいわれたら、ヘドモドするのはあたりまえだ。そのことを、どう伝えようかと、また迷ってたら、「ぼかァね、日曜娯楽版のファンでね、のり平さんと君とのコンビ好きだったんだ」と逆にいわれちまった。戦後すぐから、長いこと続いたそのバラエティ番組で、恥ずかしながら、僕、のりちゃんと組んで、歌舞伎のパロディみたいなコントをやってたりしたのだ。「でも、よかったね、もの書きになって……好調じゃあないの××××××」えらい人はあんまり見ててはくれないような連続コメディーの名を上げてくれた。うれしかった。なんだか少し自信みたいなものが胸のなかに広がった。安藤さんはまたこんなこともいった。「君、書きたい事、いっぱいある?」作者になりたてだから、そういわれればそんな気がして「ええ」といった。「そりゃァ結構、書きたい事があるってことは、しあわせだね。僕にもあるんだよ、いっぱい」ソバをツルツルとすすって、安藤さんはニッコリ笑った。立ち際に、はじめて声を低めて、サラッといった。「ここ払わせてもらってもいいですか?」僕またヘドモドしながら「ハイ」。「じゃあ、しっかりね」と大またに去って行った。そのうしろ姿を見ながら、ぼくはしきりに悔やんでいた。なぜハッキリお礼の言葉を云わなかったのか、なぜ! ソバを奢って貰ったことだけではない、そんなやり方で、ほんの顔見知り程度の若僧を力づけてくれたあたたかさにである。

書きたいものがいっぱいあったはずの安藤さんの絶筆となった「三木助歳時記」は、ここ数年来、僕の書きたいものの一つであった。

この芝居は新国劇で上演しているんですよね。『桂三木助』（昭和三九〔一九六四〕年五月二日―二六日、明治座、演出＝程島武夫）っていうタイトルで、安藤鶴夫の台本、島田正吾さんが三木助を演りました。『三木助恋ごよみ』は、これをのり平で、ということで小野田先生が脚色した。

安藤鶴夫先生は、三木助と文楽については思い入れがあって、理想の高座があったんでしょうね。『三木助恋ごよみ』の時ののり平は、もうホントにホントに三木助でした（笑）。まず顔が似ているのと、踊りの先生をやっていたというような部分でも、のり平自身がそもそも三木助を知っていましたし、好きだったと思いますから、そのまま三木助の口調になってるんですね。

幕が開きますと、晩年の朝、三木助が布団の中で寝てますでしょ。「今日死にますから」ってみんなを呼び出す。「縁起でもありませんよ」というね、やりとりがあって、三木さんが起きて「お〜い、みんながもう来たのかい？」という感じだったかな。とにかくそこでのり平が姿を見せる形でしたね。江戸家猫八さんが志ん生さん。高田美和さんのおかみさんはとても良かった。安藤鶴夫先生の役は劇中では近藤亀雄っていいます。小説の『三木助歳時記』でもそうですよね。「本当に人騒がせだね。そういうことはいけませんよ」とか言って、志ん生や円生が帰ったあとに、近亀先生が三木助と二人っきりになって、「だけどいろんなことがありましたね」「うん、あったねえ、いろんなことが……」で、ズゥ――ッと灯りを絞って場内が暗くなって、そこから昔の若いころの「隼の七」っていわれたころから話が始まる。旅先でご難になる話とかを描いていきました。近藤先生の役は、安井昌二さんが演っていて、これも良かった。博打やってスッテンテンに負けて金貸してくれって言ってんのを見て、「兄さんの博打好きの根性を抵当に金をかそう」って言い出す、見慣れぬ顔だが、すごくいい女――藤江って役を水谷良重さんが演ってた。

有名な『芝浜』を演る場面もありました。あんまりモノマネにならない程度にちょっと。

三木助　おい、ええ……なんだよ。ええ、はあ、俺の好きなものばっかりじゃねえか。やっぱし嬶ァは古くなくちゃいけねえなあ。ねえ。なんだよ。お燗がついてる？　そうかい。どうもさっきからなんかいい匂いがしてやがると思って、どうも畳の匂いだけじゃねえと思ったんだよ。飲めんのか、おい。えッ、ありがてえなあ。俺の方から言い出したんじゃねえよ、今日は。おめえの方から言い出したんだよ。うん、よし。ええ〜ッ、やっぱり茶碗の方がいいや。ああ、ああ、そうそう……あ〜はは……何年ぶりだなあ。なあ、おめえにこうやって酌して貰って、おうトット、トトトト……おう勿体ねえ、ひとつ垂らしたってね。こぼしたしね。勿体ねえよ。うんうん、えッ……えッ？　うん、どうも暫く、よく達者で居やがったな。どうでえ。この匂い。え〜ッ、いい匂いだねえ。ええ、匂いけえでるだけで、千両の値打ちはあるよ。あ〜あ、ありがてえなあ。本当に飲めんのかあ。おえ、ええ？　そうかなあ。ありがてえ。ええ、どうも……うん……う〜ん、よそう、また夢ンなるといけねえ。

『三木助 恋ごよみ』公演パンフレットより

うちのお父さんの芝居は基本が落語なんですよね。浅草でエノケンやロッパを見て、好きでしょっちゅう寄席へも通ってました。家が浜町ですぐ近くに人形町末広があって、ちょっと行くと神田立花がありましたから、しょっちゅう見に行ってたそうですね。子どものころから歌舞伎も新派も見て、落語も聞いて。だから、そのへんが田舎から出て来た人と違うところですね。喜劇役者で江戸っ子って意外といなかったんじゃないですか。ロッパとエノケンはそれぞれ江戸っ子で、ロッパさんは山の手の方のご出身で、エノケンさんは下町、浅草ですね。

『与太郎めおと旅』

昭和五四（一九七九）年三月三日―二九日、明治座、三木のり平三月公演、京塚昌子参加、落語シリーズ巻之六『与太郎めおと旅』（作＝小野田勇、演出＝三木のり平）同時上演＝『夜のさくら』（作＝平岩弓枝、演出＝石井ふく子）。

物語――米問屋のひとり娘お染（京塚昌子）が赤井御門守の妾奉公に望まれ、それならばと恋しい家来の島田重三郎（久保明）を追って、丁稚の与太郎（三木のり平）を供に連れて東海道五十三次、京に向う。その間に怪盗お役者小僧（三木のり平）の捕物、巡礼お弓とおつる（香川桂子・上村香子）の母娘が探し求める父（市川岩五郎）とめぐり会う話、近在の娘をかどわかす女山賊むかで丸（甲にしき）の奇妙な宴会があったり、落語は『そこつの使者』『三人旅』『井戸の茶碗』を混ぜて、お染与太郎は夫婦を装って道中、これをめ組のべらぼう半次（古今亭志ん朝）が陰になって守る。ひそか

に娘を慕う与太郎が、二人っきりの宿でもじもじいらいら。そんな与太郎の気持ちを知らないお染は京の恋人を考えてうっとり。「初日前日に出来上がった台本に沿って、喜劇風な動きをしただけ。が、その芝居たる即興のセリフも飛び出して支離滅裂と思いきや、九五%は台本通り。支離滅裂のだいご味は演出家のり平の台本厳守、きつい統制管理あってこそとわかり、まさに驚き、感心でした」（『報知』、半田進康）。

公演パンフレットの「まくら」と題する小野田先生の文章です。

「畏友のり平君と組んでの、この落語シリーズにしても、人情噺を軸にした「めおと太鼓」や、芝浜、子は鎹を芯にした「めおと囃子」がうまくまとまったし、評判もよかったようだ。ところがのりちゃんはそれが物足りないらしい。喜劇の原点はいわゆるアチャラカと呼ばれるドタバタ喜劇だと主張し、今度はそれでいこうと言う。

難題である。なにしろ、テレビ、映画を含めて、のりちゃんとだけでもアチャラカ芝居を何十本つくってきていることか。目星しいネタは使いつくしてるし、些かジジイになって、昔のように突飛な思いつきが湧きにくくなっているのだから……。

然し、楽しみではある。当代、天下一品の（……とぼくは思っている）のりちゃんのアチャラカ演技が、思いっ切り見られると考えると、作者の立場を離れて、ワク〳〵してしまうのだ」

あとでご紹介する『鳴門の火祭り』と同じで、「ただ面白いだけというのをやろう」っていうお芝居でした。米問屋の箱入り娘お染を旅にやるんだけど、ひとりで心細いから番頭の与太郎なら大丈夫だろうって二人で旅をすることになる。旅先でいろんな人と出会ったり、泊まってる宿屋でひと騒動あったり。回り舞台で、宿屋を作りまして、その宿屋の表玄関と部屋の方と舞台を回して、裏の方では、元侍が落ちぶれて宿屋の番頭をやっている。なんかお礼に与太郎に「これをお受け取り下され、当家に伝わる観音像」「こんなものは頂けません」「どうしても受け取って欲しい。受け取ってくれなければ、拙者腹を斬る」「じゃあ、頂きます」。つまり落語の『井戸の茶碗』です。泡手十郎兵衛って侍は市川岩五郎さんって前進座の方が演っていました。これは良かった。観音像を持って「頂けません」って言うんで、また侍の元へ帰って来て、舞台が回るんです。また、お染さんの部屋へ帰って来て、「頂いてはダメですか?」「なんだい。帰って来たのかい? ダメ、どうしても渡してきなさい」「また行ってきます」って、また行くんです(笑)。そしたら、また同じ件があって、それからまた表の玄関の方に回って、それで最後は、玄関から回る時にね、映画みたいに追っかけっこしてるってところだけ見せる。まあ、宿屋の部屋で、その侍と与太郎が、グルグル回ってるっていうだけなんですがね(笑)。その時の音楽がピンク・レディーの「UFO」をアレンジして、舞台が回る度に音楽がセリフなしで流れました。これは面白かった。だから、与太郎とお染の二人が泊ってる部屋から玄関まで行って、それからまた戻る時に、まだ同じ交渉をしてるところを一瞬だけチラッと見せて、それだ

『与太郎めおと旅』三木のり平、京塚昌子

けで舞台が回る。岩五郎さんが刀を持って追いかけまわして、与太郎が逃げてる。娘が心配して側にいる。舞台稽古の時に「こういうことです」って説明したら、岩五郎さんが「面白いですね」って楽しそうに演ってていました。

甲にしきさんがむかで丸っていう女山賊なんです。「清く正しい女の園じゃ」とか言ってね、甲さんが宝塚出身だから。配下は全部女性なんだけど、これをのり平劇団のどっちかといったらむさくるしい男たちに演らせてました。寺田農さんと石田英二さんが、白雲坊、黒雲坊って山伏に変装してむかで丸に捕まっちゃうんですね。縛られているんだけど、そこに出て来た与太郎が、スパッとむかでを斬るんですよ。そうしたらむかでが四つぐらいにバラバラに分かれて（笑）。それで「どうしたんだろう？」って言ったら、「ごきぶりホイホイ」ならぬ「むかでホイホイ」がある。より漫画っぽい舞台でした。ほかにも花道を川にして舟を漕いで行くシーンなんかもありました。

京塚さんのお染も可愛くて良かったですよ。何かの時にお染さんに白羽の矢が立った。それでお染さんを百足大明神に捧げなきゃならない。与太郎がお染の身代わりに変装して捕まりに行くわけです。「なんと女と思いしが、男であったか、やあやあやあ」って、子分の「虫四天」——、毛虫丸、げじげじ丸、みみず丸、とかげ丸が両手を広げ振る。

のり平はお役者小僧と二役です。宿屋の主人が与太郎を「あれはお役者小僧に違いない」って役人に知らせるんです。お役者小僧を捕まえようとして、石田英二さんが一緒に捕まっちゃうわけです。

石田英二さんは、すごく硬質な、セリフをプツン、プツン……と途切れ途切れに言ったりするんですけど、そのタイミングと間がとってもおかしいんです。芝居が巧くて、美学もとてもあって、浅草のフランス座やなんかで萩本欽一さんの先輩です。

萩本さんがお婆さんの役をフランス座で演った時に、舞台で飛び跳ねてたら、石田英二さんが「欽坊、ちょっと来い！」って、萩本さんを捕まえて屋上へ連れて行き、屋上から下へ落とすような形にして、「おい、見てみろ？　飛んでる婆さんいたか？　見たら教えろよ」「いませんでした」「そうだろう。婆さんは飛ばないんだよ。そういう笑いをとるんじゃない」って教えられたそうです。とにかくお芝居は上手いんだけどとっても酒癖の悪い方で、それで東宝から干されるんだけど、やっぱりプロデューサーの柏原正一さんが心配して、「そろそろ許してやってもらえませんか」って、森繁さんやのり平のところへ来て、「うん、そろそろいいだろう」って戻してあげるんだけど、また少し経つとお酒を飲む。お酒を飲むと人格が豹変しちゃうんですよ。誰か殴って舞台へ出られなくなったりして、また、干される。でも、それでもすぐに舞台へ戻されるだけお芝居が上手かった。

石田英二

志ん朝さんと寺田さんの対談でも、『与太郎めおと旅』の話をしています。

志ん朝　それにしても、のり平オヤジの芝居はおもしろかったね。あたしたちが一緒に出てておもしろいんだから、お客さんはもっと楽しかったと思いますよ。なんだったたっけ、あれ。マムシ丸じゃなくて……。

寺田　ムカデ丸でしょ。あれは、『与太郎夫婦《ママ》旅』でしたか。

志ん朝　そうそう、ムカデ丸、ムカデ丸（笑）。もうまったく馬鹿馬鹿しいんだけど、おかしかったね。

寺田　2時間半ぐらいの短いお芝居だったけど、僕はオヤジさんの芝居のなかではベスト3に入るくらい好きなんですよ。お嬢さんの惚《ほ》れた男が京都に行ったので、手代を連れて会いに行くっていう他愛もないお芝居ですけど、これが2分に1回ぐらい客席が爆笑するんですよね。

志ん朝　そうそう。で、どこかの関所でムカデ丸っていう女親分に出くわすんだ。それに4人の女形の子分がいてそれがワーッと出てきて、それぞれ稲瀬川の勢ぞろいみたいに、渡りぜりふを言うんだったね。その前に、ムカデが出て来て、切ると、どういう仕掛けなのかわからないけど、その小さく切られたムカデが、見てて気持ち悪いくらいバラバラバラバラ動くんだよ。それを退治するのに、その頃流行っていた「ゴキブリほいほい」みたいな「ムカデほいほい」を用意したら、みんなゾロゾロ入っていったりさ（笑）。

寺田　そのムカデ丸の手下の何とか丸の名乗りがあるところがあったでしょ。それで、「召し捕ったぁ」っていうところで幕が下りて、休憩になるんだけど、ある時、そのムカデ丸の子分たちが出て来ないんですよ。ツケがバタバタバタバタ音を立てても出て来ないんで、ツケの人もやめちゃったりして……。オヤジさんも「何やってんだよ」っていう顔をして、「まあ、ゆっくり話でもしましょうか」なんてアドリブ効かせて、座ったところに、ようやく現れて、バタバタバタバタ、「召し捕ったぁ」。こっちは、「何が召し捕っただよ」なんて呆《あき》れ返っちゃったことがありましたね。完全な出トチでした。

（「さよなら〝ダメだしオヤジ〟のり平さん」）

『恋や恋 浮かれ死神』

昭和六〇（一九八五）年一二月一日―二五日、明治座、三木のり平年忘れ爆笑喜劇『恋や恋 浮かれの死神』（作＝小野田勇、演出＝三木のり平）。

物語――死神への三番（三木のり平）**は人情もろくてなかなか亡者を冥界に送りこめない。原田甲斐**（林与一）**に捨てられて身投げしようとした腰元お菊**（五大路子）**に同情。お菊は生き返ってやぶ医者の藪井蝶庵**（古今亭志ん朝）**の弟子ということになる。死神のコーチで全快かダメかを見立てるので店は大繁盛する。一方、政岡**（水谷良重）**は八汐**（香川桂子）**ら悪人を向うに廻して、幼君亀千代を守って、日夜毒殺を懸念するが、甲斐の幼友達の千松**（三木のり平）**は毒見役で女装して雇われるが、忠臣ゆえにわざと毒入り饅頭を食べて死ぬ。そこで蝶庵らが呼ばれ、死神の協力でこれを生き返らせる――。**

再演時のパンフレットに小野田先生は「『死神ばなし』作者雑感」として以下のように書いています。

「片手間仕事だった筈の演出稼業がやたら売れまくって腰の上らなかったのりちゃんが、役者根性が頭をもたげたとみえて、

「久し振りに、大暴れの喜劇をやろうか。これぞアチャラカの決定版というやつを」

と、切り出し、なにがやりたいと聞くと、「死神」がいいと言う。

しかも、落語だけでなく講談歌舞伎、所作事などモロ〳〵の味つけをして、その上、アチャラカの

初歩だからと避けていた珍女装まで見せて客席を沸かしてやろうぜと、大変な意気込みだった。

丁度、私には「のり平のお毒見役」という温めていたネタがあった。二人の共通の友人、東宝プロデューサー柏原正一君の案なのだが、これを貰って、伊達騒動に結びつけ、歌舞伎の「伽羅先代萩」やら、落語の長屋ばなしの滑稽味も加えての盛り沢山に仕上げたら、のり平君の死神とお毒見役の二役（御殿での女装も加えると三役の感じになる）早替りの出ずっぱり大奮斗になってしまった。本人が言い出しっ屁のせいか、文句も言わず、飛んだり跳ねたり踊ったり、トシも考えず天井から飛び下りて足首をひねったりする騒ぎ。（よって、今回は飛び下りはナシの筈）なんとも、おかしく楽しい暴れ振りで、作者の身分も忘れて、腹を抱え涙まで浮かべて笑い転げ、しゅっちう劇場へ通ったものである」

『恋や恋 浮かれ死神』には原型の作品がありました。東京宝塚劇場で上演された『本朝滑稽譚 恋の死神』（昭和四七［一九七二］年九月一日—二七日、作＝小野田勇、演出＝三木のり平）です。同時上演されたのは、十七代目中村勘三郎さんと森光子さんにのり平が共演した、『常磐津林中』（原作＝鈴木彦次郎、脚本＝平岩弓枝、演出＝石井ふく子）でした。

『恋や恋 浮かれ死神』は、死神と番町皿屋敷のお菊さんが地獄まで道行きして、一緒になって繁盛する、『本朝滑稽譚 恋の死神』を膨らましたものです。

『恋の死神』の時も例によって台本もギリギリで完成。舞台稽古の日にのり平の楽屋に来た小野田先生が「いやあ、悪い、悪い。今回のはダメだ、失敗作だ」なんてニコニコしてる。書き終わった解放感からか。さすがののり平も「冗談じゃないよ」。しかし、扮装して舞台稽古になって清元も入ったら、死神姿ののり平が、もうやたら可笑しくてオーケストラボックスが大爆笑。森さんとの呼吸も合い面白い芝居になっちゃった。それで「ここは六道の辻だ」って言うと舞台を左から右までびっしり埋め尽くす沢山のロウソクの場は見た目にも綺麗でした。宝塚劇場ですから、真ん中だけじゃなくて、両脇にも小っちゃい花道みたいなところがある。そこにも蝋燭を出して、ボォーンと鳴ると、幕がサッと開いて、パッと明りがつく。六堂の辻で「この蝋燭は短いな、あ、これは中村勘三郎だ」なんてアドリブで云ったら楽屋着で見てた中村屋がひどく喜びました。初日は遠慮して言わなかったら中村屋が楽屋のれんを潜り「勘三郎のロウソク言いませんでしたね」、それで次の回から使いました。お客も大喜びでした。

お軽・勘平の道行きで、「鎌倉を出て洋々と…」ってところがあるでしょ、それをのり平の死神と森光子さんのお菊が演る。そこに閻魔大王と鬼四天っていうのが出て来て、「やれ来い、やあい！」。鷺阪伴内のもじりですよね。十七代目勘三郎さんが見て喜んでね。この時は勘三郎さんが新派みたいな芝居を演って、その前にのり平と森光子さんで所作事や六方ありの歌舞伎みたいな芝居を演るっていう趣向でした（笑）。

森光子さんも気に入ってました。初演の時はのちの『恋や恋　浮かれ死神』に加えられた伊達騒動の件の場面はなく、死神とお菊の道行きから医者になり成功し宝田明の殿と結ばれ死神は泣きながら六方踏んであの世へ帰って行きました。幽霊のように両手の甲を上にして、それで六方を踏むんですね。

死神六法の引っ込みを見た中村屋が「よく作ったね。誰に教わったの？」「ぼく、自分で作ったんですよ」「あたしもやりたくなっちゃった。はあご自分でお考えになったんですか。あの六方おせえてくださいよ」なんて仰いました。息子の十八代目勘三郎さんも何度かご覧になり「いやぁ面白いですねえ」って。『浮かれ死神』の再演の時は、今の勘九郎さんは幼い頃に見てすぐにお菊役の波乃久里子さんの楽屋で真似したそうです。もう覚えてらっしゃらないと思いますが。たいていの役者はのり平ファンでした。一般より幕内の人気が寧ろ凄かったかも知れませんね。

東宝劇場の『恋の死神』の千穐楽では悪戯好きな中村屋が病人役を交代させて伏せってました。でも相手が悪い。医者役お菊さんの森光子さんのお供が死神役ののり平です。「一応シモのほうも拝見しないと」と、抵抗する中村屋に手加減しない。二人のドタバタが五分くらい続きましたか、その景が終わる時には舞台の役者も客席も楽団の面々もあまりのことに全員笑い過ぎて泣いていました。

『恋は恋 浮かれ死神』林与一、三木のり平

千穐楽だけ、その芝居に出演していない中村屋がのり平に一泡吹かせようと代わって病人の布団に忍びこんだ。この夜の珍事は都内の演劇界を駆け巡ったということです。

昔の役者は舞台で遊ぶことがしばしばありました。観客は、ことに千穐楽のお客さんはその一期一会にその場に居合わせた幸せに酔いしれました。そのために一度観に来たお客さんがもう一度観に来る。そういう成熟したお芝居の楽しみ方というのも今では失われたのではないかと思いますね。

十七代目勘三郎さんのお通夜へ行ったのり平は枕元で半ば号泣しながら呑んでいたそうです。

『恋や恋　浮かれ死神』は、番長皿屋敷のお菊が皿を割って、切り捨てるところを侍が斬ったふりをして、「そなたは死んだ。死んだのじゃぞ」と逃がしてやる。

落語の『死神』と歌舞伎の『伽羅先代萩』を合わせた作品ですね。『恋の死神』同様この芝居も、死神六法で最後に花道を引っ込みます。正塚の婆さんが迎えに来て、「これこれ、への三番」って伊達騒動で亡者をいっぱいあの世へ送り込んだ功績により、本部栄転っていう知らせを死神に伝えに来る。前にもお話しした上田茂太郎さんて京塚昌子さんの付き人も兼ねていた、いい女形の役者さんが正塚の婆さんでした。「茂太さん」と呼ばれた。なんかで婆さん役をやる時には「上田茂太郎さんみたいな」て、基準になるぐらいの方でした。

のり平は二役で田舎もんの三本木千松っていう林与一さんの原田甲斐の幼馴染っていう設定で訪ねて来るんです、その千松は若様を守るために女装してお毒見役になる。原田甲斐に「やるのだ、千松、よいな」とか言われて、陰謀を知っている千松は毒饅頭の方をわざと食べちゃって倒れる。倒れた時にすぐにへの三番の死神が出て来る仕掛けで早替りを見せる。落語と同じで別の死神が千松の頭の方に座っていたので助からないはずなのに、寝ている布団を落語の『死神』みたいに四人で布団の隅を持って回す。そしたら千松が治っちゃったりね。

あとは梯子の形なんかのいろんな立ち回りがある。林与一さんは上手いからたっぷり芝居をしてもらって、いいところを見せてもらったら芝居全体が締まりますよね。

歌舞伎だと清元で床下の場でネズミが出て来る。そのパロディで二匹のねずみと死神の軽妙な舞踊があって、踊りの手で藪井蝶庵とお菊を先に逃がす。ここらへんは六代目尾上菊五郎の呼吸ですかね。最後にネズミに代わってパンダが出て来る。パンダを踏みつけ、「あ〜ら、怪しいやな……俺も少しは怪しいが、己はただのパンダじゃあるまい。この渋団扇食らわぬ……こんなもんは食らわねえか……」ってんで笹を拾ってきて、「そんじゃ、この笹を食らって、とっとと消えて――」、チョーンと柝が入る。カカカカカカ……ッと湊をすすり、「なくなあれ……！」と大見得を切る。そんな芝居でしたね。

のり平は子ども時分から歌舞伎をたくさん見てましたが、小遣い稼ぎに大向こうもやったらしいです。十五代目市村羽左衛門の謡い調子がいちばん好きだったと言って、よく声色をやりました。私には似てたのかどうかはわかりませんが、歌舞伎のようにセリフを言う時は羽左衛門ばりだったようです。もちろん六代目尾上菊五郎もさんざ見たでしょう。録音を聞くと六代目はぶつ切りに黙阿弥のセリフを言ってますね。

水落潔さんがのり平との対談で。

水落　今、『恋や恋 浮かれ死神』のビデオを拝見したんですけども、改めて実にたくさんのものが入っているということに感心したんですけれどもね。まずその大筋が『伊達騒動』ですね、講釈の。それに落語の『死神』がございまして。それでその演出演技は歌舞伎の『先代萩』と……。

のり平　ええ、全部そういう……。

水落　パロディになってますね。動きは、ドタバタであると。

のり平　ヘッヘヘヘ……。

水落　音楽も歌舞伎の合方あり、洋楽あり、俗曲ありと。

のり平　流行歌も全部入れて。その時代のものをぼくらは取り入れるんですよ。だいたいそうなんですけどね（笑）。

水落　それにしましてもね、これだけの幅のある芸をどこで身につけられたのかという……（笑）。

のり平　そんな（笑）、芸なんてそんなもんじゃないけども、物真似ですよ。真似ですからね。まず歌舞伎の真似をして、歌舞伎らしく演って見せる。

水落　しかしまあね、それには歌舞伎を知ってなきゃしょうがないですから。

のり平　そらそうですね。

水落　で、お生まれが浜町っていうことでございましょ。で、小さい時からそういうものをご覧になってたんですか？

のり平　そうですね。料亭の倅ですからね、どうしても近所にすぐ明治座もありましたし、主にそういう方が……それから芸者衆のおさらいの会だとかいろんなものが……そういうのばっかりが主ですね。ぼくの頭の中は（笑）、オギャァと生まれたときから邦楽ですよ。（中略）

水落　しかし、あの床下のところの死神の足の動き、これをね、もう共演していたね、良重さん、今の二代目八重子さんですけども、これがね、「のり平先生の足の動きってのはね、どう

『恋は恋 浮かれ死神』床下　三木のり平

やってあんなことになるのか」と。なんか練習を……。

のり平　練習っていうんじゃないけど、踊りでもそんな重い踊りはね……まあ、重い踊りも時々演ったんですけど、ああいう清元から持ってきた軽い「鳥羽絵」だとか「浮かれ坊主」だとか、いろんなのがありますね。あれ的な動きなんだ、その床下は。それであのネズミと戯れる、それのパロディのパロディね、うん。

（『ステージドア』）

踊りといえば、のり平が東宝歌舞伎・新春特別公演で北條秀司作・演出『梅ごよみ』（昭和四六［一九七二］年一月二日―三一日、東京宝塚劇場）に出演した時に「保名」を西川鯉三郎さんの振付で舞うことになりました。舞台稽古でのり平が上手花道より出で「保名」を舞い終えたところで演出助手が「家元、如何でしょう」と訊いた。客席で見ていた鯉三郎さんがひときわ弾んだ声で「結構です‼」。期せずして客席の出演者から拍手が起こりました。六代目尾上菊五郎もどきを演ったわけですね。踊りなんて習ったこともないのに本家本元といっていい鯉三郎さんが「結構」と言った。これはお墨付きを貰ったようなもんですね。まあ水中花みたいにユラユラしてりゃいい踊りだからのり平には合ってたんでしょうね。この時の「保名」は映画『天井桟敷の人々』（一九四五年）でジャン・ルイ・バローが演じたパントマイム師のバチストを思わせたので、楽屋に帰ったのり平に、ぼくが確認したらニヤッとして白塗りの顔をこちらに向け、「いけないかい？」。悪戯がバレたガキ大将みたいな顔をしてました。（笑）。

『梅ごよみ』は、藤純子さんの東宝歌舞伎初舞台公演でもありました。長谷川一夫さんが所作やセリフの言い方まで懇切丁寧に教えていました。

『恋や恋　浮かれ死神』の初日無事に幕が降りた時、のり平は「やった！」と居並ぶ出演者とハイタッチをしていました。そういう子どものような一面ものり平が役者やスタッフから愛された一因であろうと思われます。女優さんはよく「のり様は可愛い」と言っていました。

のり平の気難しさも人間としての魅力も一般の方にはあまり伝わらなかったかも知れませんが、とにかく、それはそれは皆さんに愛された役者だと今でも思います。

死神が主役の芝居はチャレンジだったんですね。それが大好評でそれは嬉しかったのでしょう。まあ、のり平劇団は毎回チャレンジでしたが……『おれは天一坊』も『白浪三国志　鳴門の火祭り』もチャレンジでした。人情劇は受けるに決まっているのでいちばん安心ではあるのです。しかしウケるに決まっていることばかりやっていてもつまらない、とのり平は思う役者だったんですね。キャスティングも毎回あまり商業演劇に出ない異色の人を入れて遊んでいました。

明治座での『恋や恋　浮かれ死神』再演時（明治座再開場30周年記念、昭和六三〔一九八八〕年三月五日―二八日）には、のり平らしいエピソードもありました。山川静夫さん、志ん朝さん、明治座の廣田一さんの座談で話しています。

山川　廣田さんが（のり平さんで）お困りになったことってどんなことがあります？

廣田　とにかくいちばん困るのは、出るまでが厄介なんですよ。出演を決めるまでが。それがもう出るの、出ないのね。もうそれはどういうことなんですかね、あれ？　慎重と言えば、慎重なんだろうけども……。

志ん朝　それは確かにね、石橋を叩いてって言う方ですよ。ちょっとそういう風に想像出来ませんけどね、あの方の普段から察するに。ところがそうでない。意外に用心深いんです。ええ。ですから、そういうことで話は「おお、いいよ」って、そん時に飲んでた時の調子でそういう風におっしゃっても、いざとなるってえと「おい、ちょっと待てよ。上手く行くかな」ということになって。

廣田　『浮かれ死神』の再演がそうなんですよ。うちの三〇周年、再開場の。前の明治座が少し直しましてから三〇年経ったというんで、それの記念公演ということで。で、出演は内諾を得たつもりでおったら、なんの芝居の時でしたかね、制作に見えて、で、打ち合わせをやろうと思ったら「いや、オレはそんなこと言ってないよ。出ると言ってないよ」ってなったんですよ。

志ん朝　フッ、フフフフフ……！

廣田　ちょうど小野田先生がいらっしゃって、「そんなことはない。あん時、話したんだから」。「オレはそんなこと言ってない」と言ってるうちに思い出したのかなんか分かりませんけども(笑)、「人が揃えば演ろう」と言われたんで、「それじゃ、必ず前よりいいメンバーを揃える」と。ちょうど志ん朝さんがなんかお仕事で出られなくて、これは坂上二郎さんが代わりに出て頂いたんですけども、そんな経緯があったんですね。

志ん朝　そういうことで(廣田さんは)しゅっちゅう困らされて大変だったと思いますよ。

廣田　逆に、だけど出ると決まれば、あとは楽だったんですね。

志ん朝　あッ、そういうことですね。

廣田　周りの俳優さんは皆さん、割合に喜んで、それで芯になる方が……まあ、レギュラーの方が多いけどもね。

(『山川静夫の〝華麗なる招待席〟』)

のり平は、女優さんを泣かすこともありました。森光子、十朱幸代、三田佳子さん。波乃久里子さんなんか「悔しいわねえ、のり平のバカヤロー」と言い捨てて帰りました。そんなこともいっぱいありました。「結局、次の日会った時、可愛い顔するから許しちゃうのよね」。これもあらかたの女優さんの総意でありました。

明治座での再演時には、のり平は「御挨拶　ごく神妙に――」と題して次のように記しています。

　年に一度、本城《ホーム・グラウンド》での公演を、春ひらく三月という私の好きな季節に迎え、大いに張り切って居ります。

　今回は、一昨年十二月当劇場で初演して、望外の好評を戴きました「恋や恋浮かれ死神」を、(もう一度見たい)(見損なったから是非)とおっしゃるお客様方の御希望が多いとの劇場側のすすめで、私としては珍しく早い時期での再演をすることに致しました。

　元来、私は(なんだ、もうチエがないのか)と言われるのが癪で、つとめて新作に挑戦するように心がけ、再演の場合でも、およそ十年、早くても七、八年はたたないとやらないのが建前でした。

　言ってみれば、鼻っ柱の強い(私、他人様《ひと》より鼻が大きいせいか)江戸っ子の意地っ張りだったのでしょうが、トシを喰って人間が練れて(?)きまして、考えが変わって参りました。どんなにうまくいったと思う芝居でも、初演というやつ、どこかに不備不満が残るもので、気に入った作品なら一層その感が強いのです。充分なゆとりを持って、それらを改訂し修整し、より丁寧な芝居をつくり上げていくことが大切だし、やらねばならぬことという考えが大きく育ってきたのです。

その思いをうんと強くしたのは、森光子さんの「放浪記」の演出を手伝ったからです。初演から二十七年九百回を超す度重なる再演にも拘らず、やる度に新しい発見をし、手直しが加えられ、猶倦まず弛まず、完璧に近づこうという芝居づくりの厳しさ、楽しさに、些かつむじ曲りの私も、素直に感動しながらぶつかったものです。

私の最近でのお気に入りの喜劇「恋や恋浮かれ死神」の再演を、そんな気持で演出・主演の一人二役で頑張りますので、御贔屓の程をと、ちと不似合いながら、ごく神妙に申し上げます。

まじめなのり平の思いを紹介しましたので、次は、この『恋や恋　浮かれ死神』も含めての、のり平のカンニングペーパーの失敗について、山川静夫さん、志ん朝さん、明治座の廣田一さんに、のり平も参加した座談から。

廣田　（のり平）先生、あのセリフを書いておいて、それを覚えるまでは下へ書いたものがあるんですけどね。それをそこへ行っては、こう盗み見ながらセリフを……それが行く場所が、先生、あれ計算して置いてるわけですね。

のり平　それはそうですよね（笑）。

廣田　全然、お客の方はね、芝居の演技で動いてらっしゃる（と思う）んだけど……。

志ん朝　多分、いろんなところにお書きになるン。ええ。ホントに忘れもしないけど、花火の芝居をやったんですよ、ねえ。『鍵や玉や』（『鍵や玉や物語　喧嘩花火』）という……（笑）。花火職人のうんと下の割に馬鹿にされてるような役で。それで一尺玉みたいな花火を抱えて出てくんですよ。ここに（花火の表面にセリフが）ザァ――ッと書いてあんですよ。これを回しながらセリフ言うんですよ。側にいる人は堪んないんです。おかしくって。それからもう一つね、やっぱり落語シリーズでね、『俺はお殿さま』って、いちばん最初の芝居なんですけど、（落語の）『たらちね』が入れてあるんですよ。それで（のり平先生が）お城から逃げ出してきて、丁の目の半次とらくだに助けられて。で、あたしが丁の目の半次で、（のり平先生は）綺麗にこうして（衣装を着せて）もらってね。後ろに芸者が髪を結いながらこうやってる（髪を結う仕ぐさ）。で、あたしが側でこうやって（腕を組んで）見ながら、「おう、おめえはなんてんだ？」って言うと、「自らことの姓名は……」ってズゥ――ッと長い名前を言うところがあるんですよ。ここに、昔のこういう（丸鏡に取っ手が付いている）鏡がありましょう、蓋つきの。時代劇に出て来る、ね。で、そこにねえ、お付きがね、こういう（丸鏡に取っ手が付いている）鏡にね、「自らことの姓名は、父は元京都の産にして……」ってザァ――ッと（縦に）書いたんですね。初日は……（笑）、蓋をパッと取ったらね、こう（鏡が斜めに立てかけてある）なっちゃってんです。真っすぐに書いてあるんですよ。

のり平　鏡にこういう風なもんだと（真っすぐに）書いたある。それをあえてこういう風（斜めに）に置く……。

志ん朝　斜交《はすか》いに。そしたらね、「自ら……」（って目が泳いで、首を斜めにし）、「ことの姓名は……」って……（笑）、それがあたしこっちから見えるからね、堪んないんですよ。それであたしが、その初日が済んで二日ぐらい経って、まだズゥ――ッと（斜め読みを）やってたからね。付き人にね、「おい、ちょっとオヤっさん、大変だよ、お前。こう（首をかしげて）やって、こういう風（斜め目線で）にこう読んでるんだぞ。あら大変だよ。ちゃんとやんなきゃ」「ああ、そうですか。分かりました」って、それも忙しいからなかなか出来ない。先生がだんだん慣れて来ちゃったんですね。こう（首は真っすぐに）やりながら、目だけで斜《はす》に読んでたン。ある時ね（笑）、そいつがちゃーんとそれなりにね、書き直したんです。そしたらこうやって（いつものつもりで見るとカンペの書き方が違うので慌てて）、「あッ……おうおう…」……（笑）。そのね、慌てようというのがね、一緒に出てる人間が全員もうワァ――ッと吹き出しちゃってどうにもなんなかった。あのカンニングは面白かった。

のり平　ちょっと言い訳さしてもらうとね、セリフを覚えないということは、よく稽古不足でいろいろあるんですけど、プロンプターっていうのが付くんですよ。ぼくね、こっち（左）の耳が悪いんですよ。プロンプが聞こえないんです。陰でしゃべってると。困るんですよ。こっち（左耳）が聞こえないからね、つまり下手の場合はね、いいんですけど、向う（上手）へ行っちゃう場合は、こう（身体を捻じる）なっちゃいますよ（笑）。

山川　そう都合よくはいかないわけですね。こっち（右）の耳だけっていう訳にはいかないから。

のり平　いかない。そうです。そのためにいろいろ書いたりなんか。これ言い訳です。

廣田　あれ、あのォ『死神』の時、御殿で良重ちゃんがもう笑って止まらなかったでしょ。

のり平　止まんないってね、あれの時、良重はね、打掛をこういう風（右手で袖をギュッと掴んで力強く手元に寄せる）にやって、その置いといたアレ（カンペ）がね、そのままくっついちゃって、行っちゃったんですよ。セリフがなくなっちゃった。
廣田　人災だけどね。お客の方は分からないから。
志ん朝　分かんないんですよ。お客様が分かんないでこっちだけ分かってるというおかしさがあるでしょ。
廣田　そうですね。

（『山川静夫の〝華麗なる招待席〟』）

森繁久彌さんものり平のカンニングペーパーについて書いています。

彼はセリフをとちると、

「わあーわあー」

と大声で泣き出す。

そのくせ、あっちこっちにセリフを書いてアンチョコを作るのがうまかった。

彼は湯飲みの内側にまで細かくセリフを書いた。が、ある時、共演の山田五十鈴さんがそれにお茶を注いだことがある。のり平のあわてまいことか。

またある芝居で、彼は例によってセリフを座布団《ざぶとん》に書いた。が、それを知っていた山田五十鈴さんがその上に座ってしまったのだ。

「すみません。山田先生、そこをどいてください」

彼は堂々とセリフを言うような顔でそう言ってしまったのだ。


（『品格と色気と哀愁と』）

のり平のセリフ覚えについて、小沢昭一さんは次のように考えているようです。

「せりふ覚え悪いのは有名だけど、それは〝脱演技〟の前提であって、せりふを覚えず、役の中に深入りするのを避けているのだ」

森光子さんはこう仰っています。

私は「のり様」と何十年も前から一緒の舞台や映画で、知っていたのですが、「のり様」は台本を最初に手にされた時、まず、全体をゆっくりと読みはじめます。

もちろん、私たちも、最初はそうします。でも、私の場合は、いったん筋がわかったら、次にどうしても自分の役のせりふの方に目が行き、そこをまず覚え込もうとします。ところが、「のり様」はちがうのです。

いつまでたっても、ご自分のせりふの世界に入らない。何回も何回も、台本の隅から隅までじっくりと読んでいらっしゃった。

よく、「のり様」はせりふ覚えが悪いと言われますが、そんなことをしてたら、覚えるのが遅れるに決まっています。ですが、「のり様」は、まずそのお芝居のなかで、他の人が演じる役のことまで考え、それからご自分の役がどういう役なのかを、台本を何度も読むことによって、掘り下げていらしたのです。

(ああ、この方は普通の役者さんじゃないな。私たちと芝居をごらんになる角度、視野がちがう。演出家と同じ目で芝居をされる人だ)

と思ったのです。

(「演出家としての「のり様」」)

『落語長屋殺人事件　与太郎どっきり八景』

平成元（一九八九）年六月一日─二七日、明治座、三木のり平六月奮闘公演『落語長屋殺人事件与太郎どっきり八景』（作＝小野田勇、演出＝三木のり平）。

物語───江戸の札差大口屋の一人息子与太郎（三木のり平）は過保護に育てられ、気が弱くてお人好し、酒、博奕はもとより女性が怖い。好物は大福餅と学問だ。大旦那の大口屋治兵衛（近江俊輔）も女遊びぐらい知らなければと、商売仲間に頼んで稲荷大明神参籠の行だと与太郎を騙して吉原に繰り出させるが、騙されたと知った与太郎は、泣きべそをかいて大騒ぎ。包帯だらけで帰って来た与太郎に治兵衛は怒り、勘当される。彼は駒形河岸で殺人事件を目撃したばかりに、事件に巻き込まれることになる。助けられた浪花女の曲投げ芸人小春（中村玉緒）と相棒の花之丞（勝見史郎）に、与太郎は浅草の落語長屋に連れて行かれ面倒をみてもらうことに。長屋住人の髪結新三（古今亭志ん朝）に長屋所有者の娘白小屋おくま（大場久美子）が一目惚れ。新三の家には浪人尾形清十郎（寺田農）が居候。そんなある日、嘘つき弥次郎（坂上二郎）が持参したわけのわからない十両を手にした新三のおごりで長屋は花見の大宴会。その夜、西念寺で按摩の富の市が殺され、続いて夜釣りを楽しんでいた白雲堂も死体となって発見される。どうやら与太郎が大川端の殺しを目撃したことが原因のようである───。

公演パンフレットに小野田先生は「思いつき（作者独白）」として次のように書かれています。

「「こんどの落語シリーズは、夏芝居らしく怪談仕立てでいこう。前に好評だった（与太郎めおと旅）のタッチでね」

と、のりちゃんが言う。つまりは、肩のコラない、面白おかしいアチャラカ喜劇をやろうという訳。いいとも！　私もアチャラカ大好き人間だから大賛成。だが、のりちゃんと組んで四十年、そのテの芝居は数多く作ってきていて些かマンネリ気味。主人公の役柄になにか新鮮味がほしい。今まで彼がやってないキャラクターはないものか……と考えて、ふっと堅物息子の話を思い出した。女嫌いで学問好き、強制的に遊蕩修行させられるコチ〳〵人間。これは、のりちゃんゼッタイやってる訳がない。なにしろ、三木のり平と言えば、芸能界切ってのその、あの、つまり、ムニャ〳〵なので……まァいいか。

で、主人公の与太郎は、ドジでウスノロという、いつものパターンでなく、ちょっと変った人物設定になった。作者というもの、これだけの思いつきでも大いに興趣が湧き、それからそれへと構想がひろがっていくのである。

のり平初役のコチ〳〵人間女修行に、落語や歌舞伎でお馴染みの人物いろ〳〵からみ合い、スリラーもどきの一席。首尾よくお客様の笑いを呼び、ハラ〳〵ドキ〳〵させることが出来ましょうか、幕があいてのお楽しみ」

『落語長屋殺人事件　与太郎どっきり八景』の冒頭は吉原仲之町、落語の『明烏』ですね。「騙しましたね。私はこんな汚らわしいところは嫌です」とか言ってね。この舞台が面白かったのは、『与太郎めおと旅』でむかで丸とその子分が出て来ますよね。その踏襲で、坂上二郎さんの弥次郎が出て来て、こっちの芝居では「千住蛇屋敷」ということで、蛇がいっぱい出て来る。千住蛇屋敷へ行って、そこで志ん朝さんと大場久美子さんが捕まる。

　大場久美子さんは、明るい人で楽しそうに演ってて良かったですよ。その前に『放浪記』の由希役に出てました。この芝居のキャスティングの時に「大場久美子が出られる」「じゃあ、出てくれ」って。キャスティングでもお客さんを喜ばせたいんですね。不思議な組み合わせで。例えば、その後の『喜劇 雪之丞変化』の時は、大空眞弓さんが出る、尾藤イサオさんも出るとかね。大場久美子さんが出るとかになると、楽しいでしょ？　普通の芝居に出ないような人が出演する。酒井法子さんが出た時には、「のり平・のりピー、どこまでやるの？」ってチラシにキャッチコピーがついてました。普通の女優さんよりも、その頃の売れっ子アイドルっぽい娘と芝居を演じる方が面白いじゃないですか。あんまりお芝居、お芝居するよりも、キャスティングの遊びですね。あんまり普通は商業演劇にお出にならない方が出てくださったんですね。

　今の三代目の渋谷天外さんの渋谷天笑さんも出てました。お芝居は、やっぱりしっかりしてるなと思いました。この時は、そんなに大きな役ではないんだけど、ルーティーンの暗転とかあるじゃないですか。一人の人のセリフに重ねて、「旦那あ」「お前までなんだ」みたいな。ああいうパターンですね。そういうところを綺麗に演りました。でも関西のご出身だから、ちょっと江戸っ子弁が訛るんだけどね。

『落語長屋殺人事件　与太郎どっきり八景』では、志ん朝さんがのり平に「玄治店」を教えるくだりがありました。中村玉緒さんがずっと笑いをこらえてましたね。玉緒さんが笑うことで、客席は余計に面白くなる。玉緒さんは、良かったですね。

　志ん朝さんのツッコミは、とても綺麗なツッコミで、落語と同じでしたね。これは『俺はお殿さま』の初演の新宿コマ劇場で演った時も、丁の目の半次で、やっぱりツッコミでした。こういうシーンは、台本には書いてないから、のり平と二人で作っていく。いなせな歩き方を教えて、それを真似するんだけど、上手く出来ない。だから、この作品でも『俺はお殿さま』の長屋に住むというパターンは踏襲されてますよね。

落語長屋で、与太郎（のり平）、新三（志ん朝）、小春（中村玉緒）が並んで座っている——。

新三　おめえ、芝居を見たことがあるか。

与太郎　芝居、大好きです。

『落語長屋殺人事件　与太郎どっきり八景』
三木のり平、古今亭志ん朝

新三　そうか。うん。あのな、芝居を見てるとこう二枚目が出て来るだろ？　いい男が出て来るんだ、なあ。そしたら二枚目の、その仕ぐさ、それからセリフの言い様……だから早い話がものの言い様、口の利き方、そういうものをみんな自分のものにするんだ。そうすると粋になって来るんだ、ええ。これから俺がちょっと演って見せるから、な。お前、「玄治店」知ってるか？

与太郎　ゲンちゃんとこですか？

新三　ゲンちゃんとこじゃないよ。「玄治店」って知ってんだろ。みんな知ってんだよ。

与太郎　ああ、そうですか。

新三　「玄治店」、な（と立ち上がり）。俺がそこんとこをちょっと演ってみるから。お富んところへ訪ねてくる。「え〜、（と左手を前に出しながらゆっくり進み）御新造さんへ……おかみさんへ……お富さんへ……いやさあ、お富（裾をまくって座り、見得を切る）、久しぶりだなあ……」。

小春　「そういうお前は？」

新三　「与三郎だ！」

与太郎　（自分を指さし）与太郎ってんだ。

新三　お前のことを言ってんじゃないよ……「与三郎だ！　お主ゃ、俺を見忘れたァ〜〜かあ！」（組んでいた両足を解き、右手で左足の甲をつかみ右膝に乗せ、決める）

与太郎　ようよう、播磨屋！（ピー、ピーと口笛を鳴らし、拍手）

新三　おめえ、ヘンなことは出来んだねえ。そんなことはいいよ、出来なくったって。それより今、俺が演ったこと演ってごらん（と立ち上がり）、ここで。演ってごらん、演んなさい！

与太郎　え？　演るんですか。（頼りなく立ち上がり）

新三　演るんですよ！

与太郎　（オドオドしながら左手をすくうように前へ出し）え〜、ご近所さんへ……お隣さん……。

新三　違うんだよ。お前、挨拶回りに行くんじゃないよ！　御新造さん！

与太郎　ご、ご、ゴシンジョさんへ……（左手も左足も前へ出し）おかめさんへ……（と今度は、右手を前へ出し）。

小春　（プイッと背を向ける）

新三　おかめさんじゃないよ！

与太郎　おかめさんじゃありませんか？
新三　おかめさんじゃない、おかみさんへ！
与太郎　お、お、オオカミさん……。
新三　おかみさん！
与太郎　（泣きそうになりながら）おかみさんへ〜〜！
新三　おかみさんへ！
与太郎　お、お、お富さんへ〜〜！（足がこんがらがって、反対側をむいてしまう）
新三　なんで向こう向いちゃうんだよ！
与太郎　いやさ……。
新三　いやさ、お富！
与太郎　いやだね、お富……。
新三　いやだ？
与太郎　いやさ、お富！
新三　そう！
与太郎　（裾をまくったり、しゃがんだりできない。便所座りをしたり……）
新三　久しぶりだなあ……。
与太郎　久し、ぶりだ、なあ……。
新三　久しぶりだなあ……。
与太郎　久しぶりだ、なあ……。

新三　妙な調子だね、こいつあ……。

このあと与三郎が胡坐がかけず、足がこんがらがったり、右膝が立って、そこに鏡を載せたりの珍演を繰り返す――。「玄冶店」など笑いの基本について、山川静夫さんが、のり平と志ん朝さんに訊いています。

山川　ギャグというのは一つの基本というものがあって、そっから派生していくもんなんですね。
のり平　そうなんです。
山川　その基本というのはどういうものなのですか？
のり平　基本というのはね……なんだろうな。分からない人に分かるように教える。噺の中で与太郎が大家さんなり、隠居が教えるとか、ありますよね。あれなんですね。あれが基本なんです。
山川　例えば、『与太郎どっきり八景』の中で出てくるんですが、確か「玄冶店」の与三郎をのり平さんの与太郎に教えるところがありますよね。いろいろとね、指導するんですが、あそこは面白いですね。
志ん朝　あれは元々……私らが知っている範囲ではですね、やっぱり先生がお演りになった『雲

のり平十八番　胡座がかけず、膝が飛び上がる

の上団五郎』のですね、有名なシーンですよ。亡くなった八波むと志さんと先生とがお演りになって、「玄治店」でこれからゆすりに行くというところを教える。もうホントに絶品でね。ですから、八波さんのそういうのが頭にあるから、とってもなんだかちょっと演りにくかったですけども、あらあ易しいようで難しいんですよ。あんまり突っ込んで行ってもいけないし、それでやっぱり今度は先生の方がある程度ドンドン演って行って頂かなきゃいけないし。どこで止めたらいいのか、ここらへんがねえ。

山川　ツッコミとボケの加減が難しいですね。

志ん朝　それがもうきちっと台本に書かれていてその通りに演るってんだったら別にそらどうってことないんですけどね。やっぱりあすこはね、そういうもんではない、アドリブがあったほうが生きて来るって言うんでしょうかねえ。収まらなくなって却っていいんですね。そん時によって、急に先生がなんか思いついて、普段とまるで違うことを演ったりする。そうすると舞台の他の連中もみんな一斉にワァ――ッ!と笑い出す。そういう雰囲気はホントにお客さまにごく素直にスゥ――ッと伝わって行くのがね、ある種快感でありますね。

山川　あれはね、演ってれば際限のないことで……。

のり平　そうなんです。

山川　いつまでも演ってられるんですよね。

のり平　で、どこまでボケていいのかが……朝さんならここまでで抑えてくれるなあとかね。うんとボケをね、散らすんですよ。段々、段々に。

山川　つまりのり平さん、今のお二人のやりとりが基本と考えていいですか?

のり平　そうですね。

山川　笑いのパターンの。

のり平　あれね、「シラノ」って、ぼくら言うんです。『シラノ・ド・ベルジュラック』のベランダのロクサーヌ、二枚目に口説く文句を教えるところがあるんですよ。あれと似てるんですよね（笑）。

山川　ああ、そうですか、なるほど……オウム返し？

のり平　ええ、そうなんです、そうです……。

志ん朝　落語で言えばオウム返し。

山川　同じことを二度やったりして……。

のり平　それを言い違えたりね。間違えたり、言い間違えたり……。

山川　……ということですよね。

（『山川静夫の〝華麗なる招待席〟』）

第十章

東京宝塚劇場——中村翫右衛門との共演と超娯楽本位大喜劇

『鍵や玉や物語 喧嘩花火』稽古場風景
草笛光子、中村翫右衛門、三木のり平

中村翫右衛門についてのり平は――。

「憧れの元だったんです。ぼく、大尊敬してましたしね、あの人に東宝（劇場）に出て頂くってことになって、もうどういっていいかなあ、役者冥利に尽きるっていうかなあ。あの人と芝居が出来るなんてことは、考えも及ばなかったことなんだよ。昭和の十五年（筆者註・十七年の記憶違いカ?）にね、ぼくね、前進座へ。（新橋）演舞場で『丹那隧道』というのをやったことがある。それのエキストラみたいな、仕出しっていうんですかな。そういうので出た覚えがあります。そん時にもねえ、芝居どころじゃありません。ぼく、翫右衛門さんばっかりジィ――ッと舞台で見てた覚えがありますけどね。大尊敬してます」（『山川静夫の〝華麗なる招待席〟』）。

『かっぽれ梅坊主』

昭和四八（一九七三）年九月五日―二八日、東京宝塚劇場、特別公演『かっぽれ梅坊主』（作＝小野田勇、演出＝津上忠）同時上演＝『鈍刀物語』（作＝霜川遠志、演出＝中村哮夫）。

物語――明治一〇年秋、浅草観音境内で芝新綱蒸気長屋に住む梅坊主一座が二段傘を押し立て賑やかに客集めをしている。そこへ〝豊年斎梅坊主〟の幟を背に願人坊主梅吉（三木のり平）が身振り手振りおかしく西南戦争の西郷隆盛を節にした阿保陀羅経を披露して見物衆の歓声を浴びる。梅坊主一座の三味線弾きお松（水谷良重）がそれに喧嘩を売り、二人の梅坊主をめぐって騒ぎになる。成り行きを見ていた時の参議黒田清隆の側近加治木修平（樋口輝剛）が、逆賊西郷を英雄にしたと梅吉を捕まえようとする。鉄火肌のお松は喧嘩相手の梅吉をかばって権力に喰ってかかった時、梅坊

主一座の座長梅松（中村翫右衛門）が勢いよく現れるが、事の経緯を聞き、高官そっちのけで梅松梅吉の看板争いに再び火がつく。だが、二人には因縁的なつながりがあった。梅吉の兄の平坊主は、住吉踊りの一座を組んでいたかっぽれの名人。その平坊主からかっぽれの手ほどきを受けたのが梅松であった。二人のかっぽれの踊り比べが始まり、二人は兄弟分となる――。梅松に惚れていながら黒田清隆（石田茂樹）の妾になるお葉に山田五十鈴が扮した。

『かっぽれ梅坊主』三木のり平、中村翫右衛門

再演時（昭和五三［一九七八］年九月一日―二七日、明治座）に小野田先生が「好きな芝居「梅坊主」」と題して以下のように書いています。

「はじめにプロデューサーの柏原正一君から、のり平と名優翫右衛門さんとの初顔合わせで「梅坊主」の劇化をという話があった時、ぼくは当然「実録梅坊主伝」を書く気だった。ところが、明治初年から大正期へかけて人気を呼んだというこの江戸前を代表する芸人に関して、意外に残された資料が少なく、生存の関係者のお話を伺っても、ありそうな奇談珍談にぶつからず、長い歳月の間に美化された名人像が、それもひどく薄ぼんやりとあるだけで、これだ！という芝居づくりの軸がみつからなかった。大いに困って、あれこれ資料漁りをつゞける内、これだ！と思うヒントに漸やく出合った。

友人小沢昭一君の名著「私のための芸能野史」の中に、漫才界の古老荒川清丸さんの話として（初代梅坊主は二人いたんだ）という項を発見した時である。芸能史家（?）小沢昭一は、まったく伝えられていないこの新史実に驚喜しているが、ぼくも又荒野で金鉱にぶち当ったような思いだった。仲のいい兄弟分で、共に梅坊主を名乗り、五分の芸を持ちながら、かっぽれ名人の栄光はひとり豊年斎だけのものとなり、大漁亭の名は知る人もなく消えている。これぞドラマだと思った。たった一言、たった一行の古老の談話をよりどころに、ぼくは自由な発想をめぐらせて、〝梅坊主ふたり〟を描いた。したがって、これは実録ではない、その名と時代を借りたフィクション九十パーセントの人情噺である。

そのつくり話の虚像を、翫右衛門さんとのり平君の両優は（当り前といえば、当り前のことだが……）みごとに生き〳〵と、まったく初顔合わせとは思えぬイキの合った演技で楽しい芝居をつくり上げてくれた。

以後このコンビの為に「日本名人奇人伝」というシリーズを何本かつゞけたが、ぼくだけの好みでいえば、第一作のこれが一番いい出来だと思っている」

のり平は、中村翫右衛門さんと滝沢修さんをうんと尊敬してたんですよ。「とにかく一つの台詞でも芝居でも何通りにも出来る。そういう役者は、翫右衛門と滝沢修しかいないな」って話していました。

学生時代にアルバイトで前進座のエキストラみたいなことをやってたんです。その時は、もちろん雲の上の人で、ズッと憧れてましたから、ついにその人と共演が叶って嬉しかったんですね。

東宝でも一匹狼的な柏原正一プロデューサーの尽力もあり、のり平、翫右衛門、山田五十鈴、水谷良重、十朱幸代とこれ以上ないキャスティングでこの企画が実現しました。

また実際に豊年斎からかっぽれの手ほどきを受けた櫻川ぴん助さんがまだお元気でピンピンしてました。このぴん助社中がかっぽれの総踊りで連日舞台に華を添えました。演出が前進座の津上忠さんということで、小野田先生も早めに台本を書き上げたようです。なのでかなり稽古もしてのり平も珍しく結構セリフも覚えたようです。まあ相変わらず舞台のあちこちや小道具にセリフの紙は貼ってたようですが。「セリフは覚えなきゃいけない」って考えじゃなかったけど、まあ覚えたほうがいいと思った時は覚えたんでしょうね（笑）。

のり平と翫右衛門二人でかっぽれを踊るシーンもたくさんありました。「いや、もう毎日楽しくってしょうがない」って感じで翫右衛門さんも楽しんでいました。

兄弟分として活動してきた二人の梅坊主の大漁亭梅坊主の梅松（中村翫右衛門）と豊年斎梅坊主の梅吉（三木のり平）は、北海道でご難に遭って、ついに函館の安宿「追分屋」で袂を分かった時のやりとりもカッコ良くてゾクゾクしました。

梅松　おい、みんな！　俺ね、何としてもこの苦境を切り抜けて、一座を東京へ連れてけえってみせるよ。さて、そのけえってから後のことだ。まあ今度の旅は、豊年斎がたっての望みで、寄席や芝居小屋を打って廻ってこのご難だ。やっぱりかっぽれは昔ながらの大道芸、もう土の上へ戻るのがいちばんだよ。さあ、だから俺はね、元の大道芸人に戻るつもりだ、おう、そう思ってくれ！

梅吉　ちょいと待った兄貴！　そらあおいら不服だな。そらあ芸人が土の上より板の上、寄席、お座敷、芝居小屋へ出たいと思って、いってえどこが悪いんだい。世間の人だって、みんな土の上の芸人より板の上の芸人の方が一段高いと見てるんだから、そうなりてえのは当たりめえだと思うがな。

梅松　かっぽれの良さは、自由で広い大道でなけりゃ出せやしねえや。

梅吉　そんなことはあるもんかい。やり方次第さ。今度のしくじりだって、大道でやったもんを板の上に乗せたからだ。もっと工夫し、もっと考えりゃ、もっと面白くなったはずだよ。

梅松　じゃあ、おめえの工夫ってえのは、クスグリだくさんの面白おかしくしようてえのか。

梅吉　おう、客を引くにはそれでいいんだ！

梅松　昔っからのかっぽれの良さを崩すのか！

梅吉　そうじゃねえ、そうじゃねえけどな。踊りが上手いだけじゃ客は飽きるよ！

梅松　そんなことを言う奴は、もういい、もういいよ。分かった、分かった。そうか、縁あって兄弟《きょうでぇ》の誓いをしたが、この三年の間に道は二つに分かれたようだ。

さて長年の夢が叶った東宝劇場の『かっぽれ梅坊主』初演は、のり平、翫右衛門ご両人の、初共演というのが嘘のような呼吸の合い方で、山田五十鈴と翫右衛門丈との見せ場もふんだんにあり、たくさんの芸の火花を散らし、初日が開くやたちまち大評判。劇界でも大きな話題になり、歌舞伎、新劇、商業演劇からも連日、役者関係者が劇場に足を運びました。連日超満員大成功で千穐楽を迎え、翌年は梅田コマ劇場、名鉄ホールでの再演となり、櫻川ぴん助社中が日本中の舞台で豊年斎直伝の「かっぽれ」深川踊りを披露しました。ぴん助師も本当に楽しんでいらっしゃいました。翫右衛門の「大漁亭梅坊主」に惚れる芸者のお葉役の山田五十鈴先生がまた素晴らしかった。水谷良重さん、十朱幸代さんもピチピチしてとても可愛かった。この作品が好評だったので、次の年に、また、翫右衛門、のり平で今度は、『鍵や玉や物語　喧嘩花火』（昭和四九［一九七四］年九月四日―二八日、東京宝塚劇場）という小野田先生のオリジナル作品を上演しました。花火師の話ですね。「なぜか鍵やといわぬ情なし」。これも二人が張り合う話で、そこへ田舎ものの左とん平さんと下手《しもて》の方からのり平がスイカをかじりながら登場。のり平が持参した花火を両国の花火大会で打ち上げるって言ったら、その鍵やの連中がね、「田舎もんが作った花火なんて、あぶねえから上げさせることはできねえ」「俺は田舎もんじゃねえよ。俺は玉やの二代目だ」と言って、それで勝手にうんと遠くの方で、花火が上がるんですね。するとその花火が見事なんで、「あいつだ。見事なもんだ」と翫右衛門さんがおっしゃって、「これも上げてくれ」って頼むわけですが、断る。そうしたら勝手に別の舟に乗って大川で花火を上げちゃうわけです。この時も出て来る時のスイカにセリフが書いてあった（笑）。

『鍵や玉や物語　喧嘩花火』は再演（昭和五八［一九八三］年七月二日―二八日、明治座）して、一回、島田正吾さんとのり平で演りました。ぼくは見てませんが、名古屋かどっかで十七代目市村羽左衛門さんとも演ったのかな。装置は中島八郎さんですね。うちのお父さんの芝居ってだいたい古賀宏一さんなんです。中島八郎さんのほうが先輩なんですね。古賀さんの方が、ちょっと小村雪岱的なスタイルで、のり平はそっちのほうが好きでした。いずみたくさんが音楽です。

翫右衛門、のり平コンビの小野田勇作品は「日本名人奇人伝シリーズ」と名づけられ、『開化べらぼう侍』（昭和五一［一九七六］年九月三日―二七日、東京宝塚劇場、演出＝津上忠）と続き、そのあとは、東横劇場の前進座六月公演、三木のり平特別出演『哀より愛へ　開化無情』（ヴィクトル・ユゴー作『レ・ミゼラブル』より自由翻案、作・演出＝津上忠、昭和五二［一九七七］年六月三日―二二日）へと続きます（日本名人奇人シリーズでは、翫右衛門さんではなく中村梅之助さんが出た『呼出し一代　男は太郎』［昭和五〇［一九七五］年二月三日―二八日、東京宝塚劇場、演出＝早野寿郎］という作品もありました）。やはり『かっぽれ梅坊主』がいちばん良い舞台でした。

のり平は、舞台でどう見えるかということを絶えず考えていました。衣装、メイクアップ、髪形、舞台のどこの位置にいるべきか。そういうことをしょっちゅう考えている。役の扮装は現代劇でも時代劇でもどんなジャンルの芝居のどんな役でも見事だったと思います。常に人を観察していたようで、私にも「いろんな人間を見ろ、とくにしょうがない奴、ダメな奴、人格に問題がある奴」と言いました。確かに勉強になりました。

「中村翫右衛門さんは、毎日新鮮な気持ちでぶつかってくる、こちらも遠慮しないでその日の気持ちで出来る。どんなことでも見事に受けてくれる」。のり平は共演して改めて感服したようです。「ほんとに凄いよ、寝ぼけてらんないよ」。嬉しそうに苦笑していました。

『白浪三国志　鳴門の火祭り』

昭和五二（一九七七）年二月一日―二七日、東京宝塚劇場、東宝二月特別公演『白浪三国志　鳴門の火祭り』（作＝小野田勇、演出＝三木のり平）

物語――時は天明、賄賂政治が横行する田沼時代。侠盗田舎小僧新助（三木のり平）は、とかく噂のある大名屋敷ばかりを狙い庶民の喝采を浴びていたがついには捕らえられ、佐渡の金山に流人の身の上となる。折柄送られてくる無宿者河童の権次（石田英二）の話に逆上する。今江戸では、稲

葉小僧新助（林与一）**という義賊が田舎小僧と同じように活躍、彼の手柄までも田舎小僧のものになっている様子。おまけに情婦のつもりの女賊浮世絵おせん**（浜木綿子）**に稲葉小僧との浮名が立っているという。頭に来る。おせんと盗人仲間の鬼坊主の清吉**（加藤武）**の奇策で佐渡からの脱出に成功、江戸で耳よりの情報を聞く。五年毎に行われる鳴門の火祭りで公開される阿波藩の宝物、南蛮渡来の夜光珠菩薩の像を稲葉小僧が狙っているらしい。その宝物を先に盗み出しライバル稲葉小僧の鼻をあかしてやろうと、おせん、鬼坊主と共に阿波の旅路へ。同じ街道を後先になりながら、ハーフの女芸人南蛮お蝶**（水谷良重）**、虚無僧姿に身をやつした男装の美女鏑木志乃**（甲にしき）**、諸国うまいもん食いの旅を続ける浪人荒木又十郎**（芦屋雁之助）**、そして正体を隠したまま、田舎小僧と奇妙な友情に結ばれる稲葉小僧。彼らは、それぞれ目的を異にしながら同じ夜光珠菩薩を狙って、他国者入国禁制の国阿波への潜入を企てている……。的場伝七郎役寺田農その他の出演。**

公演パンフレットの小野田先生の「作者の裏ばなし」です。

「こんどの芝居は、事実上の企画者三木のり平丈の言葉を借りると『荒唐無稽史実無根徹底的超娯楽本位大喜活劇』ということになる。はじめ、のり平、与一初顔合わせということで、ジャン・ギャバンとアラン・ドロンのギャング物を黙阿弥の白浪物の世界に移し替えて『鼠小僧ふたり』というのになりかけたが、のり平座長、渋い顔して、もう一つノラない。

「そう粋がらずにさ、腕達者が揃ってんだから、心理描写だの腹芸なんて芝居が《ママ》なく、思いっきりアクの強い芝居をして役者同士が丁々発止喰いっこするような、スケールのでかい、理屈抜きただ面白いってものやろうよ」と、言う。

ごもっともである。ぼく、元々娯楽路線派、些して志の高い作者ではないのに、トシを喰ってきたせいか、ここンとこ、ガラにもなくちょいと渋いホンを書きたがったりする不心得がないでもなかった。面白いだけの芝居結構、大賛成ということになって、あれやこれやと打ち合わせ、昔の芝居昔の映画の楽しさ面白さを語り合う内、泥棒は二人と限らず怪盗俠盗義賊に女賊いろいろ出し、阿波の鳴門に勢揃いさせようということにきまった。（略）

一応取材の為、のりちゃんと一緒に徳島、鳴門の両市を訪ねてはきたが、冒頭の主旨に従がって、史実事実共に無視、フィクション百パーセントの芝居だという証拠に、題名も、実際にはありもしない『鳴門の火祭り』。熱狂的な阿波おどりに、炎が加わったら、もっと昂奮が盛り上るのではないかという着想だが、取材中思いがけなく鳴門市長と面会することになって、説明するのにちょっと困った。だが、太ッ腹の市長さん、「では、来年から鳴門に火祭りをつくりましょうかな」と笑っていた。ヒョッとするとヒョッとするかも知れない（まさか！）……が、そのくらいの評判を呼びたいものと、演出者も兼ねるのり平座長、仕掛け舞台にアイデアを練った美術の中嶋八郎さん、不承作者のぼく、そして、スタッフ一同大いに意気込んでいる次第である」

同じくのり平も「原点にかえって」と記しています。

「これは半分は自分自身に言い聞かせている反省なんですが、どうも最近のお芝居は心理的なハラ芸を見せるものとか、ホームドラマの延長みたいなものが多いんじゃないかと――。よくお芝居の宣伝に「笑いあり、涙あり」という文句が出て来ますが、お芝居ならそれは当り前のことでしょう。

そこで、二月の公演は、芝居の原点にかえって、奇想天外、荒唐無稽、ひらたく言えば恥も外聞もかき捨てて、お客様に無条件に喜んでいただけるもの、ハラハラして見ていただけるものに取り組んでみよう。そのためには東宝ともよく話しあって、舞台装置にうんと金をかけて、仕掛けやスペクタクルをふんだんに盛りこんだ作品にしあげよう――それが態々劇場へ足を運んでみて来て下さったお客様への本当のサービスじゃないか。そういう意気込みでスタートラインに立ちました。

作者は人さまから名コンビと言っていただいているオノちゃん（小野田勇さんの愛称）です。〝名〟か〝迷〟かは分かりませんが、オノちゃんとバッテリーを組んだ作品は、この二十年間だけをふりかえっても、落語シリーズ、名人奇人シリーズ、エトセトラエトセトラと三十本以上になるでしょうか。今度の試合でオノちゃんがどんな球を工夫して投げてくるか楽しみです」

同パンフレットには、演劇評論家の石崎勝久さんの「『鳴門のお酒と、お芝居と』三木のり平・小野田勇同行記」という文章があって、二人の盟友の芝居作りの感じが書かれています。

のり平さんのお酒の飲み方はおもしろい。日本酒をコップで飲むのだが、そのコップ酒とともに熱いお茶を飲むのである。酒をぐいっとあけて、そのあとお茶をちょびっと飲む。そしてまたお酒をぐいッ、お茶をちょびッ。

妙な酒の飲み方ですねといったら、のり平さん、

「うん、これが健康のために一番いい飲み方なんですよ」

この言葉を聞いてゲラゲラ笑い出したのが小野田勇さんで

「アハハハ、この人のいうことはあてにならんですよ。だってついこの間までは、お酒と一緒に牛乳を飲んで、これが健康に一番いい飲み方だっていばってたもん。それがいつの間にかお茶に変わっちゃったんだから」

ともあれ、飲みかつ食いながらの芝居談義はたのしかった。

「だいたいこの頃の芝居、妙にホームドラマ的で面白くないですね。だからこんどは奇想天外、これこそ舞台の面白さのエッセンスだといえるものにしたいなあ」

「そうよねえ、宙乗り、舞台くずしを含めた仕掛けをバンバン入れてね。舞台はナマのたのしさをフルに発揮したいな」

「ものがたりは田舎小僧、稲葉小僧というふたりの実在の泥棒を扱ったものだけど、このふたり、名前が何となく似ているということもあって、田舎小僧のやった仕事もみんな稲葉小僧の仕事に思われているフシがある。そこらへんのおかしさも盛り込もうと思うんだよ」

作者と演出家兼主演者の話しあいだから、イメージはお酒とともにどんどんとふくらんでくる。まさにその夜は、〝鳴門の酒祭り〟の感じだった。

翌日、船にのって鳴門のうず潮見物に出かける。（中略）

芝居の登場人物、田舎小僧と稲葉小僧たちは、小舟を使って阿波に入ろうとしてこのうず潮にまき込まれることになるのだそうである。

「ここで小舟を転覆させて、そのあと水中格闘のシーンを入れれば面白くなるね」

「そうそう、そこらへんをブラックマジックでやればいいよね」

作者たちの頭の中には、作品の構想が、目の前のうず潮のようにごうごうと流れているのであるらしい。

林与一さんの稲葉小僧新助に、のり平が田舎小僧新助役でした。

『鳴門の火祭り』では、宙乗りがありました。天守閣から火が出るわけです。それでのり平が障子を両手につけて（笑）、天守閣から飛んで逃げる。

林与一さんと敵との水中での立ち回りが面白かったですね。お城の外が海なんですが、海底の入り口から城に泳いで忍びこむ抜け道があるわけです。そこから抜け出して、悪物の端役と林与一さんが台に乗り宙吊りになるかなんかして、海の中だからスローモーションみたいな形で立ち回りをやるわけです。林与一さんが相手を斬ると、水中だから血がスゥ――ッと上がって行く、糸かなんかで吊るしてね。それで斬られて死んだ方は、ユラユラしている。お客は大拍手です。水中に見えるように大きな舞台一面に張った紗幕の後から照明を当てまして、そこに時々魚が通り過ぎてゆくみたいなことをやって、海中だと分かるようにしていましたね。大道具さんも苦心したらしいのですが、やりたいことだったんですね。筋よりも、とにかく見せ場をたくさん作って、ただ面白いだけって芝居でした。

『白浪三国志　鳴門の火祭り』での宙乗り

芦屋雁之助さんも出てました。とっても抑えた芝居なんだけど、ちゃんと存在感出してね。良かったです。

「奇想天外荒唐無稽」っていう無条件でお客さんに喜んで頂ける芝居をやるっていうね。小野田先生は「ただ、面白いだけ」って（笑）言ってましたが、そうすると結構お金はかかるんですよね。仕掛けが多いから。

宣伝を兼ねて鳴門までロケハンに行ってるんです。あとは阿波踊りを五〇人ぐらい出しました。つまり鳴門の火祭りで阿波踊りがあって、これが舞台転換の度に出て来るみたいな感じで、音楽が急き立てられるような音楽でした。場合によっては、のり平がその阿波踊りの中に混じって踊って、抜け出すみたいなシーンもありましたね。

これも制作は東宝の『かっぽれ梅坊主』を企画した柏原正一さんですね。柏原さんは、役者からもホントに尊敬されていました。ばらちゃんって言われてました。ここだけの話ですが、東宝の演出部って、菊田先生の腰巾着みたいなのが多くてあまり役者から尊敬されていない人が多かったんです。その中で柏原さんはとても骨っぽい男だということで信頼されていました。

『鳴門の火祭り』は、その後、明治座でスケールを小さくして再演（昭和六二［一九八七］年七月一日―二七日）もしました。その時は『笑説田舎小僧　おらは天下の大泥棒』ってタイトルでした。

初演は宝塚劇場だからお金もうんとかけられるし、舞台が広い。やっぱり柏原さんは、いいプロデューサーでした。時には喜劇のことが得意じゃない人が喜劇を制作するなんてこともありました。のちにフランキー堺と坂本九で、『雲の上団五郎一座』が作られたことがあったんです。その時はミュージカルとかをやってるプロデューサーだった。だからアチャラカ喜劇なんて何も分からない。演出も『ラ・マンチャの男』なんかの中村哮夫さんだから、アチャラカのことは分からない。ぼくが元の『雲の上団五郎一座』を全部覚えてるので呼ばれて、演出部の人に加わって、いろいろギャグを考えたりしました。のり平は、一応、監修で立ててもらったけど、来るのは時々でしたね。でも、フランキーさんと坂本九さんがやってもね、面白くならないんです。のり平からすると「芝居が出来ない奴にやらしたってダメよ。プロデューサーが知らないから、アチャラカを馬鹿にして演れると思ったら大間違いだよ。そんなものは受けているうちに入らないよ」って。次の年から、反省してそういうパートは、南利明さんと佐山俊二さんにしたんだけど、それでも何かもうひとつなんですね。誰が演っても、のり平・八波みたいには当然行かないんですよ。佐山さんは、自分のオリジナルはない人でだいたい誰かにくっついてるみたいな形です。由利徹さんとの「山崎街道」のコントなんかはいいですよね。受け身で、飄々としてね。南利明さんと佐山俊二さんが「玄治店」を演った時、のり平は「南ちゃん、ボケたいんだろ？　だけど、ここの場面は佐山さんをつっこんでやってよ」って、これは他の演出家には言えませんよね。

第十一章

演出家として——『放浪記』『おもろい女』、キグレサーカス

『放浪記』初演パンフレット

演出について、山川静夫さんがのり平に話を訊いています。

山川　演出という部分についてお伺いいたしますが、随分たくさんの演出をなさる……キグレサーカスまで……（笑）。

のり平　いろんな歌手の人の芝居とかね、五木（ひろし）さんなんか一〇年ぐらいやりました。

山川　のり平さんの演出術といいますか、精神はどういうところに重きを置いてるんですか？

のり平　元々ぼくは演出志望で、演出の方を勉強しましたから、そういうことだと思いますし、ましてや、東宝入ってからは菊田先生になんか付いてましたし、よく、「お前、ちょっと来い！」なんて、あの仕出しっていうか、「脇役の演技付けてくれ」とか、いろいろ頼まれたりして、菊田先生に教わったことが随分ありますけどね。

山川　……ということはどういう？

のり平　笑いの要素なんかもそうですね。思いもよらない、菊田先生は、浅草時分にエノケン一座から笑の王國から、それとズッと文芸部にいましたからね。そういうことで随分教わったことがありますよ。もちろんロッパ一座の文芸部でしたし。

山川　今、エノケンとロッパという話が出ましたが、この二人もある程度は演出家でもあったわけですよね。

のり平　みんなそうなんですよね。喜劇役者が多いんですよ、ほとんど……第三者が演出するっていうのが難しいんでしょうね。

山川　エノケン、ロッパなんかの演出は、のり平さんの中にどういう風に消化されてるんでしょう？

のり平　そうですねえ。エノケンさんは、もう身体をハチャメチャに使って縦横無尽に舞台を駆けずり回りますからね。ロッパさんという人は、ドシンとしながら面白いことを言うとか、それで声帯模写なんか上手かった人ですからね。なんでもできた人ですから……特に長谷川一夫さんが演った、（中村歌右衛門が）台本が見えなくなっちゃって、目のお医者を演りましたよね。

山川　『男の花道』？

のり平　そうです、『男の花道』。絶品でしたねえ。

山川　そういう場合に、いろんな演出家の考え方があるとは思いますけども、観客がいますね。役者がいますよね。それで自分がそれを監督するというかね、演出がある。この三者の関係っていうのはどういう風に考えるんですか？

のり平　やっぱりね、三角っていうのかな。山川さんとぼくとこう話をしてる。ところがこれをお客に聞かせてるっていう考えなんですね。それで、今のテレビやなんかだと、距離感が違いますよね。カメラに向かって演ってるから。劇場の場合はいろいろ広いから、三階まで聞こえるように、ここで話しながら聞かせてるっていうところが違うんじゃないですかね。

山川　その三者が上手く満足しているという状態を演出家が作って行くんですね。

のり平　そういうことですね。距離感をよく図って。もうよく間合いなんて言いますよね。間が難しいっていうけども、セリフの間《あいだ》の間《あいだ》とか、こういうかけあいの間《ま》じゃないんですよね。お客との呼吸《いき》の合わせ方って、喜劇、笑いは特に必要なんですよ。客の息遣いとあれとがこうバアーッと合う時は……うん。

山川　そのへんのところは難しいですね、呼吸《こきゅう》を図るというのは……それが要するにそれぞれが伝わり合うことがベストなんですけれども、これは伝わってないなと思うとそこを指示するというのが演出家ですね。

のり平　そういうことです、そうです。

山川　伝わってないなあ、と。伝えてはいるけれども、伝わってない。

のり平　聞こえてるけども分かってない（笑）。

山川　つまり伝えるということと伝わるということは違うこと。伝わるようにするということ。

のり平　そういうことですね。

（『山川静夫の〝華麗なる招待席〟』）

のり平にとっての恩師である劇作家の菊田一夫先生が亡くなったのは、昭和四八（一九七三）年四月四日、午後九時のことです。享年六五。

その時の様子を水谷良重さんが書いています。

女優良重の恩人の一人、菊田一夫先生危篤の知らせを聞き、慶応病院に駆けつけましたところ、先生の病室に入ることもかなわず、ロビーでじっと座っておりました。

と、そこへ北條（秀司）先生がツカツカと病室から出ていらっしゃいました。ロビーにいる私を見つけると「良重か、そこで何してる？」と私に近づいていらっしゃいました。

詰めかけていた大勢の関係者が、みなこっちを見ています。「お前はそこで菊田が死ぬのを待ってるのか？」

考えてみれば……そうなのです……何をしているのか？　待っているんです。何を？　そう、先生が死ぬ、その瞬間に呼ばれるのを待っているのにほかならないんです……確かに。答えられずにいる私に「菊田は頑張っている。死なないと信じて帰ってやれ」そしてスタスタと病院を出て行かれました。

入れ違いに三木のり平先生が蒼白な、まるで違う人の顔でロビーに駆けつけていらっしゃいました。その時、病室から「ご臨終です」の声。のり平先生は、クルリと向きを変え、そのまま帰ってしまわれました。

ターンした小さなのり平先生の背中に、大きな堂々とした北條先生の後ろ姿に、ものすごい悲しみをズシッと感じました。こんなにお世話になった菊田先生なのに、私の悲しみなんて、このお二人の背中に比れば、なんて底の浅いものなのかと、自分にシラけて涙が出ませんでした。

（『あしあと　人生半分史』）

菊田先生没後八年に『放浪記』が上演二〇周年記念として公演されることになります。主役の森光子さんは、演出にのり平を希望しました。

『放浪記』

昭和五六（一九八一）年八月二五日―一〇月二八日、芸術座、東宝現代劇特別公演、上演二十周年記念『放浪記』（林芙美子作品集より、作＝菊田一夫、潤色・演出＝三木のり平、演出補＝本間忠良）

物語――本郷の下宿・大和館で林芙美子（森光子）は、新劇俳優の伊達春彦（久富惟晴）と同棲しているが、伊達に日夏京子（奈良岡朋子）という新しい女が出来、別れる決意をする。芙美子は神田小川町のカフェで女給をしていたが、客の土建屋の田村伍平（佐野健一）と揉めた妹分の悠起（山口いづみ）をかばい店を辞める。その時、白坂五郎（下元勉）ら雑誌『太平洋詩人』の同人たちが芙美子を訪ねていた。その中には、昔の恋仇日夏京子と福地貢（井上孝雄）がいた。やがて芙美子は福地と同棲するが、それも上手くいかずに、故郷尾道の実家へ帰る。そこで出会った貧しい行商の親子の姿に昔の貧しかった日々を思い出す。福地と別れた芙美子は渋谷の木賃宿で暮らす。ある夜、淫売狩りがあり、売春婦が逃げ込む。巻き添えを食らった芙美子は警察で、『女人芸術』に掲載された「放浪記」が新聞に紹介されたことから嫌疑を晴らすことが出来たが、芙美子の苦境を助けようと悠起が田村に身体を売って金を工面していた。『放浪記』の出版パーティーで称賛を受ける中、京子はかつて自分の小説を『女人芸術』に届けなかった芙美子の頬を打ち、「物書きの生活があさましくなった」とその場を去る――。初演は、昭和三六（一九六一）年一〇月二〇日―一二月二八日、芸術座。

『放浪記』の再演といっても菊田一夫先生が亡くなっていたんですね。森光子さんが「のり平先生の演出じゃないとやりたくない」と言われた。だけど、のり平の方は、「とんでもないよ。そんな菊田の親父のものをやるなんて」といって、ズッと断っていたらしい。

菊田先生が初演時のパンフレットの序文に、「かつて私の知っていた林芙美子を透して〝放浪記〟という一つの人間ドラマを描きたかった」と書いていました。ということは、菊田先生自身のことがいっぱいこの作品には入っているわけですよ。のり平は、これを読んで、ハッとした。「これは菊田一夫の『放浪記』なんだ」。それで芝居が見えてきた。

森さんが、『放浪記』の再演時について書いています。

> 台本をカットし、演出も変更しなければならなくなりました。重役になっていた横山清二さんに尋ねられました。
> 「誰か推薦する人いる？」
> 大切な仕事をだれにお願いしようかと考えていたら、ひらめきました。
> 「あっ、のり様がいる」
> のり様は演劇界で誰知らぬ人とてない偏屈な変わり者。けれど芝居はとびきりうまく、演出も巧みです。しかも菊田演劇を心から愛していました。当時、明治座や新橋演舞場でおもに小野田勇先生の台本で舞台に立ち、そういうときは演出もしていました。これはもう、のり様しかいない、と思いました。（中略）
> 案の定、オーケーが出るまで半年以上かかりました。忘れてしまったのか、それと

『放浪記』（三木のり平＝潤色・演出）
公演パンフレット

も嫌がっているのか、こちらも気をもみましたが、あとで聞いてみると悩みぬいていたのでした。名古屋の劇場で芝居をしていたとき、出番が短いので楽屋で『放浪記』の脚本を読み、これを傷めることはできない、菊田のおやじのホンをカットするのがつらい、とうめいていたそうです。

その話を私は随行していた演出助手の方から聞きました。

のり様が苦しみぬいて、ぎりぎりに出してきた台本はぐっと薄くなっていました。さっそく自分のセリフのどこがカットされているか調べてみましたが、それがわからないのです。それでも読んでいくと、こっちはこのページで終わっているのに、こっちは次のページに行っていたりとか、セリフのごく一部分だけを削ったりしているのがわかりました。細かい細かいカットでした。

偏屈なのり様らしいと思ったのは、第三幕の尾道が一場増えていたことです。カットを頼んだら、逆に場が増えていました。

（『人生はロングラン　私の履歴書』日本経済新聞出版社）

『放浪記』の演出について、水落潔さんがのり平に話を訊いています。

水落　菊田先生と言いますと、菊田一夫作・演出の『放浪記』という舞台がございまして、これが昭和三六年に初演で、森さんがズッと当り役にしておられて。で、菊田先生がお亡くなりになって、(上演)二〇年目にですね、のり平さんにぜひ潤色・演出をして欲しい、と。

のり平　参りましたね、あれは。

水落　そうですか(笑)。

のり平　はッははははは……！

水落　しかし見事にね。

のり平　一年ぐらい前から言って。だから公演月日も延ばしたんじゃないですか。確か半年後ぐらいに。まあ、「やってみようかな」と思いながらも、もう森光子さんがねえ、あれに賭けてましたからねえ。うん。「どうしてもこれをやる！」。つまり、「演出ってんじゃないけど、相談相手になってくれ」という……「菊田先生にあんたはズッと付いてたから、よく知ってるし」。で、二〇年前からだから興行時間も長ァく演ってましたから。

水落　五時間ぐらい。

のり平　まずそれを縮める作業で。ヘンな話、カットして縮める作業がぼくはものすごく上手いっていう評判があったんですよ、幕内で。へへへへへ……それが最初なんですよ。

水落　ああ、そうですか。しかし、どの場面もね、全部残しながら、細かくカット……。

のり平　ええ、まったくそうなんです。菊田先生のはね、切れないんですよ。まあ、一場面、ボォ――――ンとカットすれば訳ないんですけどね。そうすると一つ一つが長いんですよ。菊田先生がやってた当時のっていうのは、ぼくもその当時、菊田先生の芝居も随分書いて、「菊田先生、これ前の景で言ってますよ。もう分かってんじゃないですか、お客……」「バカ野郎、そんなことじゃないんだよ。今、入って来た客も分かんなきゃダメなんだ」。昔の浅草の時代の菊田先生は、入れ替えなしですから。今のように演劇が何時何分始まってていうようなもんじゃない。次から次へ入って来て、それからもう朝から三回ぐらいその芝居演るんですからねえ。

（『ステージドア』）

『放浪記』の最後の場面――第五幕「落合の家・晩年（昭和二十四年頃・秋）」。林芙美子（森光子）は、上手側の机の前に座って湯呑でお茶を飲んで、その横に座った女中の話を聞いています。少し離れた下手側に菊田一夫（小鹿番）が胡坐を組んで座っています。

女中　この次は鹿児島県からいらした方で、先生の本当のお父様のお従弟様に当たる方だそうです。わざわざ東京へ出て来たんだから、「今晩は泊めてもらえるだろうか」って。

芙美子　近くの宿屋にお泊めして、武士さん（芙美子の夫）に貰って旅費お渡ししたげて、「明日、お帰りください！」。

女中　あ、あの〜。

芙美子　「逢うのなら、まだ貧乏していた頃にお目にかかって、いろいろお話を伺いしとうございました。親類の方にはどなたにもお目にかかりませんから」って。

女中　でも、お母様に申し上げましたら「会いたいなあ」っておっしゃってました。

芙美子　止めてちょうだい。なぜ、あたしたちが困ってた昔の話をしなくちゃならないの。旅費をやるのも止めなさい。

女中　あ、はい……。

芙美子　まあ、旅費はやっておきなさい。

女中　はい！

――女中が去って

菊田　（胡坐を組んで座って、芙美子をボォーッと眺めている）

芙美子　……あたしを成り上り者の、冷酷な奴だと思う？
菊田　いいえッ！
芙美子　ホントのこと言ってちょうだい。あんたなら昔の私を知ってるし、ホントのことを言ってくれるでしょ。
菊田　あはあ、そらねえ、今の林さんだけを見ていればね、なんという温かみのない、逆上《のぼ》せ上がった人だろうと、世間の人は思うかも知れない。ぼくはね、世の中には身内もないし、また他人もないと思うんです。生まれる時も一人だし、死ぬ時も、もちろん一人。自分で自分を助けないで誰が助けてくれますか。よくあのう、人間て孤独だって言う人がいるけどもね、そう言ってる人が実際には女房に頼ったり、子どもに頼ったり、孤独の味なんて、ちっとも知っちゃいないのね。まあ、その味を本当に知ってるのは、ぼくの知ってる範囲では、林さんくらいじゃないかな、ええ……。
水落　林芙美子というヒロインは、昔の大衆演劇だと少々辛いですよね。嫌なところがある。それが嫌なところがあるために逆に成功したわけですから。そのへんを森さんがなさるたびに段々、段々、こう深く、鋭くね、表現なすってるような気がするんですね。
のり平　そうですね。確かに。
水落　そのことにぼくは感心するんですけどね。
のり平　磨き上げて来ましたね。
水落　あれが、いい人、いい人の主人公だったら、こんなに持たなかったような気がしますね。

のり平　ある意味、ズッと見てて、最初の頃の、初演の頃から知ってましたけど、ぼくは林芙美子さんの生活ってものは知りませんけど、菊田先生がそこにダブってるんですね。あの最後の場面の意地悪なのは、菊田先生がほとんどなんですよ、あれ。

水落　そうでしょうね。うん、菊田先生の自伝を読んでますと、やっぱり四一になってね、なんか親戚の方が訪ねて来て。

のり平　そうなんです。ぼく、それ見てましたから、目の前でね、東宝へ入って来て部屋へお入りになった時に、「もう誰々が訪ねて来ちゃった」「先生、これ誰なんですか?」「これ、浅草時分の古い作家なんだ。俺と一緒に仲間でやってた。弱ったなあ……」とかね、そういうこと言ってました。よく知ってます。親戚が訪ねてきたとか。

水落　そうするとあくまで菊田一夫の『放浪記』と。

のり平　うん、それが初めて分かったんですよ。

水落　はあ、そうですか。

のり平　それでねえ、ぼくは中のナレーションを森光子さんがしゃべって、林芙美子がやってるような、林芙美子の『放浪記』の演り方なんだけど、あれは菊田一夫の『放浪記』なんで、ええ。それに気がついた時に、菊田先生の真似する番ちゃんて役者がいるでしょ。

水落　ええ、小鹿番さん。

のり平　あれにナレーションをやらして。そしたら芝居がドーンと浮いて来て分かったんです。

水落　ああ、そうですか。しかし、その他にも三田佳子さんの芝居、それから新派……。

のり平　新派の演出、うん。

水落　五木ひろしさんのお芝居。

のり平　はッははは……！

水落　それから、まあご自分のお芝居と随分、その演出家としても。演出家としてなさる時は、俳優さんの心理とまったく違うことですか。ダブって来るんでしょうか。

のり平　う～ん、少しはダブりますけど、ぼくの演技を教えようなんていうんじゃなく、いかにお客さんが喜ぶか、笑うか泣くかっていうようなことばっかり計算してまして、客の立場で、これなら笑えるかな。こうすれば泣けんじゃないか、と……。

（『ステージドア』）

森光子さんが、のり平の『放浪記』演出時の様子を「演出家としての「のり様」」にお書きになっています。

三木のり平さんは江戸っ子らしくとてもシャイな方で、『放浪記』の演出の際にも、他の皆さんには、ていねいに演出して下さるのに、肝心の私に対しては、何もおっしゃって下さいませんでした。

これが、私にとっては、いつも不満でした。

通し稽古《げいこ》の舞台で、私がどんなに演じていても、演出家の三木のり平さんは、客席に座っていても、舞台の私を見ようともなさらないのです。

いつも下を向いていらした。台本を読んでいらっしゃるのかなと思ったら、週刊誌を読んでいることさえありました。そのくせ、私の出番が終わって、たくさんの人が舞台に出る場面になりますと、勢いよく舞台に上がってきては「いいかい、人が障子をあけて入ってくるんだから、あんたは誰が入ってきたのか、そっちを見なけりゃ変だろ。見ないとすると、そこに別の意味が出てくるだろ」

と、言うかと思ったら、

「お前ね、何考えてるんだい？　時代というものを考えろよ。現代のお芝居じゃないんだよ」

なんて、怒ってみせたりして、それはそれは舞台に出ているひとりひとりに細かく演出をして下さるのです。

（ひょっとしたら私のことなど、どうでもいいと思っていらっしゃるのかしら……）

私は、『放浪記』の稽古が始まると、いつもそう思って、ちょっと不満気味でした。

ぼくがのり平演出の『放浪記』で好きなのは、尾道の場面や下宿の場面ですね。伊達春彦、日夏京子が出て来る。日夏京子は、奈良岡朋子さんがとても結構でしたね。いろんな女優さんがやりました。黒柳徹子さんもやっぱりお嬢さんって感じがして良かったですね。幕間のナレーションはそれまで芙美子役の森さんが読んでいたのをのり平演出ではそれを菊田一夫役の小鹿番さんに変えた。つまり「菊田目線」になったんですね。菊田先生は森さんを東京に連れて来たものの「森光子の使い方」をずっと考えていた。菊田先生の自伝的な『がしんたれ』って芝居で森さんに林芙美子役をやらせた。それまでは「君は越路吹雪とかベルさん（山田五十鈴）みたいな華やかさはないから脇で行きなさい」と言っていたそうです。それが『がしんたれ』に出た森さんの舞台を観て閃いたんでしょうね。

のり平演出になってからは初演から菊田一夫役だった小鹿番さんに「堂々と菊田オヤジの真似でい

いよ。お客さんにはご馳走なんだから」。菊田先生ご存命の頃は遠慮してそんなにソックリにはやってませんでしたけど、それから菊田先生のクセとか歩き方を取り入れてました。番さんは昔から菊田先生の真似をして楽屋の皆を笑わせてましたからね。背中を丸めて「あのね、キミね、セリフの語尾はハッキリとね」なんて。

のり平演出になって林芙美子の母親役は俳優座の三戸部スエさんになりました。それが三戸部さんが亡くなって困っていたら、うちの母が「ねえ、大塚道子さんはどう?」。大塚道子さんも俳優座仲間だし、スンナリ決まりました。うちは母や私が舞台稽古を見て、ああだこうだ芝居全般にわたって気付いたことを言う。母と私はある種のチームでした。改良点や問題点を提案して「うん、そうだな」なんて。「あそこ辻褄が合わないんじゃない?」「上手いこと誤魔化すんだよ」なんてことも。母は役者のかみさんだから舞台稽古の日は楽屋の仕度を手伝いに行く。にぼくも必ず連れて行かれました。その時にぼくは芝居を見るのが好きでしたからね。

『放浪記』の演出　三木のり平、宮川洋一、森光子

母は、元々女優でしたから、のり平は母のお陰ってことも多かったですね。幕内で母のことを知らない人っていなかったです。母の母が、ムーラン・ルージュの大幹部だった。水町庸子と

中山呑海の娘とのり平は一緒になった。だから、劇界でうちの母のことを知らない人はいないから、すごく売れるのも早かった。

あと、のり平の演出で印象に残っているのは、芙美子と福地貢が二人で一緒に住んでいて、福地が毎晩女を連れてくる。その場面で夜、だんだん日が暮れて来ると、灯りを思いっきり暗くしました。もう顔が見えるか見えないぐらいに。これが芙美子のなんともやりきれない出口の見えない閉塞感が出ましたね。

他にも——

「尾道の場面でも、芙美子が親にカフェーでの暮らしぶりを語るくだりや、元の恋人との思い出話がカットされた。また、それまでの展開と空気を変えるために、芙美子が独白する尾道の詩が場面の冒頭に移された。舞台セットには立体感を出した。菊田版は砂原での芝居だったが、三木は大きな堤防を置いた。恋人が去り、船着場に向かう。恋人を乗せた船が出る。この場面は客席側が海だ。堤防に立った森は、視線のやり方だけで恋人の存在を表現する。船に視線を向けたまま、堤防の階段を駆け下り、船を追いかけ、浜辺を走る。船が小さくなっていく。絶望。三木の演出が森の中の芙美子を引き出した」（川良浩和『森光子　百歳の放浪記』中公新書ラクレ）。

『放浪記』小鹿番、大塚道子

のり平の演出では、一幕、一幕に、この景はこういう景、この景はこういう景というメリハリをつけて丁寧に作った。

公演パンフレットに演出補の本間忠良さんがエピソードを書いています。

「公演時間が4時間30分を超えているからと、台本のカットと演出をお願いされた三木のり平さんが、どれほど迷われたことか、ご返事をなかなかいただけなかった事からも分かります。「尾道の場面」までは、カットは順調に進みました。「世田谷の家の場面」でバッタリと止まってしまいました。稽古の開始が迫ってきました。名古屋公演に出演中の三木さんのもとへ、私も10日間ほど名古屋に。台本が出来上がり、いざ稽古場に。そこで見たものは、どこがカットされたか分からないと戸惑う出演者。さほど、三木さんのカットは精密でした。好評のうちに初日の幕が降りました。上演時間も1時間ほど短くなり、皆さんの喜びようも大変でした。三木さんを囲んで、何軒か飲みにいきました。最後の店で、私はのり平さんと二人きりになりました。「よかった。」と言ったのり平さんの頬に涙が……私は忘れません」（「私と『放浪記』」、『東宝現代劇3月特別公演〈林芙美子作品集より〉放浪記』パンフレット、平成一七［二〇〇五］年三月、芸術座）。

平成四年に東宝とフジテレビ提供による『放浪記』の北海道・東北一か月の公演がありました。その千秋楽を迎える仙台での話です。演出部の滝澤辰也さんが書いています。

「千穐楽を迎える仙台へ久々にのり平先生が現れ、座興に「出版記念パーティーの場」に出るという。メイクして由井正雪のようなかつらをつけ「ねえ、わかんないだろ」に周囲も曖昧な相槌で答えましたが、舞台に出た途端、どっと大受け。「のり平！」、「三木ッ」の声もかかり、「どうしてわかっちゃうんだろう」と一言。……わかりますよ」（「私と『放浪記』」同前）。

『放浪記』の演出で、のり平は、平成二年、第一六回菊田一夫演劇大賞（東京宝塚劇場『喜劇 雪之丞変化』でも）、平成七（一九九五）年、第二回読売演劇大賞最優秀演出家賞を受賞しました。

森光子さんが著作にのり平のエピソードを書いています。

地方公演で一緒になったとき、楽屋に色紙が山と積まれて森繁久彌さんたちと途方に暮れたことがあります。芝居を終えて楽屋に戻ったら、色紙に全部サインがしてあるではありませんか。それも森繁さんや私のとそっくりな字で。空き時間にのり様がこともなげにやってしまったのだそうです。

あいつよりうまいはずだがなぜ売れぬ

この川柳も、楽屋で開かれたのり様主催の会で生まれたものです。皆でわざと自分らしくない川柳をつくり、その詠み人をあてるという趣向でした。選者ののり様は私の句を金賞としてくださいました。どこかで、気持ちが通じたのだと思います。

私はお世話になった方によくシャツを差し上げます。のり様にも、むろんお渡ししました。

そうすると、

「ふん、シャツばっかり。ズボンがないんだよ、ズボンが」

横を向き、憎まれ口をききます。

（『人生はロングラン　私の履歴書』）

さらには、こんなお話も——。

赤木春恵さんと会った時、彼女は私にこんな思わぬことを言ったのです。

「ねえ、亡くなられたのり様は、昔からミッちゃんのこと絶対、好きだったんだよ。私、わかってたもの」

三木のり平さんのことを、私たちは決して「三木さん」とか「のり平さん」とか言わずに、敬意を表して、「のり様」と呼んでいました。その「のり」も、「の」にアクセントを置くのではなく、むしろ「海苔《のり》」に近い発音です。

（まさかぁ……あの、のり様が……）

それにしても、突然、赤木さんにそう言われて、私も面食らってしまいました。何しろ、「のり様」との付き合いは長すぎるくらい長いのですから、いまになってそんなことを言われても、ただ驚くばかりです。もし、赤木さんが言うのが本当だったら、なぜ生きているうちに教えて下さらなかったのか、残念でなりません。

（「演出家としての「のり様」」）

編集者で作家の小田豊二さんが、公演パンフレットに書いています。

三木さんが、「友だち」になりたいと心底願っていた「女性」がいたことを知ったのは、三木さんが亡くなってまもなくのことだった。

遺品の整理を手伝っていたら、数冊のスクラップ・ブックが出てきたので、開いてみると、そのすべてが森光子さんの演技を絶賛している新聞記事の切り抜きだった。

どこかに「三木のり平」と書かれてあるのかもしれないと思って読んだが、一行たりとも、三木さんの名前はなかった。

思わず、三木さんがひとりで背中を丸め、森さんのことが書かれている新聞記事をハサミでていねいに切り抜き、糊でスクラップ・ブックに貼り付けている姿を想像すると、涙があふれて、こぼれおちそうになった。

どんな気持ちで貼っていたのだろう…。

板長（筆者註・のり平の友人）にその話をすると、彼もまた目をうるませながら、遠くを見るような眼差しで、こう言った。

「あの親父は、そういう人なんだよ。馬鹿だよなあ。だから、俺たちは三木のり平が大好きなんだ。森さんに聞いてみな。その話、きっと知らないと思うよ」

機会を得て、森光子さんにその話をした。

板長の言う通り、森さんは何も知らなかった。そして、こうつぶやいた。

「そうだったの…。のり様は、私のこと、嫌いなんだと思ってた…」

（『のり様の放浪記』）

森光子さんの『放浪記』は、平成二一（二〇〇九）年五月五日―二九日の帝国劇場での公演まで通算二〇一七回の上演を達成しました。

『おもろい女』

平成元（一九八九）年九月二日―一〇月二九日、芸術座、東宝現代劇『おもろい女』（作＝小野田勇、演出＝三木のり平、演出補＝本間忠良）。

物語――大正一四年春、一五歳の河本杉子のちのミスワカナ（森光子）は、故郷出雲から大阪千日前の劇場街楽天地へ出て来た。彼女は万才師を夢見て、映画館楽士・河内山一郎（芦屋雁之助）、万才台本作家・秋田実（米倉斉加年）や大阪演芸界を牛耳る女興行師・菱本せい（青木玲子）の口添えもあって、上方万才の大御所に弟子入り。昭和三年、河内家小芳となった杉子は、そりの合わない相方、栗丸との縁談に嫌気が差し、恋仲の一郎を無理やり相方にして駆け落ち。芸名をミスワカナ・玉松一郎に改名。昭和八年、二人は中国青島のダンスホールで知り合った桜井晴美（藤吉久美子）と江藤和夫（井上純一）の駆け落ちの同行者となって帰国。昭和一〇年、九州で名が売れ出したワカナ・一郎を秋田実が訪ね、大阪へ戻るように誘い、育ての親である若松演芸の女社長・山路たま（山岡久乃）を説得する。昭和一二年、日中戦争勃発と共に、ワカナ・一郎は「皇軍慰問わらわし隊」に参加、上海を訪れる。そこで出会った飯塚大佐（宮川洋一）から「平和な日本でもう一度、貴方の芸を目にしたい」と言われるが、翌年、JOBK（NHK大阪局）で大佐の戦死を知り、即興で飯塚大佐の想い出を語る。期せずしてのちにワカナ十八番の「泣かせる万才」が完成した――。

『おもろい女』の初演（昭和五三［一九七八］年九月二日―一〇月二九日、芸術座）のパンフレットに、小野田先生が、「裏ばなし」と題して以下のように書いています。

ぼくは東京ッ子の癖に少年の頃から、妙に大阪が好きであった。その大きな理由に、上方漫才の面白さに魅せられたということがある。ぼくの親父というのが大の野次馬で新しいもの好き、まだ東京では珍しかった上方漫才が大挙して殴り込みをかけてきた昭和九年新橋演舞場における漫才大会に連れて行ってくれ、漫才史上に残るエンタツ・アチャコの「早慶戦」に腹をかかえたのが病みつきのはじめだった。ぼく、その時おン年十四才の夏。以後大阪の漫才に狂い、中でも、昭和十二年日劇のエノケン一座「突貫サーカス」に初東上したワカナ・一郎にのめり込んだ。新興演芸部でのこのコンビの黄金期には、何回か大阪まで見に出かけたものである。天才といわれたワカナの絶妙のうまさ、おかしさを、しっかり見ておいてよかったと思う。のちに、もの書きになった時、いつかワカナ・一郎を芝居にしたいと思いつづけていたが、昭和四十年にNHKのTVドラマで実現した。これが今回劇化の原本となった「おもろい女」で、森光子さんのワカナ、藤山寛美さんの一郎の目を見張る好演で望外の好評を得ることが出来た。森さんの希望もあり、すぐに舞台化の話が出たのだが事情があって流れてしまった。それからも何回か企画が蒸し返されたが、ツキがないというのかその都度支障が起きて歳月が過

『おもろい女』芦屋雁之助、森光子

ぎた。

この間に、作者としての慾はこの素材を捨てるにしのびなく、又このTVドラマを大層買って下さった前東宝社長松岡辰郎氏のおすすめもあって、ぼくはこれを下敷きに「おもろい恋の物語」という喜劇を書いている。主人公をさくら・太郎という架空の人物にしての、めでたしめでたしの甘い笑劇だった。

それはそれなりに一応の成果は獲たのだが、ぼくにはやはり満足し切れぬものがあり、いつの日か練り直して、オリジナルの形の「おもろい女」決定版をつくりたい思いが強く残っていた。今回、漸く軌道にのり、重要な一郎役にいま役者としてアブラののっている芦屋雁之助さんという適役を得て、上演の機会を得た訳である。大袈裟にいえば、森さんにもぼくにも十三年の悲願達成ということか、みごとな実をむすびたいと念じている。

そんな事情で、前半に「おもろい恋の物語」と設定を同じくする部分が出来るのを避けられなかった。お断わりして御諒承を願う次第である。


のり平は、「演出の言葉」として、パンフレットに次のように書いています。

「「おもろい女」という芝居は、故早野寿郎氏の演出により、頂度十年前にここ芸術座で上演されました。そしてその翌年の秋、芸術座と名古屋・中日劇場で再演されています。

ところで、私はこの芝居を初演、再演と、さらに名古屋での公演と全て観ることができました。そして、その都度、出演者達と語らった記憶があり、「おもろい芝居」だなァという思いがのこっております」

矢野誠一さんが『おもろい女』について書いています。

「無論はなしにきくだけのワカナ・一郎だが、劇中で演じられた森光子と芦屋雁之助の『飯塚部隊長』に舌をまかされた。その頃「週刊明星」に持っていたコラムに、「役者としての演技を通りこす一級品の味わいがある。実際、いま東西の漫才界を見渡してみて、あれだけいい呼吸《いき》を持った、男女のコンビは見当らない」と書いて、森光子に喜ばれたのを覚えている。

芝居を観終えて、三木のり平、演出の早野寿郎、帝国劇場支配人大河内豪、「毎日新聞」高野正雄、「東京中日スポーツ」宇佐美宜一と帝国ホテル最上階で歓談したのだが、ワカナ・一郎の『飯塚部隊長』をリアルタイムで聴いている三木のり平は、森光子の成長ぶりを褒めちぎった。戦後ヒロポンに遣《や》られたワカナが、死に場所となった西宮球場のベンチ裏で、自ら二の腕に注射する場面を、「うまかったねぇ」と感嘆したあと、「森光っちゃんもやってたからね。昔取った杵柄だよ」と口をすべらした」(『舞台の記憶　忘れがたき昭和の名演名人藝』岩波書店)。

『おもろい女』は、森光子さんの本当の代表作だと思います。森繁さんが「『放浪記』は他の女優で出来るかも知れないが、『おもろい女』は、森光子しか出来ない」とおっしゃっていました。

初めは、大阪NHKのテレビドラマですね。藤山寛美さんが玉松一郎でまず演った。舞台では芦屋雁之助さん。初演は早野寿郎さんの演出でした。でも、初演の稽古の時からのり平は見てました。やっぱり森さんの芝居だし、カンペイちゃんだから。のり平芝居で早野演出っていうのもよくあったんです。早野さんとはのり平が先輩って感じで、小野田先生脚本の芦田伸介さんのお芝居でも早野さんの演出で、のり平が奈良岡朋子さんと恋人になるっていう二人のからみとかもとっても素敵なお芝居もありました(松竹現代劇公演『遥かなるわが町』昭和四九［一九七四］年一二月四日―二七日、日生劇場、原作＝山田洋次）。

『おもろい女』は初演の時から早野さんに付きっきりでアドバイスをしていました。「ここんとこちょっと暗いから、ちょっと一景くらい笑いで暗転てとこも作ろうよ」とか。「〽熱海の海岸…」って中国人の子どもの前でやるところがあって、「最初は上手い、上手い、上手い、上手い」ってところで溶暗でした。それを「おっちゃん、あのおばちゃん、あほとちゃう？」って言わせて、「わぁ〜！」ってなって、それで暗転にしたんですね。

それに森さんのことも、小野田さんの芝居の作り方のことも知り抜いていましたし、あとは早野さんだと、「ねえ、雁之助さん、今度はこうしよう……」って言いにくいでしょ。のり平だったら言えるわけです。「雁ちゃん、ここんとこさ、もうちょっとなんかやってよ」とかね。

雁之助さんの玉松一郎が一人になって、ハルピンかなんかで食い詰める場面がありますね。ああいうところですよね。ひとりで大阪が懐かしくなって、「鯖寿司」とかいって、雁之助さんはパントマイムが上手いからたっぷり演ってもらうと、笑いの後の悲哀も引き立つ。だから、菊田一夫的な演出の要素も取り入れていました。

早野さんの演出の頃は、若き日の森光子の役もありましたが、のり平の演出になってからは、「いらないね」ってことになりました。それでワカナが死ぬところを森さんにウンと演ってもらって、西宮球場の通路を歩いて行くっていう場面を音楽なしにしました。普通は音楽をかぶせるところでしょうが。それを音楽をなしにしました。初演からなかったのかどうか分からないけど、ワカナが死んで何秒か置いて、エンディングが流れ幕になりました。こういうところは細かかった。ちょっとロシア演劇みたいな幕切れでしたね。森光子さんのワカナはね、最終的に東京の芝居になっていました。さらにのり平演出になって変わったのは、森さんのワカナの嫌な面を更に見せたことですね。森さんは実際にワカナさんの一座にいた方ですし、本当に上手かった。森さんが利口なのは、実際のワカナみたいにね、えげつなく、泥くさくも出来たでしょうけれども、そこを押さえてね。ちょっと抑えめに演っていましたね。

秋田実役の米倉斉加年さんも本物と似ているわけじゃないんだけど、とっても良かった。インテリの人に見えますもんね。優しい感じですしね。有島一郎さんが秋田実役を演ったことがあります。『おもろい女』の別バージョンですね。堺正章さんと研ナオコさんのコンビの『おもろい恋の物語』(昭和五二〔一九七七〕年四月二日—二九日、新宿コマ劇場、堺正章喜劇特別公演、作＝小野田勇、演出＝松浦竹夫)でした。小野田先生の『おもろい恋の物語』の初演(昭和四二〔一九六七〕年九月一日—二五日、明治座、作＝小野田勇、演出＝松浦竹夫)は、藤田まことさんと林美智子さん。林美智子さんは嫌味がないですよね。マチャアキ、研ナオコの『おもろい恋の物語』は、それをもっと分かりやすくした感じで、幕締めは死なないことにして、夫婦で勲章をもらうという話に。さくらと太郎っていうコンビ名でした。

キグレサーカス

キグレ大サーカスの後楽園球場での公演をのり平が演出したんですね。昭和五二(一九七七)年一二月二四日—五三年二月一九日に後楽園球場の特設会場が舞台です。三五〇〇人収容の特別大テントが張られました。

「ピエロのクリちゃん」と言われた栗原徹さんが「サーカスを愛し、サーカスに造詣が深いアーチストと手を結ぶ」ということを団長の水野智之さんに提案していました。彼は、初対面の黒柳徹子さんを訪ね、パントマイムのヨネヤマママコさんの連絡先を教えてもらい、ピエロのために個人レッスンを受けることに成功するような活動的な方だったんですね。

その年の八月の半ばに水野団長の代理で明治座の楽屋へのり平を訪ねたようです。早逝した彼のことは、草鹿宏著『翔べイカロスの翼 青春のロマンをピエロに賭けた若者の愛と死』（一光社）にまとめられています。それがのちにさだまさしさん主演の『翔べイカロスの翼』（一九八〇年）として映画化されています。キグレサーカスの団員がそのまま映画に出演しました。団長役はハナ肇さんが演りましたけども団長夫人は本当の団長夫人が演っていました。

のり平とクリちゃんとの会話が映画の中で再現されています。これは明治座の楽屋ではなく、のり平の四谷の自宅で撮影されました。役名は、栗山になってます。

のり平　じゃあ何かい？　俺にサーカスの演出をしろって言うのかい。

栗山　はい。ぼくたちのサーカスにいちばん不足している笑いをぶち込んで頂きたいんです。それに先生は前にサーカスにお出になったことがあるって伺いました。

のり平　う〜ん、まあ出たことは出たけどねえ。君、その先生てのは止めてくんねえかな。

栗山　いえ、モノを教えて頂くんですから、やっぱり先生です。

のり平　でも俺はまだ引き受けたわけじゃないよ。

栗山　これはなんとしてでも、引き受けて頂かないわけにはいかないんです。先生を措いて他にサーカスの演出が出来る方っていらっしゃらないんです。

のり平　お前、そんな空々しいウソ言うもんじゃないよ。
栗山　いいえ、そんな……。
のり平　そらねえ、日本でサーカスの演出の出来んのは、俺ぐらいだと思うけどね。

演出助手に、永六輔さんと小沢昭一さんを呼びました。

実際の栗原徹さんの八月一八日の日記には次のように記されています。

「三木のり平さんがスタッフに加わってくれるのもありがたいことだ。今でもサーカスを小屋がけの見世物と思い込んでいる人たちがいるが、それはサーカスの古い体質にも原因があったのではないか。狭い世界に閉じこもらず、他のジャンルの芸術家と手を組むのはいい傾向だと思う。三木さんはピエロを重視してくれているようで、どんな舞台構成になるかすごく楽しみだ」

九月一六日の日記には。

「二、三日中に、三木さん、小沢さん、永さんが高崎へ来るらしい。後楽園の打ち合わせのためである。三木さんがピエロをどう使ってくれるか、おれも全力を尽くしてがんばりたい。団長もピエロを看板に押し出してくれるというから、すごくやりがいがある」

『翔べイカロスの翼』には、以下のように書かれています。

「キグレサーカス」を演出　三木のり平、小沢昭一

高崎でキグレサーカスのショーを見た三木のり平は、構成演出を引き受けた後楽園のステージをどう盛り上げるか、団員たちを集めて話し合った。

「栗原君と会ったのはそのときが二度目だったが、さびしいかげのようなものを感じたね。あるいは体調がよくなかったのかも知れない。カンスー（筆者註・高綱）にしても動きが重く、顔に汗がふき出していた。どうも危くて見ていられない気がしたよ。彼がピエロに打ち込みたいと言うんで、東京でけいこをしようと約束した。私は何よりも彼に〝笑い〟を教えてやりたかった」

三木さんは大衆を相手にするエンターテイメントという意味で、自分の芝居もサーカスもおなじ線上にあると考えていた。ピエロにはペーソスも必要だが、〝笑い〟がなくては生きてこない。どこかさびしそうな徹の雰囲気が、三木さんの心にひっかかった。


一一月二三日、水戸での興行で、「ピエロのクリちゃん」こと栗原徹さんは、高綱の上から転落し、二六日に亡くなりました。

ピエロのクリちゃんが急死してしまい、のり平は困って、大門伍朗や私の仲間を集め、急場を凌ぎました。

水落潔さんとの対談でのり平が、キグレサーカスの演出時のことを話しています。

水落　キグレサーカスを演出なすった時に「ピエロがいちばん大切なんだ」ということで、ピエロを中心に演出なさって……。
のり平　はいはい、ピエロだけど、なかなかねえ外国のようには行かないですよね。下地がそういう修業してませんからね。

水落　あれも随分昔になりますけども、演出助手が永六輔さんと小沢昭一さんで、その翌年が萩本欽一さん。

のり平　そういうようなのを付けましてね、なんか悪知恵が出そうな奴ばっかり連れて来て（笑）、「なんかないかい？」って言うとね、「こういうことやったら」とかという思いもかけないことが……。

（『ステージドア』）

当時、キグレサーカスは、団員七〇人、象三頭、チンパンジー二頭、犬などの動物が九頭いたそうですね。普段の売りものは、空中ブランコ、オートバイ曲乗りなどだったのですが、のり平は新しく九人の道化（プロ、セミプロ俳優の応援）を使い、構成に変化をもたらしました。

「音楽も津軽三味線を入れたり、今年のヒットソングをはめ込んだりしましてね。新しいセンスで、古くからのサーカスの芸を楽しんでもらうようにしたんです」（三木のり平談）。

永六輔さんは見ている目の前で、一番二番と手元の紙に殴り書きし二分半くらいで「サーカスの歌」を作りました。たしかプログラムに歌詞は掲載されていたと思います。「〽　光る光る光るサーカス、走る走る走るサーカス、回るよ回るよサーカス、テントは小さな宇宙、テントは大きな世界…」。永さんは何でもサッと作ってしまうのです。それが大ヒットしたりしちゃうんですね。才人というしかありません。開幕アナウンスは、黒柳徹子さんでした。司会は男女二人のピエロがしました。司会は舞台俳優の若者でした。動物の着ぐるみも出しました。ピエロが走りました。一度目はサーカスの団員の意見もあり、あまりそれまでから大幅な変更はしませんでした。でもお客さんには受けましたね。象や猿、アシカもいますしね。この公演はすごく話題になり、一日三回、連日大入り満員でした。のり平にとってサーカスの演出は新しいオモチャだったのでしょう。

翌年、昭和五三（一九八八）年一二月二四日―五四年二月一〇日に二回目の後楽園公演が行われました。今回も構成・演出はのり平で、演出助手に萩本欽一さんを迎えました。他にも横山隆一、近藤日出造、加藤芳郎、小島功、園山俊二ら〝漫画家十二人の仲間〟がアイデアを提供してくれました。彼ら漫画集団が揃って見に来て絶賛されのり平は子どものように喜びはしゃいでいました。あの時の嬉しそうな顔は忘れられません。

この時、のり平は「生活苦が出てくるようなペーソスはもう古いのね。時代が変わっているんだから、サーカスのスタイルも新しくなれば。〝危険〟を売り物にするんじゃなくて、むしろショーアップされたドラマチックなサーカスを心がけたんですよ」と話しています。

音楽は、神津善行さんが監修。〝笑いとスリルの90分〟とのコピーがつけられ、SFファンタジー『宇宙への旅』と題されました。この頃の番組を、宇根元由紀さんが『サーカス放浪記』（岩波新書）に書かれています。

私がアルバイトした当時のキグレサーカスの出し物を紹介しよう。

映画「未知との遭遇」「2010年」「スターウォーズ」などが、大ヒットしていた頃である。サーカスも全編スペースファンタジー風に演出されている。オープニングの行列が引っ込むと、「2001年宇宙の旅」、「2010年」のテーマ音楽〝ツアトゥストラはこう言った〟が流れ、宇宙服を着た二人の人間が、車に乗ってゆっくりと登場する。月面を行く宇宙飛行士といったところか。舞台の真中まで来ると彼らは車を降り、ヘルメットと宇宙服を脱ぐ。（中略）タイツとビキニが瑞々しい。二人がウインチで空中高く舞い上がると、そこでスリリングなキグレ自慢の〝空中アクロバット〟が展開されるのである。

この空中アクロバットをトップとして、以下続々とサーカス芸が登場。アクロバット系の芸では、トランポリン、一本綱、跳ね板《ジャンピングシーソー》、空中ブランコ。渡り物・バランス芸に、鉄線渡り、高綱渡り、竹渡り、大一丁ブランコ。動物ショーに、犬、猿、チンパンジー、象。そして一輪車、変形自転車、八人乗りなどのサイクルショー、オートバイの曲乗り等々……。最後を飾る回転梯子《ばしご》まで、約二十種もの芸が並ぶ。当時、入場料は千四百円位であったと思うが、「これだけの芸を生で見られるのなら、安いものだ」と私は思った。

のり平構成演出の二回目の後楽園の番組はこんな感じでした。当時の私の妻がレイア姫的な存在でピエロとロボットを従えて司会をしました。トミ譲二とロイヤルズがゲストで出て、トランポリンの他に悪い星の人たちを演じアクロバットを見せました。

第二部の始まりは司会の姫が「明日月の上で」を二コーラス歌って「さぁ、第二部をはじめましょう」と言い番組に入る趣向でした。構成は我が家でのり平とスタッフや私がアイデアを出し合いました。萩本さんが参加した日もありました。

『スター・ウォーズ』（一九七七年）を気に入って二回も見たのり平が宇宙サーカスにしてテントの上のほうも有効に使おうということです。元々、空中ブランコや綱渡り、大一丁ブランコなどサーカスは高いところを使うのでちょうど良かったのです。舞台の真ん中でロボットが消えるトリックなども取り入れました。上で支度してる間は地上の芸を見せるなど流れをスムーズにしました。まぁ大受けでした。城のセットが見えないように舞台の奥から客席に強い光を当てました。サーカスが始まり初めて電飾で飾られた大きな城のセットが見える。芸人は皆、中央の門を通って出てきます。とにかく音響や照明を美しくしました。

水野団長も「いつもは最後にやる空中ブランコを前に持ってくるのに抵抗はあったのですが、できあがってみると、三木先生の演出はさすがだと感心している次第でして」と話されていたそうです。この時の後楽園での公演は、空前の五〇万人動員を達成したそうです。

結局、のり平はキグレサーカスに頼まれて後楽園で二回、浅草国際劇場での「パニック in サーカス」（昭和五五［一九八〇］年七月一九日―二四日、この時はSKD――松竹歌劇団のダンサーをピエロ役にしました）で一度、手伝いをしたようです。良い気分転換にもなったのでしょう。

のり平は、世間が驚くことに驚いていました。キグレサーカスは音響機材も一新し田舎くささはかなり払拭されたようです。

東宝の柏原正一さんがサーカスの演出助手も引き受けてくれました。たいへん気が利く方なのでのり平には良かったし、一緒に呑んでも楽しい。センスも良かったし、芝居を愛する本当に良いプロデューサーでした。

演出家としてののり平は幕内でとっても信頼されていて、新劇や新派の演出、五木ひろしさんや三田佳子さん、かしまし娘のお芝居の演出もしていました。NHKの朝ドラで放送した女優の沢村貞子さんの半生を描いた『おていちゃん』も新派の舞台（昭和五三〔一九七八〕年一一月三日―二七日、新橋演舞場、一一月新派特別公演）で演出しました。おていちゃんを波乃久里子さんが演ったんです。前進座のことも出て来る。扇千景さんの息子さんの中村智太郎さん、今の四代目中村鴈治郎さんが、加東大介さんの役で出ました。この配役はテレビと同じです。それで『南の島に雪が降る』が『おていちゃん』の中で劇中劇として出てきました。ロビーで扇さんが「すいません。うちの息子が頼りなくて――」って謝っていました。新派の『はいからさんが通る』（昭和五三〔一九七八〕年五月四日―二八日、新橋演舞場、五月新派特別公演）は、小野田先生の脚本です。あれは、初代の八重子さんがファンの人から、「『はいからさんが通る』を新派にすると素敵だと思います」って教えてもらって「アラ、良重にちょうどいいわ」ということで実現しました。もちろんこの作品ものり平演出でした。

第十二章

復活 東宝ミュージカル――『虹を渡るぺてん師』『喜劇 雪之丞変化』

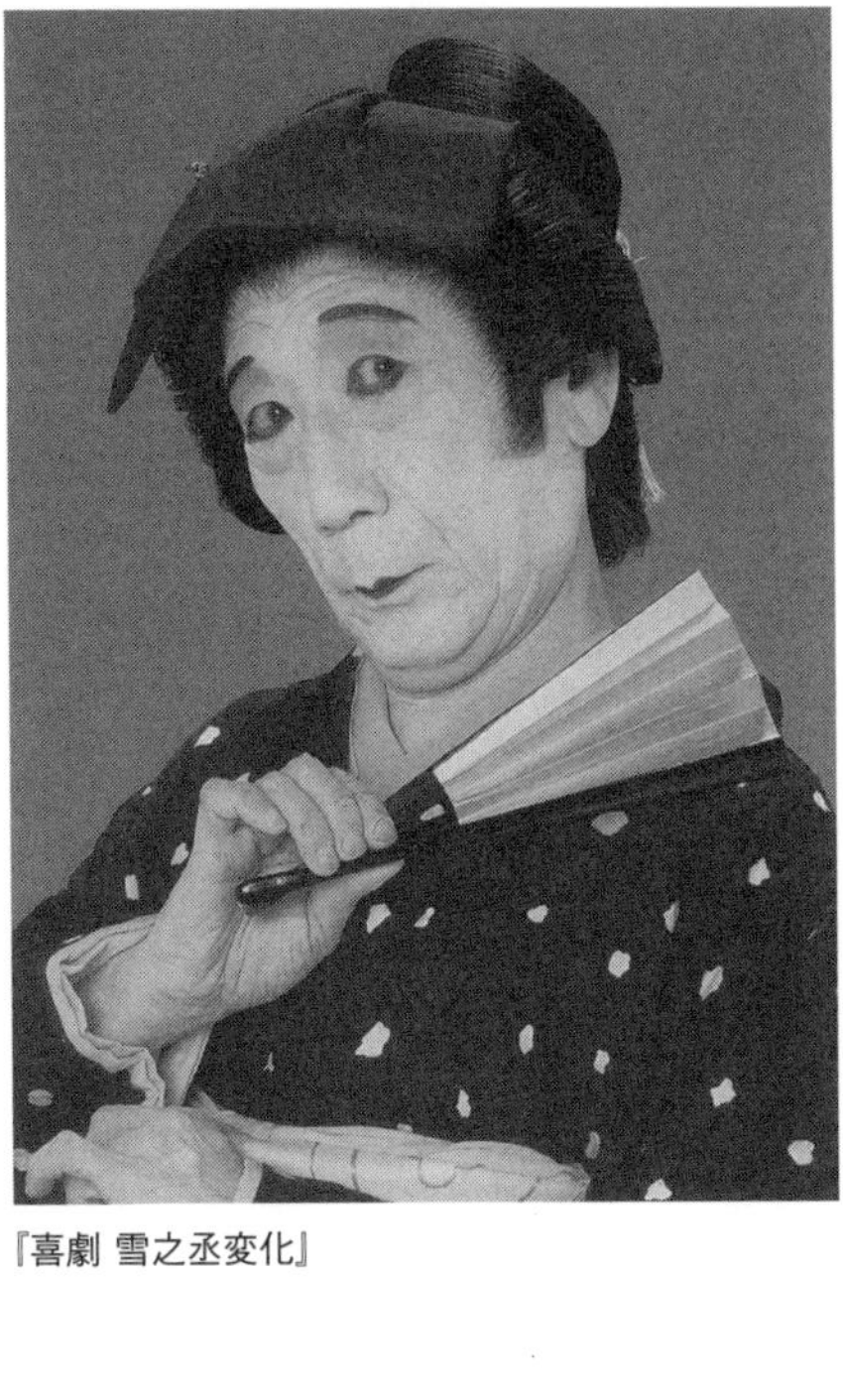

『喜劇 雪之丞変化』

『虹を渡るぺてん師』

平成元（一九八九）年二月二日―二八日、東京宝塚劇場、東宝二月特別公演、菊田一夫一七回忌追悼『虹を渡るぺてん師』（原作＝菊田一夫「花咲く港」より、脚本＝小野田勇、演出＝三木のり平・本間忠良）。物語――平戸の港が久し振りの活気に沸いていた。庄屋の弥左衛門（丸山博一）、海産物問屋の庄助（小鹿番）、旅宿の女将おかの（大塚道子）たちが人を迎えに船を待っていた。平戸の世話人たちが出迎える相手とは、平戸の大恩人、潮見屋十兵衛の忘れ形見・お京（森光子）。潮見屋十兵衛とは、二〇年前にさびれた平戸に活気を取り戻そうと南蛮船を建造して広く世界と交易しようとした人だった。だがそれは公儀の禁制に触れることとなり、多くの者たちが捕われることになったが、罪を一人で背負い、姿を消したのだった。おかのにとっては熱い思いを寄せた男でもあった。お京は、平戸の家老の息子・左近（小野寺昭）と一緒だった。左近も長い間江戸に居て久し振りの帰郷だった。左近を刺客が襲う。軽く片付ける左近にVサインを送るお京。この船にはもう一人の「お客」が乗っていた。この男タダ乗りがバレて船頭たちに袋叩きに合うところを網元の寅五郎（藤岡琢也）に救われたのだった。「平戸の大恩人の息子だと知っているのか!!」という啖呵を聞いて寅五郎は船頭に話をつけた。この息子・半次（三木のり平）を名のる男は実はおさらば半次、お京は七化けのお京というペテン師だった――。

菊田一夫先生の代表作『花咲く港』を小野田勇先生が森光子さんとのり平でやろうということになりました。小野田勇先生が「おもいで」（作者雑記）として、パンフレットに書いています。

「のりサマと楽しい喜劇をやりたいわ」

と、言ったのは森さんである。

「菊田オヤジの作品《もの》を直してやれないかな」

と、言ったのはのりちゃんで、

「〝花咲く港〟はどうかな、まげもの仕立てにしてさ」

咄嗟に思いつきを口走ったのは私だ。

〝菊田一夫十七回忌追悼公演〟ということにしたのは東宝のエライさんである。

小野田先生は、公演ポスターを見て、「あののり平の顔を見ているだけでおかしいでしょ。こういう面白い舞台にしますよ」と笑っていたそうです。

のり平もパンフレットに次のように書いています。

「今年は、菊田一夫先生の十七回忌になるそうです。

そこで先生の、数ある名作の中から、「花咲く港」の再演が良いのではないかと云うことになりました。原作は、骨格のしっかりした諷刺劇ですが、何分お国のために船を造って……という戦時中のお話なので平成元年を迎えた平和な今では若干無理があります。いっそまげもの（時代劇）にしてみたら……と。それにかつて菊田先生と私達が演《や》って居りましたミュージカルスなる物を、再び復活させてみよう。さればいつものコンビの小野田勇に脚色をお願いし、主演の森光子さん他共演者達のキャラクターを十二分に生かした、爆笑大型喜劇の決定版をと夢はどんどんふくらんで、か様なものが出来上がりました」（「演出者の言い訳」）。

　ほかにも、荻野目慶子（お里）、尾藤イサオ（与作）、左とん平（伊吹三十郎）といった人たちが出ました。

　楽しい芝居で森さんもとっても懐かしいって感じでしたね。のり平との舞台は久しぶりだったんです。森さんも話していますね。

「のり平さんとの共演舞台は昭和四十七年の東京宝塚劇場『恋の死神』以来ですから、十七年ぶりということになります。あの演出も三木さんだった。この『恋の死神』は昨年も明治座でのり平さんが『恋や恋浮かれ死神』という題名で上演なさった。（波乃久里子のやった）お菊の役は私が初代、こういう芝居がまたとってもやりたくなっちゃったんです」

『虹を渡るぺてん師』公演パンフレットより

　かつての東宝ミュージカルを復活させようという、菊田先生へのオマージュでもありました。だから、小鹿番さんとか、いろんな人が歌いました。歌手の尾藤イサオさんは、芸術座の芝居でも森さんと共演していました。江戸っ子だし、すごく良かったです。

　このお芝居、大評判という風にはなりませんでしたが、出演者が上手い人たちばかりなので、演じていても楽しかったようです。

「森さんとのり様のお芝居なんてホントに久しぶりだから」とおすぎとピーコさんが三回くらい浅丘ルリ子さんとか誰かを誘って見に来ては終演後、楽屋に顔を見せました。

実際、森さんとの舞台での共演は『恋の死神』以来で、間に一七年くらい隔たりがありました。のり平と森さんの二人のペテン師がいろんな変装をしたりして村の人々を騙す。船を作ると言ってみんなを騙すというのは『花咲く港』と同じです。村人を騙して金を巻き上げて逃げるつもりが、行きがかり上、逃げるに逃げられなくなり、ほんとに船が出来て村が幸せになっちゃうという、賑やかで楽しい芝居でした。

『喜劇 雪之丞変化』

平成三（一九九一）年二月二日—二八日、東京宝塚劇場、東宝二月特別公演『喜劇 雪之丞変化』（原作＝三上於菟吉、脚本＝小野田勇、演出＝三木のり平）

物語——十一代徳川家斉の時代。江戸八百八町は、上方から来た中村菊之丞（中村又蔵）一座の花形女形・雪之丞（三木のり平）の噂で持ち切り。浅草猿若町中村座は連日の大入り満員。雪之丞については、女スリの軽業お初（大空眞弓）や強きを挫き弱きを救う義賊の闇太郎（伊東四朗）も気にかかっていた。お初は、自らに密かに思いを寄せる相棒のむく犬吉五郎（尾藤イサオ）もそっちのけで、ふり向いてもくれない雪之丞にイライラ。闇太郎は、女形の下に隠された雪之丞の男気に男として惚れ込んでいた。そんな時、隠居ながらご公儀に威勢をふるう闇将軍土部三斎（遠藤太津朗）の娘・浪路（酒井法子）が雪之丞の舞台を見て一目ぼれ。その可憐な乙女心を利用したのが親の三斎。浪

路のために設えた宴席に雪之丞を呼ぶことを思いつく。決して贔屓客の座敷に上がらぬ雪之丞は、なぜか快諾。実は、雪之丞こと雪太郎は、長崎の大きな廻船問屋松浦屋のひとり息子。手代の三郎兵衛（森章二）と長崎奉行だった土部三斎に無実の罪をきせられ、父は死罪、母は自害。その無念を晴らすために脇田一松斎（川島満）に剣を学び、役者に姿を変え復讐の機会をうかがっていたのであった。そんなある日、役者志願の百姓泥作（のり平二役）が菊之丞の元へ押しかけて来る。見ると、彼は雪之丞にそっくり。雪之丞は復讐を遂げるため、泥作を自分の身代りに仕立てる――。

座長公演って大変なんです。お客の入りもですが、楽屋でも座員の一人一人に目を配らなきゃいけないし、いろんなことがあるんです。だから、そろそろ大劇場での座長というのは引退したいから、最後にアチャラカをやっておきたいってことだと思うんですよね。それに宝塚劇場を潰すというのでね（旧東京宝塚劇場は平成九［一九九七］年一二月二九日閉館）。東宝ミュージカルは、宝塚劇場じゃないと出来ない。オーケストラがちゃんといて、オーケストラボックスがあって大階段がある。明治座にはそれがない。

東宝ミュージカルは長い間、誰もやっていなかった。だから、最後に東宝ミュージカルの総仕上げ的なことをやろうと伊東四朗さんや酒井法子さん、大空眞弓さんに尾藤イサオさんらに声を掛けました。「のり平先生の芝居だから」ということで、皆さん二つ返事で出てくれました。

のり平は、公演パンフレットに、「アチャラカ再現」として以下のように書いています。

「昭和三十五年の暮、今は亡き菊田一夫先生の原案により「雲の上団五郎一座」の第一回公演が上演されました。旅回りの劇団という設定で展開致しました脱線物語は、たちまち歳末恒例の人気シリーズとなりました。一年の憂さと疲れが、いちどにこたえてくる歳末に、メロドラマや、肩のこる深刻な劇よりもと、年忘れにふさわしく賑かなお芝居が演じられておりました。

その以前より菊田先生と私達が演って居りましたミュージカルスなる物を、時は流れ平成元年二月、……はたしてお客様に喜んでいただけるかと案じながらも再び復活させてみようと「虹を渡るぺてん師」を上演いたしました。案ずるより……なんとやら公演は大当り、さればとふたたび、爆笑大型喜劇の決定版をと、再度の挑戦です。そもそも喜劇（シリアスは別としてドタバタ、アチャラカ）は軽んじられる風潮がありますが、お客さまを笑わせることは泣かせることよりもむつかしいのです。多大な労力と知恵が必要です。今更ながら、喜劇づくりのむずかしさが身にしみて居ります。このたびはあえてしょうこりもなく、ドタバタとアチャラカを大いにとり込んで、さまざまな趣向を凝らして幕をあげたいと存じます。本年は当初から、湾岸戦争が勃発し、ハイテク兵器のミサイルが中東の空を飛びかっています。ミサイルの弾頭にチョコレートでもつけて飛ばせてみたら、平和が訪れるのではないかとも考える次第です。

『喜劇 雪之丞変化』
酒井法子、三木のり平、伊東四朗、大空眞弓

冗談はさておき、何かと目まぐるしい世界でございますが、ほんのひととき、テレビをはなれ、世の中の憂さを忘れ、しばしまげものバラエティの決定版「雪之丞変化」で

お過ごし御笑覧くださいますよう――御願い上げ奉ります」

小野田先生も「アチャラカ・わが郷愁」と題して書いてます。

「アチャラカというと、即興《アドリブ》沢山の出鱈目な安直芝居と思われ勝ちだが、それは違う。筋立てがしっかり組まれ、セリフがきちんと書き込まれた（即興と思われるギャグまでも含めて）楷書のホンを土台に、ちゃんとした芸を持つ役者が、修業を積んだ肉体をフルに働かせ、面白おかしく崩した草書で描き出すもので、これぞ喜劇の原点と心得る。

その意味で、のりちゃんは当代一のアチャラカ名人と大見得切って言える。その名人が重い腰を上げて決定版を作ろうとやる気充分である。

暖かく懐しい郷愁に酔いながら浅草レビューのムードを盛り、なつメロを使い、のり平十八番の珍舞踊や「らくだ」を配し、大サービス、大奮闘の馬鹿々々しいが絶対面白いアチャラカのお手本をマジメに作ったつもりである」

東宝ミュージカルを作れる人がもう当時の東宝にはいませんでした。それでのり平がやろうということになりました。幕開けは総踊りです。

東宝ミュージカルでは大階段が必ずありました。その大階段を使って、みんなが歌いながら降りて来るっていうのをやりました。オープニングで「むらさき小唄」を伊東四朗さんが歌って、のり平の雪之丞が中央のセリに乗って出て来る。それから大空眞弓さんと尾藤イサオさんも歌って、次に酒井法子さんがアレンジをジャズっぽくした「紫小唄」を歌う。のりピー語の「やっぴー！」に対して、「のり平〜！」なんてのもあってね。

伊東四朗さんがご著書に書いてますね。

演じるこちら側も緊張してますが、お客さんのほうも、けっこう緊張してるでしょ？　幕がパァーッと開いて、さぁ、今からどんなことが始まるんだろう……って緊張してる。それをどうほぐしていくか。

三木のり平さんという人はそれが実にうまいんです。

喜劇『雪之丞変化』をやったときなんですが、幕開きと同時に、わたしが三波春夫さんのような衣装で階段を降りてきて、『むらさき小唄』を歌いだす。

座長の三木さんがせり上がってきて女形で踊る。

お客さんはそれでまずホッとする。うまい演出なんです。そういうところにわたしは三木さんの演出家としてのすごさを見るんです。

（『この顔で悪いか』集英社）

伊東四朗さんは「名月赤城山」を銀橋を歩きながら朗々と歌う。さらに御用提灯を持った大勢の役人と歌いながら立ち回りを見せる場面もありました。立ち回りの型がカッコ良く決まったところで「ああ、役者は止められねえや」。喝采で暗転。

昼の江戸の街、夜の大川端、秋、冬、屋敷とその庭、長屋と場数も多く、いろいろセットの数は増えますけど、東宝ミュージカルで菊田先生がやったことですからね。

明るいところでの舞台転換や回り舞台も上手に見せる。

『喜劇 雪之丞変化』は、最後の東宝ミュージカルになりました。酒井法子が可愛くて、とても良かった。彼女は、敵役の娘で雪之丞に恋するんですね。大空眞弓さんが鉄火なスリです。小野田先生の芝居によく出て来るキャラクターです。弟分を誰かひとり決めてね。これが尾藤イサオさん。アチャラカの場面もありました。

「中村座の舞台」では、劇中劇『櫓のお七』。舞台中央付近には、火の見櫓。その少し上手に灯篭。舞台上手は、太夫（中村眼玉）＝立原博と三味線・露澤東八＝常磐津文字東久が座って、浄瑠璃を語る。その節に合わせて、振袖姿のお七（中村泥之丞）＝三木のり平が人形ぶりでの所作。遣うは、裃後見（中村菊之丞）＝中村又蔵、後見（中村貧弱）＝橋本宣三、後見（番頭・定平）＝中村又次郎。人形のように浮き上がったり、横になったり。巻物の手紙を読み、その端を千切って洟をかんだり。歩き出すも、方向を間違えたりのドタバタ。髪を上下に振り乱しての移動中に鬘を落としたり、化粧を加えたり。やがて火の見櫓の梯子段を登りかけると梯子が壊れ、いつしか着物からマラソンランナーのユニフォームに早変わり。巨大マッチを擦り、聖火の代わりに。ファンファーレが鳴り響くと、棒高跳びを演じたり、「ロッキーのテーマ」でボクシングに興じる。次に聖火を持って、太夫に近づき、白湯を飲んだり、聖火で太夫をいたぶる。火の見櫓に登り、太鼓を叩くと、中から手品のごとき、スルスルッと万国旗が……やがて、消防のサイレンを鳴らすと、一面火事場に。纏持ちが流れ込む。改めて着飾って出て来た泥之丞が纏持ち連が掲げる梯子を登り、柝がチョンと鳴ると上から、「火の用心　丸の内警察署」の垂れ幕が下り、ひっくり返すと「休憩30分」。

これは昭和三九（一九六四）年、東京オリンピックの年に上演された『続・雲の上団五郎一座』の時の「八百屋お七」をそのまま再演したものです。立原博さんの浄瑠璃は結構でしたね。前進座の出身だからなんでもお上手です。元々長い浄瑠璃ですけど、うんと縮めました。お七が浄瑠璃の人にも火を付けちゃう。「あ、ちちち…」で。つまり、『雲の上団五郎一座』の第一部の幕切れは、のり平の『道成寺』や、『八百屋お七』という型がなんとなく出来てました。最後に櫓の上から、柝がチョンとなると、「火の用心」の垂れ幕。裏を返すと「休憩30分」。『雲の上団五郎一座』の時も同じです。『道成寺』の時は、鐘の上に登ってそこから、「休憩30分」。三回目の『吉例雲の上団五郎一座　御手本忠臣蔵』の時は、「お軽・勘平の道行」の場面で有島さんのお軽にのり平の勘平がセリ上がって来る時に勘平よりお軽が背が低く見えるけど、有島さんがちょっとずつ背が伸びる。バカバカしいけど、可笑しくて、これがすごく受けました。

伊東四朗さんとのり平は、最初で最後の競演でした。二人で、のり平十八番『らくだ』の件をやる場面もありました。伊東さんがのり平に大家への口上を教えます。フグを食べて死んだ、らくだの馬は志ん朝さんのお弟子さんの志ん五さん。昔は谷幹一さんが演じた役です。「浅草だるま長屋」という長屋の場。雪之丞の身代わりになった泥之丞は浪路と道行。そこを敵方の門倉平馬（深江章喜）に襲われ、川へ落ちたところを闇太郎とらくだの馬に助けられて、長屋で養生しているという設定です。

闇太郎　実は今夜、突然、らくだがお死《ち》んだんで、弔《とむれ》えを出してやりたいんですが、ご存知の通り貧乏ぐらしで、それも出来ません。大家と言えば親も同然、店子と言やあ、子も同様。親子の間柄で弔えの費用一切と、それからいい酒を三升……いいか、覚えておけよ。悪い酒は頭に来るからな。名の通ったいい酒を三升頼んます。煮しめがいるなあ。芋、ハンペン、蓮……こんなところでいいから、ちょっと辛めに煮て、大っきな丼に入れてもって来いって、そういう風に言って来い！……なにやってんだ！
泥之丞　えっ……いや、なにする？
闇太郎　そういう風に言って来いってえの！
泥之丞　言って、言ってる……。
闇太郎　お前が言って来いっていうの、今言った奴を。
泥之丞　今の、全部あれを言うの？　あの長い奴をみんなやるんですか⁉
闇太郎　お前、どう聞いてたんだよ。
泥之丞　そら無理ですよ。そら不可能だなあ。
闇太郎　なにが不可能なんだ。
泥之丞　聞いたけど、分らんねえ……。
闇太郎　お前、確か役者だよな。
泥之丞　ええ、あの、泥之丞ってゆうんです。
闇太郎　そうだろう、な。役者ってのは、確かセリフ覚えがいいから、役者になれるわけだな。
泥之丞　まあ、そういう人もいますけどねえ……まあ。
闇太郎　なに？
泥之丞　なかなか覚えないのもいますからね。
闇太郎　おめえは？
泥之丞　最近、特に覚えられない……（笑）。あっちこっち紙に書いて貼ってなんか……ははは……ッ！

『喜劇 雪之丞変化』伊東四朗、三木のり平

闇太郎　紙にセリフ書いて貼って覚えるのか？
泥之丞　はは……！
闇太郎　お前、よくそれで役者が務まるな！
泥之丞　反省！（と、右手で柱にもたれかけ、頭を下げるポーズ）
闇太郎　なにをやってやんだ、本当に！　反省してる場合じゃねえんだ。くだらないことやってねえで、早く行って来い！
泥之丞　だけど大家さんがそれで、ウンと言わなければどうするんだい？
闇太郎　あの野郎、ウンと言わねえかも知れねえな。よしッ、そんなときは、かまうことねえからな、脅かしてやれ！
泥之丞　あー、そうですか。脅かす……陰に隠れて、ワーッと……。
闇太郎　子どもが遊んでるんじゃねえんだよ。そうじゃねえよ。いいか、いきなりケツをまくってやれ！
泥之丞　……？　大家さんの？
闇太郎　大家のケツをまくってどうするんだよ。
泥之丞　ああ、おかみさんの？
闇太郎　おかみッ……（笑）。おかみさ

んのケツは止めろよ、ホントに！　そんなことをしたら喜ぶだけじゃねえか。脅しにならねえんだよ。おめえッ、ケツをまくれッてんの！

泥之丞　おめえのケツかあ？

闇太郎　俺じゃねえ、おめえだよ！

泥之丞　おめえだろ？

闇太郎　俺から見た、おめえ！

泥之丞　俺のおめえは、おめえの俺か？

闇太郎　なんで俺のほうへ跳ねっ返って来るんだ？　おめえだ！

泥之丞　あッ、おめえだ。

闇太郎　おめえだ！　ケツまくってみろ？

泥之丞　あー、ケツレイ（失礼）ではないか……？

闇太郎　なにを言ってやんだ！

なかなか教わる通りに着物の裾を勢いよく捲ることが出来ず、ついにはしゃがみ込んでしまう。次に「湊の一つも擦り上げて、「なにを抜かしやがんで、べらぼうめ！」」も教えられるが、これも上手くいかない。ヘンテコな発声になる。のり平十八番の動きとセリフのおかしい珍演が繰り返され――。

泥之丞　それでも大家さんがウンと言わなきゃ、どうするんだい？

闇太郎　そうよなあ？　あのデコボコ、ウンと言わねえかも知れねえな。そんな時は、よし！

このらくだの死骸をしょってってな、ポンポコリンを踊らせるぞとそう言って来い！
泥之丞　死人がポンポコリンを踊りますか？
闇太郎　踊んだ！
泥之丞　それは珍しいですね……。
闇太郎　おめえが珍しがってどうすんだい！

長い口上もうろ覚えの泥之丞。やがて、テンポのいい転換の音楽が鳴って、跳ねるように歩き出すと、回り舞台が回って、「大家の住居」。ポンと上がり框に座る泥之丞に向かって、大家の六兵衛（梅沢龍峰）が、「人を甘く見るなよ。店賃まともに払ってこそ店子だ！　らくだなんて野郎は親でもなけりゃ、子でもねえ！」と脅しが利かない（この部分の台詞の省略法は見事。芝居にテンポをもたらす。以下の転換時も同じく）。再び軽快な音楽が鳴り、今度は回り舞台が反対に回り出す。泥之丞は塀へ立ち小便して、そのしずくを洗濯もので拭くパントマイムを経て、「浅草だるま長屋」の場へ戻る。闇太郎が「そうか、大家が冥土の土産に死人の踊りが見たいとそういったか」と、泥之丞にらくだの死骸を担がせて、二人して大家の住居へ赴く。例の軽妙な音楽が鳴り、回り舞台が回り出すと、泥之丞の担いでいたらくだの足が歩き出し、四本足で歩いている不思議。「大家の住居」へ上がり込み、「お座敷小唄」から「踊るポンポコリン」の曲に合わせて、二人で死人を踊らせ、大家夫妻に要求を飲ませる——。

『らくだ』の場面では回り舞台を行ったり、来たり。そういう舞台機構をうんと使って、役者がドンドン動くっていうのが楽しいんです。

「らくだがお死《ち》んだんで、弔《とむれ》えを出してやりたい」なんて教えられて、のり平が上手く出来ない場面は、『雲の上団五郎一座』の「玄冶店」のパターンですね。

お客さんもよく笑ったし、のり平もやり易かった。ただ、八波むと志さんと比べると、伊藤四朗さんのツッコミは、ちょっと怖かったですね。でも、はっきりしている口調は良かった。八波さんは裏返るようなすっとん狂な高い調子の声が出ましたよね。伊東四朗さんは、もうちょっと低い声でややドスが利いている感じになりました。

毎日、いろいろやってるうちには下ネタ風になるくだりもありました。お客さんには受けるんですけども、のり平は「ねえ、四朗ちゃん、あそこまでやんなくていいよ。その前でやめようよ」というようなことを舞台転換の合間にチョコチョコって言ってました。音楽はやはり小川寛興、美術は古賀宏一。のり平は、スタッフも同じ人とばっかりやっていました。

結局、大劇場の座長公演は、『喜劇 雪之丞変化』が最後になりました。

第十三章
「桃屋」CMと映像作品その他

「桃屋」CM　国定忠治篇

「桃屋」CM

「俺、仕事が全部なくなっても、桃屋のコマーシャルだけは続けていくからな」

　のり平は、桃屋さんのスタッフにそう話したことがあるそうです。桃屋さんのCMは、のり平のライフワークと言い切っていいでしょうね。

　初めは、桃屋さんが新聞にいろんな芸能人に絵を描いてもらって、コマーシャルをやるっていう「突き出し広告」というのがあったんだけど、うちのお父さんのが面白いっていうので、自筆の連載広告「のり平漫筆」というのが始まりました。

　その時々の時事ネタや風俗、文化を取り上げていました。一回目は、「俺は忍術使　サルトビチャズケでござる」とのり平の猿飛佐助が江戸むらさきの瓶に座ってお茶づけを食べているイラストでした。宝塚劇場が火事になった時は「火事でもノリは放しませんでした」と、パンツ一丁ののり平が江戸むらさきの瓶をかかえている。向こうで宝塚劇場から火の手が上がっているというイラストでしたね。この火事の時、のり平がパンツ一丁で逃げたのは実話ですからね。東宝ミュージカルで『金瓶梅』を上演した時は、久慈あさみさんの似顔絵を書いて、江戸むらさきの瓶がベッドに置いてあって、のり平が「ヘンテコな枕ですね」なんて。筆で漫画を描いて、ホントに上手かったですね。名前ののり平が海苔佃煮の「のり」に通じることも起用理由にあったようです。大きめの鼻にメガネをかけて

「のり平漫筆」

いるイラストを見るだけで、誰もがのり平だと分かりました。この広告が好評で、タイトルを「マスコミますわよ」と変っても続きました。

ただ、絵の仕上がりが遅れがちののり平の楽屋に、創業者の小出孝男社長や当時宣伝担当だった小出孝之二代目社長が催促に行くこともよくあったそうです。

昭和三三（一九五八）年、桃屋さんとしては「桃屋小劇場」の趣で、「のり平アニメCM」が誕生しました。

第一弾が、江戸むらさき「助六編」です。

「桃のマークでおなじみの、海苔の佃煮江戸むらさき、その名のとおり江戸海苔の、香りゆかしきその味に、ついおかわりを……」「桃屋！」

江戸むらさき「助六篇」

このCMが大評判になりました。もう一つ、「国定忠治編」（昭和三五〔一九六〇〕年）というのは、平成三（一九九一）年、JAC（日本テレビコマーシャル制作社連盟）の「昭和の名作CM100選」にも選ばれました。

「赤城の山も今夜限り」「ウマイぞ！」「へへ、ありがとう」「お前じゃない！」「え?」「ウマイのはこれだ」と江戸むらさきの瓶が忠治の頭に。「知ってます、大好物。いただきます」「俺にゃあ生涯《しょうげえ》てめえとゆう美味ちいおかずがあったのだ」「忠治、御用だ」「何の御用です?」「江戸むらさきに御用だ」、そこに「何はなくとも江戸むらさき」とナレーションが入る。

とにかく桃屋さんの小出社長と読売広告のアニメ制作スタッフ小林宏さん、それにのり平の三人で納得するまでCM案を練ったようです。二代目の小出孝之社長がその様子を以下のように書かれています。

台本をもとに、のり平さんの歌舞伎調のせりふ回しを録音するのですが、さすが役者です、のり平さんはご自分が納得がいくまで、何時間でも続けられるわけです。

私たち制作スタッフが「あっ、いいな」と思ってもご本人が気に入らないとオーケーが出ない。「さっきのヤツでいいよな」なんて話していようものなら、録音スタジオのガラス越しからじっと見てて後で「あの時、お前たち、もう適当でいいのにって言ってたろ」などと、よく叱《しか》られたことを覚えています。

それで声が録《と》れると、次にアニメーターに描いてもらうわけですが、若いアニメーターですから、歌舞伎の型がわからない。「しょうがねえな、そんなことも知らないのか」と言いながら、のり平さん自身が何度も助六を演じて見せてくれたことも思い出されます。（中略）

のり平さんの台本チェックは厳しい。

ああでもない、こうでもない、と言いながらのり平さんが、結局全部書き換えたこともしばしばありました。

いまはアニメというと、最初に絵があって、それに合わせて声を入れていくわけですが、私たちの方針でそれはしませんでした。あくまで正攻法で、まずのり平さんの声を先に録り、それからアニメを起こしたのです。その分、アニメーターは大変だったと思います。

こんな調子でしたから、時間が読めない。のり平さんがスタジオに入ってから、いつ終わるかまったくわからないのですから、こちらは大変です。

（「コマーシャルののり平さん」『本の窓』一九九九年六月号、小学館）

桃屋さんについては、のり平が社長の小出さんと意気投合した、というのも大きなことですね。同じ日本橋の大川を挟んだ蛎殻町と浜町、東京の下町風の味、駄洒落好き、商品のアイデア、と共通するところが多かった。新商品のネーミングも味の最終決定も社長が行なっておられました。家内工業的な在り方に手作りな芝居作り、共通するところがあったんですね。社長はＣＭの録音にはかならず立ち会っておられました。

「クレオパトラ篇」

「クレオパトラ篇」（昭和四一年）も年配の方々にはお馴染みがあるのではないでしょうか。

「昔、遠いエジプトの砂漠に、絶世の美女がおりました。その名をクレオパトラ」（ナレーション）「なぜ私はこんなに美人なんでしょう」と手鏡を見る。「でも、これがなくては生きてはいけぬ」と空の小瓶を見て。「そうじゃそうじゃ、毒蛇はどこじゃ?」。「こちらが甘口、青ラベル」と毒蛇Ａが頭に花らっきょうを載せて運ぶ。「こちらが辛口、白ラベル」と毒蛇Ｂが頭に花らっきょうを載せて運ぶ。「おお、これさえあれば、毒蛇なんかに用はない！」と毒蛇を後ろ足で蹴り上げる。「クレオパトラも楊貴妃も、おかずは桃屋の花らっきょ！」。

歌舞伎や新派といった古典的な教養のパロディに、現在の流行と笑いをまぶしてある。これって、のり平喜劇そのものです。「桃屋」さんのCMは、のり平にとってのもうひとつの劇場であったような気がします。作も演出も出来て自分の能力を発揮出来ますもんね。だから、とても大切にしていましたね。桃屋さんのCMは、コマーシャル史には、必ず出て来ますからね。のり平も話しています。

「長い間には色々〝誘惑〟も多かったけど、〝味〟を大切にする桃屋さんと〝芸〟に厳しくありたいと思う僕の気持ちがぴったり合っているし、下町育ち、庶民のアジといったところや、芸風が長い、息が長いといったところまで同じだから今日まで続いて来たんだと思いますネ」（「桃屋と私」）。

ＣＭ収録でも、のり平らしいエピソードがあります。小出孝之二代目社長が書かれています。


のり平さんの録音の日は、夜の他の予定など入れておけません。いつ終わるかわからないのと、その後のお付き合いがあるからです。

のり平さんは食事はしません。食べないのです。そのかわり、よく飲む。つまみをひとつも口に入れないで、ただ飲んでばかりいました。ところがスタッフの方はおなかがグーグー鳴ってますから、とにかく食べたいのですが、のり平さんが行くところはバーが多く、みんなで空きっ腹に酒という夜がよくありました。

そうしたなかで困ったのは、のり平さんのご機嫌です。とにかく録音がこちらのミスも少なく、うまくいったとしても、飲みに行く途中の銀座通りで、たくさんの人とすれ違う。このサラリーマンや銀座のホステスたちが、私たちを見つけて、「あれ、三木のり平じゃないか」とか「あら？　のり平さんよ、ほら」などと言ってくれている声が聞こえたら、その晩は機嫌がいい。思い出話から艶話《つや》、興に乗れば、宴会芸まで披露してくれます。それは、もう名人芸でした。ところが、そんな好都合な夜ばかりあるわけではありません。私たちにミスがあったり、台本がおもしろくなかったりしたその上に、通りすがる人たちがそれぞれ自分たちの話に盛り上がって、のり平さんに気づいてくれなかったりした夜は、もう大変でした。

演劇界はもちろん、落語界、歌謡界、政界から財界まですべてを滅多斬《ぎ》り。しかも、途中で失礼するわけにもいかず、かといって、下手にご機嫌をとろうとすれば、火に油を注ぐ結果になりかねません。ただただ、すべての世界を代表して、私は叱られているだけでした。

でも、こうした長いつきあいのなかで、私は、のり平さんの何事にかけても失うことのない「情熱」を強く感じました。情熱があるから、怒りが生まれるのです。自分だったら、こうできるという自信があるから、不満が生まれるのり平さんの気持ちがよくわかってきたのです。

（「コマーシャルののり平さん」）

昭和三四年、テレビ番組『番頭はんと丁稚どん』『とんま天狗』で大村崑さんがブレークしました。大村崑さんも鼻メガネをトレードマークとしていました。崑さんのとんま天狗の父親役でのり平が番組に出演、その時に「これから先も鼻メガネをかけてやるなら、やっていいよ。俺がヤメるから」とメガネを大村崑さんに譲りました。崑さんは、のり平からメガネ使用の許可を直々に貰った時はホッとしたそうですね。当時の大村崑人気は東京でも凄まじく、のり平が「大村崑の真似してる」なんて言う子どももいました。大村崑さんが書いています。

『とんま天狗』の一番最初のゲストは、三木のり平さんでした。

花登（筺）先生がくどいて出演してもらったんです。とんま天狗のお父さん役で、やはり、メガネ下ろして出てくれました。

僕は三木先生には可愛がってもらったんです。似てるって言われるからね。

晩年、大阪・今里のお茶屋でご馳走になったことがありました。

三木先生は、酔うと人格が変わっちゃう人なんですね。怒らせるとダメなんです。

その夜も、先生がかなり酔ってきた時に、誰かが間違って先生に「崑ちゃん」って言っちゃった。それで火がついて「俺は大村崑じゃない！」となって、お茶屋の2階の窓から屋根に登り、屋根の上を走り出したんです。まるで鼠小僧みたいに。

「俺は大村崑じゃねぇ――――！」と叫びながらね。僕らは「先生、落ちたら危ないから降りてください！」と懸命に頼んで、ようやく降りてもらったんですね。

これは隠れた「有名な今里事件」なんですよ。

（『崑ちゃん　ボクの昭和青春譜』文藝春秋）


大村崑さんは、のり平を「にいさん」と呼んで慕っていました。たいへんなのり平ファンだったようで、出演映画を音声消して見ると姿勢や演技が、のり平そっくりですね。

『めおと太鼓』で文七役を演ったこともありました。

大村崑さんに、鼻メガネを譲ったのり平は、桃屋さんのテレビアニメCM以外はメガネをかけない姿で、テレビ、映画、舞台で仕事するようになりました。

後年、のり平は「ボクはね、ひとつ何か当たると、すぐあきちゃうんだ。ただ、桃屋のCMだけは、あきないんだよ」とよく話していたそうです。のり平にとって桃屋さんとの長年の仕事は、大抵の人が思うような片手間仕事ではなかった。芸能の仕事は世の中の流れに逆らえなくても、桃屋のCMは、社長の小出さんにとってものり平にとっても大切な仕事で死ぬまで続けるとも言っており、その通りになりました。死んだ後まで続くとは思っていなかったでしょうけどね（笑）。

座長になってからは桃屋さんから頂いた楽屋のれん、「のり平の楽屋」と染め抜かれていたものを使用していました。

中村勘九郎（十八代目中村勘三郎）さんとのラジオ『大人の幼稚園』

ニッポン放送で昭和三六（一九六一）年四月から始まった『勘九郎・のり平の大人の幼稚園』って、中村勘九郎さん（十八代目中村勘三郎）が、五つか六つの頃でしょうね。勘九郎さんが先生で、うちのお父さんが生徒という設定の番組なんです。それでいろんなことを質問するんですね。「これはどうして、こうなんです?」、そうすると勘九郎さんが落語の『やかん』みたいにいい加減なことばっかりいうんですね。

テーマ音楽も勘九郎さんが歌っていました。

「七時四十五分だよ。〽 知ってるかい、知ってるかい、どうしてお日様丸いのか。知ってるかい、知ってるかい、どうして子犬はチビなのか。知らないなら、教えてあげよう。始まるよ、大人の幼稚園……」

この番組について、勘九郎さんがのり平と思い出を語っています。

中村　今日は懐かしいテープを持ってきました。三木さんと僕がレギュラーで出ていたラジオのテープです。

三木　昔の？　ああ、それ、僕も持ってるよ。あれ、あなたが二歳くらいの時でしょ。

中村　まさか。二歳じゃないでしょう。

三木　いや、そんなもんですよ。幼稚園にはいってない時ですから。たしか、半年くらいやりましたよ。

中村　ちょっと聞いてみましょうか。（耳を傾け、子供時代のテープを聞く）

＊

勘九郎　（かん高い声で、リズミカルに元気よく）七時四十五分だよ！（テーマ音楽が流れる）

のり平　どうも、勘九郎先生、おはようございます。

勘九郎　（社長のように、えらそうに）おはよう。

のり平　あっ、ありがとうございます。このごろ、道路が自動車で一杯ですね。先生はこちらに自動車でいらしたんですか。

勘九郎　あのねえ、ここから近いですからね、あるってきた。

のり平　あるってらしたんですか。それでも電車通りなんか通る時、大変でしょう。

勘九郎　あのねえ、あたしだけ、あっ、僕だけね、おまわりさんに頼んで、大丈夫だといって、渡してくれるの。それでね、このごろはダンプカーと電車がベターンとぶつかってね、脱線しちゃって、バーンとなって……。

＊

中村　テープ止めましょうよ。いま考えると、こんなことよく図々しくやりましたね。生意気なガキだと思ったでしょうね。

三木　いやいや、生意気じゃありませんよ、ひとつも。自然ですよ。とはいっても、何といいますか、小僧らしくて、こっちも忙しいのに、冗談じゃないよっていうくらい（笑）。今日は喉がかわいたから飲み物を、っていうでしょ。だからって、出すと「これじゃイヤだ、あれじゃイヤだ」って買いまくってね。ひどい時なんか、収録のために何時間も僕はスタジオで待たされたんですから。

中村　そのままいけば、大変な役者になってますよね。

三木　勘九郎先生が「今日はスタジオに行きたくない！」なんておっしゃると、僕が麹町の家に行ったこともあるんですよ。

中村　一緒に交通博物館に行ったことを覚えています。チンチン電車を運転してすごく楽しかった。でも、三木さんは、こんなところになんで俺がつきあわなけりゃいけないんだって、思ったでしょうね。

三木　いや、この番組は僕もおもしろかったですよ。ほとんど動物園のパンダとしゃべってる気分でやってましたけど。

（『待ってました！勘九郎　中村勘九郎対談集』文藝春秋）

この番組で、一度、動物園へ行った回がありました、あれは可笑しかった。勘九郎さんが動物に見とれちゃって、何も言わないんです。「ねえ、先生よう、なんか言ってくださいよ」。うちのお父さんにしても想い出があったと思うんです。

その対談でこんなことも勘九郎さんが話していますね。

中村　歌舞伎と喜劇というと、ジャンルがちがうようですけど、うちの親父と三木さん、それに藤山寛美さん、どこか似てるんですよ。

三木　うん、似てるかもしれない。客の呼吸をみながらやったりね、落語の志ん生さんもそうだね。あんたんとこのお父さんは、客の心をつかんだなって思ったら、はなさなかったですからね。

テレビ番組

初期の頃のテレビは、一流の人はまず出なかった。日本テレビの「シャープ劇場」というのが人気で、まだビデオもない時代で全部生放送。コマーシャルもスタジオから全部生でやりました。ぼくも毎回見てまして、長く続きました。最初は昭和三〇年に『のり平のテレビ千一夜』というタイトルでした。その時のフロアディレクターが、井原高忠さん。だから、その番組は毎回違うお芝居だから、いろいろ実験的に出来ました。コントがあって歌が入ったりとか。毎回、いろんな形式で作っていました。作家は持ち回りで三木鮎郎、大倉左鬼《さと》、小野田勇、キノトール、松本ひろしさんとそれぞれに台本を書き、その作り方が『光子の窓』や『シャボン玉ホリデー』といった日テレの人気番組につながったんです。バラエティショーですね。毎回、時代劇とか現代劇とかって感じでした。翌年が『のり平喜劇教室』、そのあとが『のり平西部劇』でしたね。毎回一回完結でコメディをやって、その都度、達者なベテランコメディアンや当時売っ子の若手を起用してました。女優さんも桜京美、中原早苗、旭輝子、朝雲照代といったコメディが出来る人。生放送しかないから……生放送なんて言葉もなかった。カット割りも撮り直しなんてのもないし、放送したら何も残らない。生放送がいちばんのびのびと出来たでしょうね。『のり平西部劇』では森川信さん、藤村有弘さんの床屋のシーンで藤村さんが吹き出し、それが伝染し、二〇分間吹きっぱなし、ってことがあって、視聴者からは「不真面目だ」「すごく面白かった」というハガキがたくさん来たそうで、当時、業界で語り草でした。

「シャープ劇場」

　林家三平さんもよく出てました。何も出来ないんだけど、まだ、人気が出る前ですね。渥美清、逗子とんぼ、如月寛多あたりも準レギュラーでした。

　のり平は、古川ロッパについて「緑破先生は尊敬してたよ。すごい教養人で、世間のいろんなことを教えてくれた」（『笑うふたり　語る名人、聞く達人 高田文夫対談集』中央公論社）って話しています。

　テレビの脚本をロッパさんに書いて貰ったこともあったよ

うです。『古川ロッパ昭和日記　晩年篇』（晶文社）に以下のような記述がありますね。

昭和三十一年七月十五日（日曜）曇
日比谷公会堂へ。（略）三木のり平マネージャー中川がゐたので、七月一杯に、のり平のテレビ脚本書くことを約束した。この三回分で、テレビ十七吋一台買へる。

七月二十三日（月曜）晴
脚本持って東宝劇場へ。楽屋にのり平を訪れ、渡す。彼、早速読み、八月九日に放送するとのこと。

七月三十日（月曜）晴
床で「のり平喜劇教室」の二回目、「ベロ〱物語」（数年前、エノケンと我とでやるつもりで書いたもの）を書きにかゝる。ラヂオ用に書いたもの故、テレビに直すのには、何かと手がかゝる。でもペラ四十何枚進みたり。これを渡して、早くテレビ一台買はなくちゃ。

『のり平喜劇教室』バレー「白鳥の湖」

七月三十一日（火曜）晴
今日は、NTVにて、のり平の第一回作本よみ。（略）二時タクシー出て、NTVへ。鉱山の宿直室の如きところにて、本よみ。のり平とその一党のみ集りゐて、他の重要な役者がまだ来てゐず、のり平が一人で読み、それで了り。この分「タカルも楽し」といふタイトルに改められ、八月二日に放送の由。

八月二日（木曜）晴

NTVのシャープ劇場、のり平喜劇教室のわが作を見る。「タカリも楽し」が始まり、NTVの画面のきたなさに先づおどろき、くさる。人物皆化けものゝ如し。それで先づくさったところへ、のり平はじめセリフ入ってゐず、主な二人の役者、佐伯・野々といふのが全くハキちがへてゐるので、見てはゐられない。

九月五日（水曜）晴

今日は、NTVの、のり平の喜劇教室本よみあり。（略）NTVへ。暑いバラックの一室、のり平・千葉信男等集り、「ベロベロ物語」の読み合せ。のり平が東宝劇場へ出てゐるため、七日（金）の昼間放送と定った。これでは、ろくに見る人もゐまい、くさった。

三木のり平、古川ロッパ、トニー谷、森繁久彌

九月七日（金曜）晴

十二時、そろ〱NTVなり。テレビの前に椅子、ノビて見物。のり平喜劇教室、我作「ベロ〱物語」十二時十五分から三十分。のり平は、はじめっから期待してゐなかったゞけに、割によかった。のり平は、シリアスなものはてんでいけない、千葉信男専らよし。

昭和三十一年十月九日（木曜）曇小雨

今日、中川ケンちゃんより、のり平のTV脚本又一本頼む

との連絡あり、

せっかくなので、『古川ロッパ昭和日記　晩年篇』より、のり平関連の記述をもう少し。

昭和三十二年七月二十三日（火曜）曇
三木のり平の母堂死去の報至る、香典が出せないよ、弱ったな。今のところ、新東宝との契約以外に、金の入るアテはない。（略）
夕方、アマンド滝さんより電話、三木のり平の家へ行ったら、喜劇人協会よりの花環は無く、榎本健一といふのが一対あるのみだから、僕にも何とかした方がよからうといふ口ぶりである。ひがめば、昔の滝さんなら、だまって僕の名で注文して届けさせて呉れたらうに——では善処すると言って切る。協会の津田へ電話して、早速二千円位の花環一個、届けさせるやうに命じる。
昭和三十三年十二月八日（月曜）雨
正岡容死去の報で、のり平がお通夜に行くといふから、八波の運転する車で、戸山ヶ原、戸山ハイツの正岡の家へ。正岡は癌で、入院中なりしもの。桂文楽在り、正岡門下のはなし家連やその他で賑かになる。正岡のお通夜だ、ハデな方がいゝ。故人の声色をやったりして（香典も持参せず）。笑ひつゝ眠くなり、八波が車で送って来て呉れたやうな気がする。

晩年の不遇な日々、読んで辛い箇所もありますが、芸能史として貴重な書籍ですね。

『若い季節』

テレビ番組は、永六輔さんの台本のNHKの『夢で会いましょう』（昭和三六〔一九六一〕年四月八日—四一年四月二日）と『若い季節』（昭和三六年四月九日—三九年一二月二七日）と……いっぱい出たんですね。

『青春怪談』（昭和四一〔一九六六〕年七月四日—九月二六日）というTBSのドラマもありました。これは喜劇ではありませんが、北大路欣也さんや吉村実子さん、森光子さんと出ました。獅子文六原作のそういうのもいっぱいありました。

『若い季節』はドラマです。バンタン化粧品の野呂課長役です。奥さんが森光子さんかな。社長が淡路恵子さんで、社員が水谷良重さんと黒柳徹子さんと横山道代さんで、ハナ肇とクレージーキャッツ、小沢昭一さんも時々出ました。沢村貞子さんが沢村屋っていう小料理屋の女将さん。その店の板前平吉が渥美清さんでした。全部で五〇人ぐらい出てました。志ん朝さんともこのドラマで知り合いになりました。志ん朝さんは、黒柳さんが「とてもハンサムな若い噺家さんがいるから――」ってことで出るようになった。

コメディアンは基本的に、そんなに出てませんね。八波むと志さんは出ました。だけど、由利徹さんとか南利明さんという軽演劇系統の人は出てませんでした。まあ、ドラマが都会的な空間なので、銀座や丸の内に似合う人じゃないということだったろうなと思いますね。主題歌がザ・ピーナッツで、マナセプロ、渡辺プロの人気者総出演。スタジオにタレントが四〇人ぐらいいることもあって、これはすごかった。坂本九さんなんかも出ました。

小野田勇先生の台本でした。だから、土曜日の夜に『夢で会いましょう』をやって、日曜日、放送がある当日に『若い季節』の台本が届いて、それでNHKに行く。放送は日曜日八時からの生放送なんですけど、その日の朝六―七時ぐらいに郵便ポストに台本が入っているんです。みんな台本を読みながら車に乗って、スタジオへ行くわけ。それで立稽古するんだから、大変なんですよ。時々出番がすごく多くて、セリフがすごく多いこともあるんです。そうなるとうちのお父さんが小野田先生とかに、「セリフが多すぎるよ。今度、セリフを多く書いたらお前の家に火つける」とか言ったらしいんです（笑）。小野田先生は午後の二時か三時ぐらいにスタジオへフラッと来るんですよ。「書き終わった」って。それで、みんなに「ごめんね、ごめんね」って、毎回謝って歩いてた（笑）。「遅くてごめんね」って。そりゃあ、セリフは覚えませんよね。

『若い季節』でのセリフのエピソードを林圭一先生が書いていますね。

NHKテレビの『若い季節』というドラマにのり平が出ていた時のことだ。

例によって自分の移動するところの近くには、小道具の端からセットの張り物の裏など、盗み見できる所は、すべてのり平のセリフが書き込まれている。

それでも間に合わないとみえて、フロアーにまで書いてある。

リハーサルが終わっていよいよ本番。相手役は、古今亭志ん朝《ここんていしちょう》。あちこちの書き込みに横目を走らせ、カンニングしていたのり平が、次のセリフを言おうと、フロアーに目をやると、何と、そこに書き込まれたセリフの上に、デンとテレビカメラが乗ってしまっていた。

当時のテレビカメラはデカい。リハーサルの時はそんなことなかったのに、さァ弱った。セリフにつまったのり平、急に意味なく志ん朝に振る。

「で、どうしたの？」

驚いたのは志ん朝。

「エーつまり、そのう…」

語り口が落語調になってシドロモドロ。何とか本筋に戻そうと、苦しみまぎれに色んなセリフを並べ立てる。それを聞きながらのり平が、ブツブツ小声で突込みを入れる。

はたから見ると、志ん朝がセリフを忘れたような格好になる。

志ん朝は冷や汗グッショリ。その努力でようやく芝居が本筋に戻る。と、何食わぬ顔で、次の書き込みを横目にカンニングを続けるのり平。まさに悪童の面目躍如である。

（『舞台裏の喜劇人たち』）


まあ、セリフを覚えないのは、遊びの部分もあるでしょうしね。舞台のあっちこっちにセリフを書いた紙が貼ってあるんですよ。動いている先々の、その場所に貼ったりする。テレビの時は、前の人の背中とかね。誰だったか、柄本明さんか誰かが、正面向いてるから顔にセリフを書いた紙を貼られちゃったって（笑）。『あとは寝るだけ』（昭和五八［一九八三］年四月一四日―七月七日）って堺正章さん主演の久世光彦さん演出のテレビ朝日のドラマもあった。

小野田先生は、既に超売れっ子でしたね。上手いですからね。当時は雑な人も多かったし、古い人も多かった。ですから、小野田先生はテレビドラマの元の形を作ったお一人ですよね。ＮＨＫの『おはなはん』、『男は度胸』……あとはＴＢＳの『怪盗ねずみ小僧』なんかね。

ＮＨＫでは、昭和四三（一九六八）年のＮＨＫ大河ドラマ『竜馬がゆく』に、坂本竜馬につき従う泥棒の寝待の藤兵衛でも出ました。森光子さんも寺田屋お登勢で出演されていました。初め『竜馬がゆく』は評判が良くなくて、途中でディレクターが和田勉さんに変わって人気が出ました。大河ドラマにもよく出てましたよ。小野田さんが脚本のも多かったし、『竜馬がゆく』は水木洋子さんですけどね。

「「ぼくは寝待ちの藤兵衛じゃなく寝坊の藤兵衛だ」と笑う三木のり平だが、おとぼけな藤兵衛だけにベテランの彼にはいかにもぴったり。「泥棒というときこえは悪いが、自分を捨てて竜馬につくすなんてただものじゃない」とすっかり藤兵衛にほれ込んでいる」（『グラフＮＨＫ』昭和四三年四月一五日号）。

その頃は『ＮＨＫ紅白歌合戦』にも出てました。毎年の大みそかの応援出演にうんざりして、出番待ちの越路吹雪さんと「なんか出る人が学芸会みたいなタレントばっかりになっちゃったね」なんて話してました。昭和三六年は、植木等さんとのり平でオチだけ決めた即興コントでした。

植木、のり平の二人とも田舎から『紅白』を見にきたという設定で、もの珍しそうに、宝塚劇場のステージの端から端を歩いて見てまわる。バンドの人の楽器を見て、何する機械かとか、紅組のタレントを捕まえて、姐ちゃん何してんのここでとか、最後に司会の宮田輝アナウンサーに便所を訊いて、

『竜馬がゆく』三木のり平、北大路欣也、森光子

漏らしちゃなんねえと走り込むときに、フレームにぶつかり、「あーあ、漏れちゃった」というのがオチ。

二人が出て来ただけで客席は大受けでした。五分くらいの持ち時間を二〇分近くやってしまった。そのあたりのことを構成作家の塚田茂さんが書いています。

「歌合戦が始まってから八曲目ぐらいのところで、植木等と三木のり平が出て来る。ものすごく面白い。そのうち、時間が来ても終わらない。スタッフは青くなる。五分で終わらなければならないのに、二十分も二人でやっている。ディレクターは「巻けッ、巻けッ」と怒鳴る。もはや赤巻《ママ》けたどころではない。終わりが入らなくなってしまう。そのために、例の樽みこしは入れたものの、あとの応援合戦はすべてカットされた。いちばん気の毒だったのは、地方から呼んでいた伝統芸能の方々で、出番もないままフィナーレに並んだ。『紅白歌合戦』はギリギリの時間内で応援合戦をやるから、少しでも延びると大変である」（『どんどんクジラの笑劇人生』河出書房新社）。

この日は帰宅したのり平に、いろんなコメディアンや友人から面白かったという電話が鳴りやみませんでした。この年を最後に越路さんは、『紅白歌合戦』を卒業、うちのお父さんもそれ以来番組に呼ばれなくなりました。

『欽ちゃんのどこまでやるの!?』

昭和五三（一九八八）年八月三〇日放送のテレビ朝日『欽ちゃんのどこまでやるの!?』一〇〇回記念企画第一弾「時代劇版欽どこ」にのり平はコントで出演しました。

『朝日新聞』のテレビ欄には「「大名屋敷」では〝恋の病〟で倒れた順子姫を心配した欽一殿様が、のり平ふんする医者を呼び寄せる。ところが殿様は「姫にさわってはいかん」という。困り果てた医者と殿様との間で台本を無視したアドリブの演技が続いて大爆笑」と紹介されています。この番組について、萩本欽一さんが髙平哲郎さんにお話しになっています。

萩本　（略）のり平先生は……あの空気、ぼくは大好きで、随分のり平先生ン家《ち》に押し掛けたりして。一回ツッコミさせてくれって。「嫌だよ。俺やりたくない、嫌だ」と。でも死ぬまでに一回ツッコミたいと思って。それで少したってから何度も頼んだの。相変わらず「嫌だ」って言ってたけど、「もう、うるさいから分かった」って。テレビで一回やらせてもらいました。

髙平　何の番組ですか？

萩本　ちょうど『欽どこ』（テレビ朝日系）の何周年かですね。「稽古はするんですか」って聞いたら、案の定、「やんねえよ、ンなもの。恥ずかしいからそんなことしねえよ」って。

髙平　それはどんな設定を？

萩本　こうしときゃ、のり平先生、延々やるんじゃないかという設定考えて、（真屋）順子さんをお姫様にして寝かせといた。それでのり平先生はお医者さん。具合悪いお姫様を診て薬出すっていうだけ。そういう設定にしておくと、どっかでやってくれる。大体ボケの何段階ってあるんです。ひとたび間違えると、いろいろ工夫して七回間違える。

髙平　なるほどね。

萩本　のり平さん、まず入ってきて布団に寝ているお姫さんを、やるだろうなと思ってたけど、案の定またいできた。だから、「あっちから回ってこい」って言う。回ってくるんだけど、ちゃんと角踏んでくる。だから「回るだけでいい、角踏むな」って。

あと風邪の薬を出す。薬の紙広げて、そうするとちょっとこうやる（なめる）わけ。「なめるな」って言うと、最後にこっちで（なめる）、「だから、なめるな」って言うと、一回捨ててしまう。だから、「それは捨てなくていいだろ」って。やり直して、今度はなめそうになると、我慢するのね。でも安心してしまうと、こっち（反対側）でなめる。「飲ませるんだ。だから、おまえな」って言うと捨てる。「捨てなくていいんだよ。だからさ、これもう」。

髙平　のり平さんもやりやすかったでしょうね。

萩本　え？

髙平　久しぶりにやりやすかったでしょうね。

萩本　それだって、別に打ち合わせしてない。なんかこれいけるぞと思ったら大体七つやりますから。「薬なめるな」って言っただけで、七回来ましたね。

（『髙平哲郎スラップスティック選集②　定本アチャラカ 真面目が嫌い』）

萩本欽一さんは、『小林信彦 萩本欽一 ふたりの笑《ショウ》タイム　名喜劇人たちの横顔・素顔・舞台裏』でもこの話をしています。

（坂上）二郎さんも7回ぐらいはおもしろくくり返すけど、のり平さんは10回でもいけちゃう。それもただのくり返しじゃなく、少しずつ形を変えていくんです。こっちも「なめるな」だけじゃなく「我慢、我慢、我慢」とか、「そう、なめない、そのまま、そのまま」とか言葉を変えていくんだけど、のり平さんもだんだんグレードを上げてくる。あの人は、つっこまれてやり直すとき、どんなふうに変えていったらおかしいのか、その順番も全部計算してるんです。（中略）実際に目の前で観てたら、あの「なめたそ〜」な顔がいいんですよ（笑）。その頃のテレビスタッフはだれものり平さんの舞台を観たことないから、みんな大感動してました。（中略）その日、のり平さんが帰るとき「どうでした？」って聞いたら、耳元で「つっこみ、おまえ、いいよ」って言ってくれたんです。でも、それから3ヵ月後ぐらいに会ったとき、「先生、お久しぶりです」って言ったら、「おまえのつっこみは最悪だよ！」って。「えっ、あのとき先生、おまえのつっこみはいいって言ってくれたでしょ？」って聞いたら、「そんなこと言った覚えはない。おまえのつっこみは最悪だ」って何度も何度も言う。もうね、舞台ではすごい大ぼけをやるのに、舞台を下りたのり平さんは、つっこみの王者（笑）。「じゃあ先生、もう一度やりましょうよ」って言ったら、「やだ。おまえの悪いつっこみとは二度とやりたくない」って言われて。（中略）でも、そのあと、コマ劇場にぼくがでたら観にきてくれて、あとで楽屋にもきてくれたので、「先生、なんかひと言」って言ったら、「言うことないよ、おまえなんかに！」だって。

「でも先生、楽屋にまできて座ったってことは、なんか言うためでしょ？」

「言わないよ。俺は茶だけ飲んで帰る」

「うっそ〜！　今ほんとはしゃべろうと思ってきたのに、ぼくがさきに聞いたから言わなかったんでしょう？」

ってもう、この会話自体がコントになってるの。で、一緒にお茶を飲んだあとに、

「先生、どこが悪かったですか?」「ほらあそこで……。いや、やっぱりおまえなんかに言わない!」(中略)もうね、こっちがつっこむと、必ずそれをパカ~ンとはじいて返してきますね。(中略)ぼくにとって「ぼけ」と言ったらのり平さんが日本一ですね。

映画「社長シリーズ」ほか

映画『シミキンの無敵競輪王』

映画は、昭和二五(一九五〇)年五月二〇日公開の『シミキンの無敵競輪王』がひとつのきっかけになりました。堺駿二さんの代役でね。これは舞台の『アチャラカ誕生』でブレークする前ですね。

昭和三一(一九六六)年に東宝と契約を結び、『のり平の三等亭主　愉快な家族』(一九五六年)、『のり平の浮気大学　愉快な家族』(一九五六年)で、女房に頭の上がらない課長役で初主演しました。これは見たことがあります。中田康子さんが奥さんの役。どれもパッとはしませんでした。

東宝系の作品では、ちょっと出てるだけの作品がやたら多いんです。ぼくが、主演で印象に残っているのは『底抜け忍術合戦』(一九五八年)、『底抜け忍術合戦　俺は消えるぜ』(一九五八年)の忍術シリーズですね。斎藤寅次郎監督でくだらないけど、子どもの頃は好きでした。確か宝塚映画だったと思います。アヒルに化けるのは、ちょんまげののり平のハリボテをアヒルの頭に被せるなど手作り感のある特殊効果が使われました。当時の映画館は爆笑でした。

しかし当時、ラジオもテレビも映画も舞台も主役で出てる喜劇役者は少なかったですね。若い喜劇役者自体が少なかったけど。その分のり平は忙しく働いて稼いだんでしょうが、家には帰ってきませんでしたからね。東宝に入ったのも強かったんでしょう。映画はお金になりましたからね。ただ、のり平の場合は、舞台のために映画とテレビで顔を売ったようでした。

一般的に、桃屋さんのＣＭとともに、皆さんの記憶に残っているのは、「パーッと行きましょう。パーッとね」と宴会に張り切る部長を演った社長シリーズなんでしょうね。

森繁さんが社長になった東宝の社長シリーズの第一作は、昭和三一年の『へそくり社長』からですよね。うちのお父さんは、『へそくり社長』の撮影時は、ほかの映画に出てたんだけど、森繁さんから「どじょう掬いを教えてくれ」っていうことで、教えに行ったんだそうです。そしたら、千葉泰樹監督から、「面白いから出てくれ」ということで出ちゃったんですね。脚本家の倉本聰さんとの対談でそんな話をしています。

倉本　『社長漫遊記』で、例えばその一芸、お座敷芸でちょっとやってくれよって呼ばれますよね。で、そういう風にして、やるのり平さんの芸ってのは、どこで身に着けた芸なんですか？

のり平　だからそれが最初にシゲさんに頼まれて、「今日、ちょっと安来節をやるんで、ドジョウ掬いのところをやるんだけども……」って、千葉泰樹さんの組へ連れて行かれて、それでいきなり出ちゃったのが始まりなんです、ぼくの。

倉本　安来節ですか？

のり平　うん、安来節です。どじょう掬い。

倉本　で、その安来節は、のり平さんはどこでマスターした安来節なんですか？

のり平　マスターなんて、ことはないけど、まあ、あれも……一頃、浅草の観音劇場とかいろんなところでね、安来節が大流行したことがあるんですよ。

倉本　それは昭和何年ごろ？

のり平　ええ、昭和一五、六年、ちょうど大学に行ってた時ですからね、ぼくもう大学へ入ってましたからね。それこそカバン放っぽり出して、カ――ッと安来節、毎日通って、毎日見て、夢中になって。今のロックやなんかに酔うのと同じですよ。

倉本　安来節ってどういう奴ですか？

のり平　「〽安ゥ来ィ〜、千軒…」ってから出来てんですけど、まあ、中にドジョウ掬いが入るね。で、あれは初めのうちは「真似ぶ」の時は、つまりはどじょうを捕って生業にしてるのかと思ったら違うんで、砂金だの、ああいうものを、いろんなものを捕って、川をサラって。

倉本　あ、砂金とか。

のり平　うん。どじょうは、泥鰌と洒落になっちゃうんだけど、土のことで、土、砂のことの土壌を掬って、それが大事で。それでついでに捕れた泥鰌を入れてくって話なんですけど（笑）。

倉本　ああ、そういうことなんですか。

のり平　そこまで来ると、今度は「学ぶ」になりますよね（笑）。

倉本　ちょっと待ってください。どじょう掬いってのは、土壌金の土壌ですか？
のり平　そうなんです。
倉本　そこから砂金なんかを掬うという……へえ〜〜〜！
のり平　へえ〜〜じゃないですよ（笑）。
倉本　驚きました、のり平さん、インテリですねえ。驚きました。
のり平　インテリじゃない。（略）
倉本　『社長漫遊記』とかね、ああいう仕事が来た時にですよ。例えば、のり平さんがそれまで……当時の若者ののり平さんが、目指していたものと、ああいう仕事が来ていた時に、それはどういう感じで受けたんですか。金のためですか。それともそん中で何かをやろうということですか。それとも、うん。なんかそこらへんの感じはどういうことだったんでしょうか？
のり平　あんまりそういう……劇の中の、ドラマの中の人物っていうことよりも、ぼくは動機も不純みたいな、さっきのドジョウ掬いから始まってるようなもんだけど、もっぱら出ると余興を頼まれるっていうか、余興の必ずタイムがあって、宴会ね。まあ、宴会部長とも言って、会社の仕事よりも「は、は、はい……」って、その遊びの方は、遊ばせた相手を取引する場合とかってね、余興をやらされますよね。まあ、太鼓持ちの代わりっていうのかな、そういうものをさせられる。だからもっぱら余興で頼まれるから、余興の引き出しならたくさんあるからっていうことで、ぼくは、あれをドラマと思ってませんから、別に……（笑）。
倉本　ああ、そうですか。いや、今たいへん失礼な質問したなって、自分で反省しとるんですがね。つまり、なんというのかな、『社長漫遊記』で名前が出ちゃったたっていうことがありますよね。例えば『灰神楽三太郎』とか、そういうことに対しては、ご自分ではどういう風に思われたんですか。

のり平　結果、フィルムってものが出来て、それが映画館で上映されてお客を楽しませるってことを自分の与えられた使命みたいなもんだし。まあ、それが目標で、それについていろいろ知恵を絞ったり……ていうのかな。作戦を練るっていうのか、そういうことでやってましたからね。だからどっちかって言うと、ぼくなんかはいわゆる俳優術っていうのかな、そういう術以外のことで、させられたってことが多いし……とにかくああいう風に、いわゆるぼくは寅さんみたいな、偉大なマンネリズムっていうよりも、そこまで行かないようなマンネリズムだったら、さっさと止めちゃう方だから……(笑)。

(『倉本聰・ニッポン人生録』)

そんなことがあって社長シリーズのレギュラーになっちゃったんですね。だから看板がなんか中途半端ですよね。三人＝森繁久彌、小林桂樹、加東大介が出て、うちのお父さんは、なんか後の方です。ただ、小林桂樹さんはシリーズについて、映画評論家の草壁久四郎さんの質問に次のように答えておられますね。

――　昭和三一年にはいって『へそくり社長』が登場します。いよいよ社長シリーズのはじまりです。シリーズ化は最初から予定されていたのでしょうかね。

小林　藤本プロデューサーの構想にはあったと思います。数々のサラリーマン物がそれまで作られ、それを一本化して。河村さんが亡くなられたので、秘書課長だった森繁さんを社長にし、笠原良三さんのオリジナル脚本ではじまったわけですね。千葉監督がパイロット的に第一作を撮りました。森繁さんが三等社長、僕が社長秘書、司葉子がタイピスト、のり平さんが経理課長、社長夫人に越路吹雪、その妹に八千草薫、そして上原謙という豪華メンバー。

―― このシリーズの楽しみの一つに主役たちが演じるお座敷芸がありましたね。観客サービスたっぷりの…。

小林 社長シリーズの余興場面は必要欠くべからざる名物になりましたから、出演者が研究選択をまかされたんですね。そのために、皆で飲みに行ったりしてね。観客は笑いますが苦労のタネでした。僕の提案もいくつかありますよ。ほとんどのりちゃん（三木のり平）が考えてたですね。藤本さんに言わせると、このシリーズの後半になると座敷芸が本格的になり、うまくなりすぎて、映画のパワーが薄くなった、との事ですが…。

（『演技者　小林桂樹の全仕事』ワイズ出版）

社長ものの宴会芸の場面では、素人が有りもので劇をやるんだっていうので、わざとホースだとか、そのへんに有るものを何かに見立てて演っていました。それがかくし芸の基本だというのでね。鬘もちゃんとしたモノではなくて、髷でもハタキだとか、そこらへんのもので見立てて使ってね。そういう注文はちゃんとしていました。「ちゃんとした鬘や衣装じゃダメだよ」って。

社長シリーズの多くを監督した松林宗恵監督も、このシリーズについて書いています。

社長ものは、昭和二十八年に故河村黎吉主演の「三等重役」がはじまりで三十七本がつくられた日本映画史上、最長命のシリーズである。監督も春原政久、千葉泰樹、渡辺邦男、青柳信雄、杉江敏男、私と六名が担当し、三十七本のうち二十三本が私。一番本数が多いことから社長ものの松林ということになり、一般の方には、社長ものが私の代表作品になっている。初め「三等重役」の頃は社長は河村黎吉、秘書課長森繁久彌、秘書小林桂樹のコンビであった。例の社長がざるそばを食べるとき、一ぱい持上げた社長のそばを、秘書は鋏《はさみ》で切り落として食べさせる名場面は、春原監督の演出であった。河村さんが亡くなった後は、森繁社長になり、ずうっと今日まで及んでいるが、社長もののかもし出す笑いの宝庫は枚挙にいとまがない。

『社長道中記』宴会芸のシーン　森繁久彌、三木のり平、小林桂樹

　宴会で、森繁社長と三木のり平扮する部長が、どじょう掬《すく》いを踊り呆けているところへ、これもどじょうすくいの大嫌いな三好栄子扮する女会長が来てにらみつける名場面は千葉泰樹監督の「へそくり社長」。同じ千葉さんの社長ものに、屏風を横に立てて、その向うで裸の森繁社長が〽草津よいとこ……を入浴風景よろしく演じているうちに屏風が倒れ、タバコを口に何本も銜《くわ》えて湯煙りを寝そべって吐いている三木のり平のなんとも飄逸な演技の組み合せは、仲々うまいギャグであった。批評家はだれ一人これらのすぐれた名場面やうまいギャグを賞《ほ》めなかったが、日本の映画

ファンの脳裏には強い印象を与えつづけてきた。

（「映画的散歩　森繁さんとの出会い」『こぼれ松葉　森繁久彌の五十年』）

のり平が出演した社長シリーズは――、

『へそくり社長』（昭和三一年一月三日公開）、『続へそくり社長』（昭和三一年三月三〇日公開）

『はりきり社長』（昭和三一年七月一三日公開）

『社長三代記』（昭和三三年一月三日公開）、『続・社長三代記』（昭和三三年三月一八日公開）

『社長太平記』（昭和三四年一月三日公開）、『続・社長太平記』（昭和三四年三月一五日公開）

『社長道中記』（昭和三六年四月二五日公開）、『続・社長道中記』（昭和三六年五月三〇日公開）

『サラリーマン清水港』（昭和三七年一月三日公開）、『続サラリーマン清水港』（昭和三七年三月七日公開）

『社長洋行記』（昭和三七年四月二九日公開）、『続　社長洋行記』（昭和三七年六月一日公開）

『社長漫遊記』（昭和三八年一月三日公開）、『続　社長漫遊記』（昭和三八年三月一日公開）

『社長外遊記』（昭和三八年四月二八日公開）、『続　社長外遊記』（昭和三八年五月二九日公開）

『社長紳士録』（昭和三九年一月三日公開）、『続　社長紳士録』（昭和三九年二月二九日公開）

『社長忍法帖』（昭和四〇年一月三日公開）、『続・社長忍法帖』（昭和四〇年一月三一日公開）

『社長行状記』（昭和四一年一月三日公開）、『続　社長行状記』（昭和四一年二月二五日公開）

『社長千一夜』（昭和四二年一月一日公開）、『続　社長千一夜』（昭和四二年六月三日公開）

の二五本です（番外でとんねるずの『そろばんずく』［一九八六年］ってのに小林桂樹さんと二人でライバル会社の社長役で出ましたが……）。

中村勘九郎さんとの対談でも、のり平は次のように話しています。

三木　駅前ものも、社長ものもそうですけどね、基本的には出演者は、「ちょっとあいてるなら来てよ」といわれて集まったのばかり。だからほとんどストーリーなんか知らないのが多いですよ。撮影に時間もかけない。ぶっつけ本番で、サッと撮ってサッと帰る（笑）。（中略）

中村　即興劇風なんですか。

三木　やっつけですね。まさか、ビデオに残るとは思ってもみなかったですから。いいかげんなもんです。まあ、あのシリーズで監督を「先生」なんて呼んだ人はひとりもいないんじゃないですか。監督が「用意」といったら、「ドン」といって家に帰っちゃう豪傑がいたくらいですから（笑）。

（『待ってました！　勘九郎　中村勘九郎対談集』）

高田文夫さんとの対談でものり平は次のように話しています。

高田　でも、アドリブは好きでしょ。

三木　好きだけどさ。

高田　だからつい。

三木　だからつい……いやいや（笑）。だけどさ、映画は撮影現場に観客がいないだろ。アドリブやってても面白いんだか面白くないんだか、さっぱりわからねえ。監督一人にウケてたってしょうがねえと思っちゃうんだよ。

舞台は役者のものだけど、映画は監督のものだろ。だから嫌だね。それに、「社長シリーズ」はだんだん監督のほうから「このシーンはどうしたらいいでしょう」って俺に聞いてくるようになった。それでまたやんなっちゃって。

（『笑うふたり　語る名人、聞く達人 高田文夫対談集』）

結局、のり平が社長シリーズを降りたのは、かねてより東宝の藤本真澄プロデューサーの扱いに不満があったんですね。「俺が降りたら社長ものは持たない」ことを証明する狙いもあったようです。もともとはレギュラーでなく他の映画の撮影をしていたのり平が森繁さんに頼まれて『へそくり社長』に出演したのがキッカケでしたからね。社長ものは、森繁久彌、小林桂樹、加東大介、駅前シリーズは森繁久彌、伴淳三郎、フランキー堺の映画でした。

とにかく映画はやたら出ていました。のり平本人も撮影しただけで公開された映画は見なかったようです。のり平の東宝での扱いは、まあ良かったです。東宝カレンダーっていうのを毎年出してましたけど、それの何月はうちのお父さんでした。『忠臣蔵　花の巻　雪の巻』（一九六二年）という東宝スター総出演映画にも出てました。

黒澤明、木下惠介、市川崑、今村昌平

黒澤明監督の作品からオファーが来たことがありました。『天国と地獄』（一九六三年）の誘拐される

子どもの父親、運転手の役ですね。ところが、出演依頼に来た人が偉そうな奴で、「オーディションを受けてください」とかなんとか言われたらしいですね。それまではのり平も「黒澤明の映画に、ボチボチ出てもいいかなあ」って言ってて、台本なんかも見たんだけど、「オーディション？　なんでオーディションなんか俺が受けなきゃいけないんだ」って断った。黒澤さんとしては、暗い映画だから、少しそういう喜劇畑の人が必要だと思ったんでしょうね。

昭和三九（一九六四）年の木下惠介監督の文芸大作『香華』で、主役の岡田茉莉子さんの母親乙羽信子さんが年甲斐もなく好きになる元下男八らん役で毎日映画コンクール助演男優賞を受賞しました。本人は、嬉しいんだけど、「やっぱり喜劇だと賞は貰えなくて、こういう映画でないと賞は貰えないんだな」って言ってましたね。第一、喜劇ってちゃんと作らないでしょ。斎藤寅次郎さんは、かなりいい加減だったけども、『灰神楽の三太郎』シリーズを撮った監督もそういう監督さんでしたね。

市川崑監督が昭和五一（一九七六）年に角川映画の第一作として横溝正史原作の『犬神家の一族』を映画化しました。探偵の金田一耕助役は、石坂浩二さん。第二作『悪魔の手毬唄』（一九七七年）から東宝作品になって、以後、『獄門島』（一九七七年）、『女王蜂』（一九七八年）、『病院坂の首縊りの家』（一九七九年）とシリーズに出ました。

市川崑監督の映画は、前から小林桂樹さんの縁とかもあって、ちょこちょこ出てましたね。市川崑さんは、元々アニメーションを作ってた方ですから、センスが他の監督さんと違うんですね。だから、うちのお父さんとは合うわけですね。必ずなんかの役で、出して。ロングで延々カメラを長回しで撮る。リアリズムじゃなくて、モダンな撮り方をする監督さんですね。大林宣彦監督にもそういう部分がありましたね。

金田一耕助のシリーズは五本とも出てる。やっぱり、ちょっと出るとお客さんがホッとするんですね。たぶん、一日か二日でのり平のシーンは撮り上がっていたと思うんですよ。あれは面白いですね。ロングで全身が映ってるところなんか。『犬神家の一族』の旅館のおっさんなんか何回見てもおかしいですよね。それで相手のおかみさん役は必ず結髪のおばさんでした（笑）。みんな「相手は誰だ？」って言って、分かんなかった。とにかく金田一シリーズは、市川崑さんの遊びで必ず相手のおかみさんは、そのおばさん。女優さんじゃない。ああいうのは、うちのお父さんじゃないと無理ですよ。落ち着かない感じでモゾモゾ、モゾモゾ……って、何ってことはしてないんですよ。ただ、上手《かみて》にいて、帰って来るだけのシーンだったりね。相手役の警部の加藤武さんなんかとも、のり平はやり易くて楽しいんでしょうね。

今村昌平監督の映画にもレギュラーみたいに出てましたね。『ええじゃないか』（一九八一年）とか、『黒い雨』（一九八九年）は、作品としても良かったですね。『楢山節考』（一九八三年）は、山で撮影した。近くの旅館に皆泊ってね。やっぱりキャラクターを持っている味がある顔を持ってる役者を使いたいんですね。顔がつまらないと仕方がない。昔は、いろんな顔をした人が役者にいっぱいいたじゃないですか。噺家なんか、役者には無理だから噺家になるかなんてね。ところが今は噺家もちゃんとした顔をした人ばっかりですね。だから、今は俳優さんだけだとつまらない作品になるんですよ。

終章

不条理劇と晩年

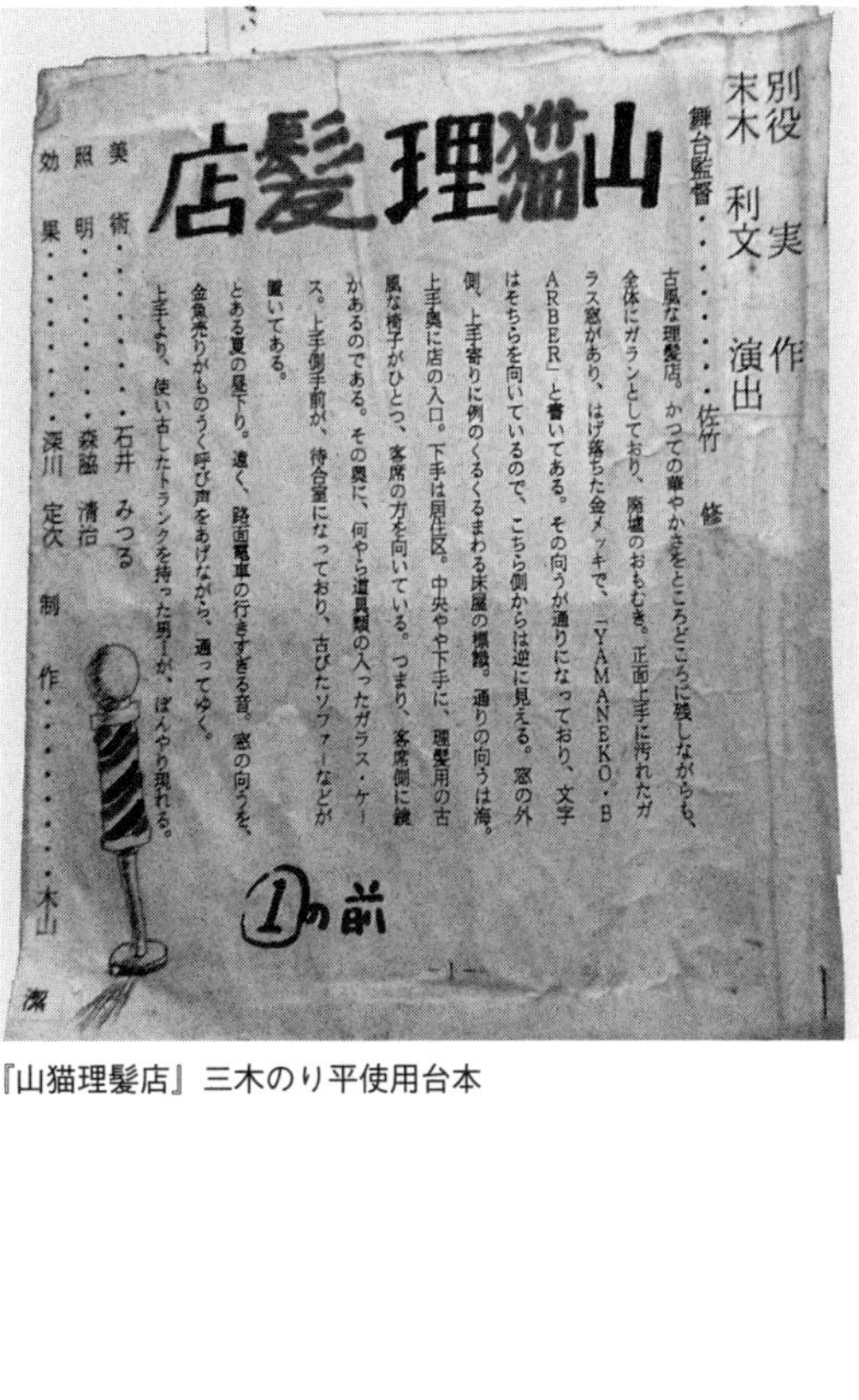

山猫理髪店

別役 実 作

末木 利文 演出

舞台監督……佐竹 修

古風な理髪店。かつての華やかさをところどころに残しながらも、全体にガランとしており、廃墟のおもむき。正面上手に汚れたガラス窓があり、はげ落ちた金メッキで、「YAMANEKO・BARBER」と書いてある。その向うが通りになっており、文字はそちらを向いているので、こちら側からは逆に見える。窓の外側、上手寄りに例のくるくるまわる床屋の標識。通りの向うは海。上手奥に店の入口。下手は居住区。中央やや下手に、理髪用の古風な椅子がひとつ、客席の方を向いている。つまり、客席側に鏡があるのである。その奥に、何やら道具類の入ったガラス・ケース。上手側手前が、待合室になっており、古びたソファーなどが置いてある。

とある夏の昼下り。遠く、路面電車の行きすぎる音。窓の向うを、金魚売りがものうく呼び声をあげながら、通ってゆく。

上手より、使い古したトランクを持った男1が、ぼんやり現れる。

美術……石井 みつる

照明……森脇 清治

効果……深川 定次

制作……木山 潔

①の前

－1－

『山猫理髪店』三木のり平使用台本

平成五（一九九三）年に不条理劇で知られる劇作家・別役実さんのお芝居にのり平は出演しました。いわゆる新劇公演です。別役さんは前からのり平のファンで、「のり平さんを中心に新しい落語みたいな芝居をやってみたかったんだよね」と言ってました。

『はるなつあきふゆ』

平成五（一九九三）年三月一〇日―二一日、俳優座劇場、日本劇団協議会・木山事務所、歌入り絵草紙『はるなつあきふゆ』（作＝別役実、演出＝末木利文）。

物語――「さくらさくら」「夏は来ぬ」「旅愁」「冬の星座」と春夏秋冬の唱歌とともに、花見の場所取りから始まり、娘の望まない妊娠、息子の大学試験失敗、流浪する家族と葬式というように、場面が四季の季節感とともに進行する小市民の家庭崩壊の物語。

別役実さんは、『風の演劇　評伝別役実』（白水社）の中で著者の内田洋一さんのインタビューに次のように答えています。

のり平さんは最初からフィクションみたいな人でした、中村伸郎先生はフィクションになるために、いろいろやるんだけれども、のり平さんはいきなりフィクションになる妖精のような人。『はるなつあきふゆ』は日本劇団協議会の公演で補助金が確か一千万円出た。別役さんの芝居は金がかからないから、お金を何に使おうかとなったとき、僕がのり平さんとやりたいと言ったんです。（中略）このときの稽古場が良かったんです。商業演劇のスターがあれだけ稽古につきあってくれたんだから得がたいよ。赤塚敏さんとか金井大ちゃんとか、三谷昇さんとか取り巻くのに十分な役者がいて、のり平さんも気持ちよく、新派ならこうだ、新劇だったらこうだ、とみせてくれる。それが稽古の間中つづいたので、みんな乗っちゃった。もう少し早く組んで、のり平さんと新劇とが歩み寄っていれば『ゴドーを待ちながら』をやっても、ああ、なるほどこれがヴラジミールか、これがエストラゴンか、とよくわかったと思う。

同書には、演出をした末木利文さんの談話も載っています。

『はるあきなつふゆ』で三木のり平さんを口説きにいったら、うれしかったようですね。やっと新劇から声がかかったかと。最初に稽古場に現れたとき、どうせ自分は商業演劇役者と思われているに違いないという思いこみもあって、なるべくきちんとした芝居をしようという意識が強かった。年配者が多かったから、稽古は四時間ぐらいでやめにして、一日一回こっきりみたいなペースで稽古しました。そのうち、のり平さんは残るようになった。出演していた林次樹君たちに酒を買いにやらせて稽古場で飲みながら、ああでもない、こうでもないと雑談風に芝居を反芻するので、若い連中には勉強になった。この人、本当に芝居が好きなんだと思い知らされました。

あの人は台本に書かれた言葉を自分の言葉にしないと言えないんですよ。別役さんの書いた言葉でも、ふだんしゃべっている言葉と同じにしないと体に入らない、口から出てこない。だから、めちゃくちゃ努力して、それでも、どうしてもオレの言葉じゃない、というのが何か所か残る。

道具の後ろにあんちょこで書いたりしていた。Tシャツを下において、これが爆弾だとたたく芝居があるんだけれど、Tシャツにもセリフが書いてある。でも、これがうまい。シュールな絵になっているんです。目の端にそれが入ると、自分のセリフでしゃべれる。最後に一人きりのシーンで上から雪が降ってくる。斜め後ろをむく。「格好良すぎないか、商業演劇みたいだろ」と私に訊いてくるので「いやいや、あそこは商業演劇だから。その格好良さがいいんですよ」と答えました。すてきでしたねえ。そういうところから、私は別役地獄の呪縛から解放されていったんです。

のり平は、水落潔さんのインタビューで次のように答えています。

水落　別役実さんの『はるなつあきふゆ』という、一種の不条理劇にご出演になって……。

のり平　でもね、ぼくあれね、なんで不条理劇っていうのか分かんないけど、あの有りもしないことを有るようにするっていうのは、芝居の基本で。ましてナンセンスなんて、ぼくらの演ってるのは、それなんですよ。不条理ていやあ、不条理なんですよ。

水落　ああ、そうですか(笑)。

のり平　不条理ばっかりやってたから、別に何にも感じなかった、違和感が……。

水落　ああ、そうですか。いや、舞台を拝見しました時にね、最初にバケツがありましてね、そこへ釣り竿を置いといてね。

のり平　あれは「死にたい、死にたい……」っていう希望のヤツなんです。どうしたら死ねるかというんでね、海へ飛び込もうかとかね、いろんなことを考えてる。海がないっていうんで、あれバケツの水に……。あの『はるなつあきふゆ』は、特に別役君っていうのが随分ぼくのファンで、前から。

水落　そうらしいですね。

のり平　そういうぼくの口調を随分、癖を知ってんですよね。ぼくの普段のアドリブ的な芝居のね。印刷してない台本っていうのかな（笑）。それだから、ぼくは演り良かったですけど、うん……。

（『ステージドア』）

五年後、のり平は、別役作品に再び出演しています。

『山猫理髪店』

平成一〇（一九九八）年九月一八日—二七日、俳優座劇場、木山事務所プロデュース公演『山猫理髪店』（作＝別役実、演出＝末木利文）。

物語——海峡に面した古ぼけた理髪店「YAMANEKO・BARBER」。親方は昔、剃刀で女房を切ったという噂があり、地元の人間は寄りつかない。店には、女房と娘に理髪見習いがいる。ここには謎めいた人々が集まって来る。北海道から来た記憶があいまいな青年。北海道の炭鉱から逃げてきた男。競売でこの店の権利を手に入れたという老夫婦。「五〇年前の手配書」を持った警官。やがて、店の取り壊しが始まり、親方は、「えーい、さんぱつ、ひげそり、シャンプーに、せんがん……」

と流して歩く理髪屋になる。

『風の演劇　評伝別役実』には、以下のような記述があります。

二作を演出した末木利文によると、晩年ののり平は「異常と思えるほど新劇にこだわり、新劇人の側に身を置きたがった」（『私の花伝書』）という。俳優座養成所出身で後輩にあたる楠侑子の夫だということもあって、前々から別役の劇も観ていた。それで自分ならこうやるのに、という思いもあった。劇作家と役者との決定的な出会いであった。

『はるなつあきふゆ』で、のり平は劇がはじまってまもなく空の籠を背負ったバタ屋（廃品回収業）の格好で現れる。それだけで、おかしかった。その演技に衝撃を受けた役者がいる。別役実を深く敬愛する劇団東京乾電池の主宰、柄本明である。（中略）

柄本によれば、のり平のバタ屋はゴミをえりわけ、背中に入れるだけのシーンで、もう人物になりきっていたという。演技しているのに、していないように見えたのである。ただそこに「ある」という役者ぶりだった。

末木利文も同じように感じた。

破目を外しているのでもないし、謙虚というのでもない。だから誇張の臭気もなければ控えめに自分を抑えて見せる嫌味もない。自分を卑下して観客に媚びて見せるところも、もちろんない。ただそこに、そのように居る、というだけなのである。

（末木利文『私の花伝書』）

その数年後の『山猫理髪店』がのり平の遺作になりました。別役さんはそのあとに『青空・もんしろちょう』って芝居を用意してたらしいんです。だけどのり平が死んじゃったからぼくが呼ばれて、その役はぼくが演ることになった。びっくりしました。「え？　主役なの？」って。

『青空・もんしろちょう』

平成一二（二〇〇〇）年三月一五日―二三日、紀伊國屋サザンシアター、木山事務所創立二〇周年記念公演『青空・もんしろちょう』（作＝別役実、演出＝末木利文）。

物語――背景には青空が広がり、電信柱が一本立っている。そこに文字「春三月、もんしろちょうは、桜前線の北上に従って、日本列島を横断する」が浮かぶ。男とその弟子が、もんしろちょうを追って、日本列島を北上してゆく。二人の旅に、次第に道連れが増え、彼らの起こす事件に巻き込まれながら、北のはてまでたどり着くと、木の粗末な墓標が立つ土まんじゅうがあった。もんしろ蝶は海峡を越えて消えていく。「てふてふが一匹韃靼海峡を渡つて行つた」という安西冬衛の有名な詩の風景を演劇化しようと試みた作品。

急遽、のり平の追悼公演として上演されました。演出の末木利文さんは次のように話されています。「のり平さんと三本のお芝居をつくる予定が、『はるなつあきふゆ』『山猫理髪店』の二本で終わってしまって、作者も共演者も熱い思いがありました。この作品は、作者が、のり平さんの思いを想像して、本の中に書き込んだものです。空中を舞うもんしろちょうにのり平さんのイメージが込められています。つくる側としては、ちょうを飛ばして、役者とうまくからむようにしなければなりません」(新聞『農民』二〇〇〇年三月六日、第四四〇号)。

別役実さんが書いています。

(のり平さんは)常にちょいとフェイントをかけてくる。ひとまず「引く」のであり、「引く」と見せかけて、ヌッと「出る」のである。もしくは、「出る」と見せかけて、さり気なく「引く」のである。恐らくこれがのり平さんの、「芸」と言っていいものであり、「生活感覚」と言っていいものであり、同時に「哲学」と言っていいものだろうと、私は考えている。(中略)『はる・なつ・あき・ふゆ』というのは、私がのり平さんと御一緒した最初の作品であるが、その第四場に、二人の男が運ぶ棺桶《かんおけ》を、バタ屋の格好をしたのり平さんが、ついてゆくという場面がある。時々、二人の男が見とがめてのり平さんをふり返るのであるが、その度にのり平さんは、その知らぬ顔をして「アッチ」を向く。

ただそれだけの場面なのであるが、これが何とも言えずよくて、私は飽かず眺めていた。そして、気がついたのである。のり平さんは、棺桶にそれとなくついてゆくところから、見とがめられて立止り、その知らぬ顔をして「アッチ」を向くまで、いわゆる「ギア・チェンジ」をしていない。やわらかに、動作はそのまま連続し、しかもいつの間にか局面が変化しているのである。

「そうなんだ」と、私は考えた。のり平さんの場合は、存在そのものに既にフェイントがかかっていて、従って「引き」は、動作としてではなく、存在感として感じとられてしまうのだろう。

「のり平さんは、喜劇役者として稀代《きだい》のテクニシャンでありながら、同時に不条理劇空間に立つにふさわしい、存在感のある人」という意味のことを、私は弔辞で述べた。実はこのことは、極めて稀《まれ》なことなのである。往々にして、存在感のある人というのは、不器用な人が多いからである。

のり平さんがその双方を兼ね備えておられたのは、その「芸」である「引き」を、「存在感そのものにフェイントをかける」（こんな言い方が通用するのかどうか知らないが、のり平さんの舞台に接したことがあれば、ニュアンスは御理解いただけるのではないかと思う）という独自のやり方で、動作のメリハリと関わりなく、確かめることが出来たからに違いない。それが単なる「芸」ではなく、「生活感覚」でもあり、「哲学」でもあっただろうと私が考えるのは、そのせいである。

私たちは（私と木山事務所。そして前二作に関わったもの、という意味だが）来年三月、『青空・紋白蝶』という、のり平さんが紋白蝶《もんしろちょう》ばかりを集める昆虫採集家になる芝居をやる予定だった。そして、何回かのそうした共同作業を積み重ねた後、私はいつか、例の古典落語の『らくだ』を不条理劇風に仕立て直して、やってみたいと考えていた。

（「フェイントのかかった存在感」『本の窓』一九九九年六月号、小学館）

晩年

平成九年四月二一日―二五日、NHK‐BS放送の『山川静夫の〝華麗なる招待席〟』で「役者生活55年　三木のり平奮闘公演」と題するシリーズが放送されました。

その中で、病気療養中でゲスト出演が叶わなかった小野田勇先生がのり平宛ての手紙を番組に託し、山川静夫さんが朗読して紹介しました。

照れくさいが感謝状　　小野田勇

この正月早々体調を崩して、入院後手術という騒ぎになり、二か月余りの病院暮らし。今は自宅療養で、体力の回復に励んでいるが、ジジイになると情けなく、なかく思うに任せない。この番組への出演依頼は早くから聞いていたが、そんな訳で病み上がりのショボクレ姿でテレビに映るなんざ、薄みっともなくて、まっぴら御免……で、手紙を書くことにした。

のりちゃんと私のつき合いは終戦の翌年からだから、数えてもう五十一年。君の役者生活の大半を一緒に過し、見つめて来たことになる。一口に言えば、ウマが合ったのだが、つながりの最も強い要因は「役者のり平」の巧さ、面白さに私がぞっこん惚れ込んだことである。ちょっぴり自惚れて言えば、私の作者の仕事を君が気に入ってくれたからだと思う。

初めはラジオの「日曜娯楽版」で、三木トリローグループとしては、まあ、おこがましいが役者同士という出会いだったが、少年の頃からの映画好き、芝居好き、寄席通い、エノケン、ロッパ、シミキンらの喜劇ファンという育ちが共通で、グループ中、特に仲良くなった。ラジオのヒットから、日劇や国際劇場のステージショウに進出することになり、コンビで舞台上のコントを多数作り演じた。のりちゃんが思いつく、アイデアは奇抜で、滑稽で、台本作りに回った私を

三木のり平、小野田勇

どんなに面白がらせ、助けられたか。やがて、君の本領発揮とも言うべき、舞台への進出は目覚ましくなり、引っぱられて、私もまた商業演劇への執筆の機会が増えた。東宝劇場や明治座をホームグラウンドに本格的な座長公演を持つことになり、そのほとんどを書いてきたが、あの頃、毎日毎晩、会わない時はなく、酒を飲みながらのとりとめもない雑談に花を咲かせたが、そんな中からの君の片言節句や冗談話に触発されて、幾つの作品が生まれたことか。数多く作った落語シリーズも、「今度、落語の人物を一杯集めた芝居でもやるか」という、君の酔っ払い紛れの放言から生まれたもので、なるほど、文字通り落語人間そのもののり平喜劇には、うって付けと、目から鱗の落ちる思いで、赤井御門守を主人公に、「らくだ」を絡ませて書いた「俺はお殿さま」が大当たりで、以後次々と書き続け、十本近くを作った。いずれも二人の財産となったが、私自身は「めおと囃子」が、作ものりちゃんの芝居も、いちばん気に入っている。この頃からはっきり演出にのりちゃんの名前を出すようにしたのは、この手の芝居を熟《こな》せる演出家が、君以上にいなかったからだ。思えばあの頃は、大分遅ればせながら、君にも私にも正しく青春であった。行き当たりばったり、好きなことを好きなようにやって来て、褒章も勲章も一緒に貰えたのは、二人の仕事が認められたのだと、素直に喜んでいる。

それもこれも、三木のり平という相棒に巡り会ったからである。面と向かっちゃあ、照れくさいので、いつかは言っとかなきゃあならないと思ってる一言を、お祝い番組のどさくさに紛れて言っちまおう。

「相棒よ、ありがとう」

山川　どうですか、改めて？

のり平　いやあ、なんか感謝いたしております、ぼくも。

山川　やはり、お返しとしては「小野田君、ありがとう」ということでしょうかね。

のり平　そうですね。ありがとう、ありがとう、ありがとう……。

山川　やはり演出と、それから作家、役者と作家、そういうものがお芝居を作るにあたっては、かなり対立する部分もあるんでしょうか。

のり平　ありましたね。そりゃあ、随分喧嘩もしたし……喧嘩ってえのは、その劇の中の喧嘩ですから感情的なもんじゃありませんけどね。

山川　それはどういう風にして乗り越えて来たんですか。

のり平　いやあ、演出で話し合うと、「そんなこと出来ねえ」「いやあ、俺がやるから」ってやっちゃうんですよね。それがやれちゃうっていうことが……うん。そこで妥協してくれたっていうんですかな。

山川　それもやはり分かり合った仲でないとね、そこまで踏み込めませんからね。

のり平　もうカーって言えば、ツーの仲だよ。

山川　それだからこれだけのお芝居が出来て来たんだろうと思います。

（『山川静夫の〝華麗なる招待席〟』）

矢野誠一さんが、「のり平は自分からことを起こしたということはなく、依頼された仕事を引き受けてそれが花を咲かせ実を結んだ」というようなことをお書きになっていたと思いますが、ホントに不思議ですよね。晩年は身辺整理のように東宝ミュージカルはこんなものだった、東京の喜劇はこういうものだったという舞台をやり、森光子さんのお芝居の演出と新劇で渋くフェイドアウトした、という感じでしょうか。

平成五年にうちの母が亡くなり、続いて平成九年には西村晃さん、小野田勇先生という日大での同窓生で終生親友だった二人も亡くなりました。二人に先立たれた父はテレビの上に写真を飾り落胆し、深酒のあげく後を追うように亡くなりました。

この時期、のり平を慕って下さった方も多々いてくださいました。高田文夫先生もそのおひとりです。

平成九年、一〇年の晩年期、奥様も先に逝かれ、息子ののり一は与太郎《よたろう》だし、娘さんは嫁いでいるしというわけで天涯孤独、ひとりでコンビニに入り弁当を買ってる姿も目撃された。若い頃は「パーッと行きましょう」で売るだけ売ったというのに……。

御自宅は四谷《よつや》三丁目から四丁目のあいだの奥に入った処《ところ》。地下に稽古場のあるいいお家でした。あれだけの喜劇をやってきたのに人あたりが悪く気むずかしいから、人（スタッフら）も寄ってこない。演出家（舞台「放浪記」など）として、役者としてあそこまで極めてしまうと、誰も話しかけられない。恐いのだと言う。その点、私は……。センセーも日大芸術学部の後輩としてなんか私には心を許してたんだと思う。

最後の二年はいつもふたりだけの深夜の宴会とあいなった。私が呑《の》んでいるところへ必ず電話が入り、

「いま『北野《きたの》ファンクラブ』見てんだけど、ちょっと行くわ」

いやも応も、NOもYESもない。荒木町《あらきちょう》のCなるスナック。入って来ると「カギ閉めちゃおう」。で、マスターと私とのり平センセー、キープしてある吉四六《きっちょむ》を呑み始める。

「今、テレビで見てたけど高田君も大変だなぁ。たけし君を面白くみせなきゃいけないないから。あたしも森繁さんをたてるんで大変だったよ」

グサッ！　すごいことを話し出した。ちょいと酔い気味である。

意を決して一番知りたかったこと聞いちゃおう。此の世で誰一人聞けないことを。

「ここだけの話、本当はのり平先生と森繁久彌はどちらがうまかったんですか？」

なにをバカな質問をという表情で、のり平センセー「ここが違うよ」と腕を叩いた。そしてまた吉四六をグーッとあおると、私の落語の師が立川談志《たてかわだんし》だってことを知り尽くしたうえで、

「オレは……談志とたけしの芸が大嫌い。芸の言い訳をやたらするでしょ。それに二人は出が悪い、アハハ」

私の師匠と友達だということを知っていてわざと言ってるのだ。〝いやよ、いやよも好きの内〟なのだ。

「あたしが好きなのは志ん朝と高田君。どんなにひどいこと言ってても品がある。あたしと同じ坊ちゃんだから」

そう言えばたしかに志ん朝をとことん愛していた。志ん朝の絶品「文七元結《ぶんしちもつとい》」はのり平センセーの演出方法をとり入れたものである。だからあれほどの劇的な文七がこさえられた。志ん朝ものり平センセーを敬愛していた。

（『誰も書けなかった「笑芸論」森繁久彌からビートたけしまで』講談社）

平成一一（一九九九）年一月二五日、三木のり平没。享年七四。

志ん朝さんと寺田農さんの対談から――。

寺田　それから、通夜の席は好きだったですね。絶対、帰らない。葬儀は出席しないんですよ。何も出ないから。

志ん朝　そう、オヤジは通夜大好き。でも、通夜でがっかりしてたのは、三平師匠の時。お宅でやったものだから、酒の席は用意できなかったんだね。だから通夜の客は、玄関入って、庭を通ってお焼香をして、そのまた庭を通って裏から帰るんだけど、のり平オヤジ、張り切って行ったものの、出口で折詰と二合瓶、それからお清めの塩なんかいただいて「ありがとうございました」なんて言われて、「あれ？　精進落《しようじん》としはどこでやるの？」「いえ、ですから、これでありがとうございました」「酒は出ないの？」「ですから、そのセットのなかに」「あっ、これ？　だから、どこで飲むの？　あっ、そう家に帰って、この酒飲めっていうわけね……」なんて、あの時のがっかりした顔は忘れられないね。そのまんま、喜劇だったもの（笑）。

（「さよなら〝ダメ出しオヤジ〟ののり平さん」）

のり平が亡くなってまず参ったのは永年の役者人生で知り合いが多かったから、会場を大きなお寺にしないといけないということでした。すぐにそういうお寺が確保出来るわけもありません。自宅で四日連続のお通夜でした。心配した志ん朝さんは寄席を勤めた足で駆けつけて来客の応対をしてくださいました。そして言い草が良かった。「先生は通夜が好きだったなぁ。呑めなくてさぞ悔しいだろうなぁ」。

矢野誠一さんは、次のように書いてくださっています。

「三木のり平は正真正銘の東京ッ子だった。なにも日本橋浜町育ちといった事実だけではなく、明治の変革いらいこの都会がさんざなめてこざるを得なかった固有の苦渋と屈折を、このひとは見事に具現していた。東京ッ子の多くがそうであるように、三木のり平もまたすこぶるシャイなひとであった。だがシャイと言われるひとのほとんどが、じつは内なる傲慢さのやつしであったり、慇懃無礼の裏がえしであることを思えば、三木のり平の「含羞」こそがほんもので、ほんものであるが故のきびしさをそなえていた。もうこんな東京ッ子は出てこない。

舞台人三木のり平を多くの人に知らしめるに、東宝映画社長シリーズにおける「ぱァっとやりましょう」が口ぐせの宴会部長の果たした役割は大なのだが、当人には忸怩たる思いがあったはずである。結果として最晩年の仕事となった木山事務所公演の二本の別役実作品『はるなつあきふゆ』『山猫理髪店』で見せた夾雑物をきれいにそぎ落し、乾いたとしか言いようのない演技スタイルにたどりついたことで新劇回帰の思いを果し、しごくあっさりと東京ッ子三木のり平は彼岸に渡ってしまった」(『舞台人走馬燈』早川書房)。

水落潔さんとの対談でのり平は、今後の活動について話していました。

水落　これからのお仕事っていうのは、どんなことをお考えになってんですか?

のり平　これからはねえ、もうなにしろ一人芝居というのは出来ないしなあ。喜劇っていうのは、やっぱりツッコミとなんとかって言うね、太夫と才蔵がいるように、それがないと、最低それが欲しいし。やっぱり大型のアチャラカ喜劇みたいな、いわゆる娯楽一辺倒なね、もちろん楽しいと面白かったというだけの芝居でいいんですけど、そういうことをやって行きたいと思いますね。

水落　そうですか。そうすると芝居を続けて来られまして、今になって役者にとって、いちばん必要なものはなんなんでしょうね。

のり平　ああ、役者が演技をどうする? やっぱり世間のいろんな人の、人間の生活をたくさん見ることでしょうね。いろんな職業であろうとなんだろうと。ただの衣装を着て、お魚屋さんが半纏着て、こういう風に鉢巻すりゃっていうんじゃなくね、中から作っていくようなものでね。そうやんないとね、深さとか重さっていうのはね……まあ、コントやるのに深さ、重さっていうのはおかしいけどね、そこまで行かないとダメですね。ホントに心底から笑えない。その口先だけの駄洒落の笑いで、「ははッ」で終わっちゃいますよね。(『ステージドア』)

のり平は、中村勘九郎（十八代目中村勘三郎）さんとの対談で次のようなお話もしていました。

三木　勘九郎ちゃんにいいたいのはね、僕の芸は、残しておきたい時に残す手段がなかった。いまみたいにビデオもなかったしね。だから、いま残っている僕の芸は、僕の全盛期じゃないってこと。僕がすごいエネルギーを発揮した時分の記録が残っていない。うん、そう、記録がないなぁ。自分で情けないくらいだよ。人の話で残って、「何となくおもしろかったよ、あの人は」で終わっちゃう……。

中村　その生き方も素敵なんですけどね。

三木　いや、時代がそうだったんで偶然、そうなるだけのことですよ。

（『待ってました！勘九郎　中村勘九郎対談集』）

別役実さんには、のり平との喜劇集団設立の計画がありました。次のように話しています。

「のり平さんと喜劇集団をつくろうとして、井上ひさしさん、筒井康隆さん、ケラリーノ・サンドロヴィッチ、いとうせいこうも乗ったことがある。札幌の劇作家大会にのり平さんに来てもらって発表するつもりだったんですが、入院したので行かれないと電報がきた。喜劇の常設館をつくって我々が交代で台本を書くということで、のり平さんもオーケーだった。空飛ぶ雲の上団五郎一座の前の段階。喜劇の学校を作って年一回の喜劇祭りをやろうと考えていた。のり平さん、ケラ、いとうせいこうは大阪の吉本興業に対抗して、てんぷくトリオのような東京の喜劇をやろうとしていた。残念ながら実現できなかった。のり平さんは入院してから、あっけなかった。もっと仕事したかったですよ」

（『風の演劇　評伝別役実』）。

最後は古今亭志ん朝さんと寺田農さんの対談で終えたいと思います。

寺田　でも、朝さん、ぼくは生きること全部を三木のり平っていう先生に教えていただいたって感じがしますね。僕はほら、いつだって「やめてやる、やめてやる」みたいな感じだった時に、オヤジと出会ったでしょ。だから、本当に「役者って素晴らしいんだな」っていうことを教えてもらった気がしますよ。それがオヤジがいなくなって、自分の拠《よ》り所がなくなったって感じですね。つまんなくなっちゃった……。

志ん朝　ああ、よくわかるよ。農のことはのり平オヤジはとてもかわいがっていたからな。ただ、あたしの場合は、オヤジのダメだしが、そのまま落語の方に生かされているんですよ。噺家《はなしか》では教えてもらえないようなことを、ずいぶん、オヤジから学んだね。だけど、あたしも、あの方の貪欲《どんよく》な研究心を学ぼう学ぼうとしていて、つい怠けていたところがある。ちょっと、のり平オヤジに頼りすぎていたね、あたしたち。オヤジはいつまでも生きているとどっかで思っていたもの。「あっ、いけねぇ」って、いま思ってるよ、みんな、きっと。いや、参りましたね、この度はどうも。

（「さよなら〝ダメ出しオヤジ〟ののり平さん」）

参考文献

書籍

『喜劇三十年 あちゃらか人生』（古川緑波／昭和三一年一月、アソカ書房）
『喜劇人回り舞台　笑うスタア五十年史』（旗一兵／昭和三三年七月、学風書院）
『森繁自伝』（森繁久弥／昭和三七年一二月、中央公論社）
『松竹七十年史』（昭和三九年三月、松竹株式会社）
『くたばれスター野郎！　芸能界こてんこてん』（竹中労／昭和四二年三月、秋田書店）
『スター36人斬り』（竹中労／昭和四五年十二月、ホリデー新書）
『三木助歳時記』（安藤鶴夫／昭和五〇年九月、旺文社文庫）
『翔べイカロスの翼　青春のロマンをピエロに賭けた若者の愛と死』（草鹿宏／昭和五三年一二月、一光社）
『日本映画俳優全集・男優篇（キネマ旬報増刊10・23号）』（昭和五四年一〇月、キネマ旬報社）

『こぼれ松葉　森繁久彌の五十年』（森繁久彌／昭和五八年一一月、日本放送出版協会）
『笑って、泣かせて　夫・八波むと志の一生』（坪田秀子／昭和五七年一一月、文化出版局）
『ピエロの素顔』（有島一郎／昭和六〇年四月、レオ企画）
『松竹九十年史』（昭和六〇年一二月、松竹株式会社）
『明治座評判記』（藤田洋／昭和六三年三月、明治座）
『サーカス放浪記』（宇根元由紀／昭和六三年一二月、岩波新書）
『古川ロッパ昭和日記　晩年篇』（監修＝滝大作／平成元年四月、晶文社）
『なつかしい芸人たち』（色川武大／平成元年九月、新潮社）
『どんどんクジラの笑劇人生　人気番組で綴るテレビバラエティ史』（塚田茂／平成三年三月、河出書房新社）
『あしあと　人生半分史』（水谷良重／平成三年一〇月、読売新聞社）
『サンケイホールの40年』（編集・発行人＝吉鹿徳之司／平成四年七月、サンケイ企画）
『梅田コマ・スタジアム　36年のあゆみ』（平成四年一〇月、株式会社コマ・スタジアム）
『待ってました！　勘九郎　中村勘九郎対談集』（平成六年三月、文藝春秋）
『東京喜劇　アチャラカの歴史』（原健太郎／平成六年一〇月、ＮＴＴ出版）
『三木鶏郎回想録①青春と戦争と恋と　1914-1945』（三木鶏郎／平成六年六月、平凡社）
『三木鶏郎回想録②冗談音楽スケルツォ　1945-1954』（三木鶏郎／平成六年六月、平凡社）
『東宝／映画ポスターギャラリー』（平成七年一二月、東宝株式会社）
『寺田農のみのりのナイ話』（寺田農／平成八年一月、淡交社）
『演技者　小林桂樹の全仕事』（小林桂樹・草壁久四郎／平成八年一二月、ワイズ出版）

『江戸前で笑いたい　志ん生からビートたけしへ』（高田文夫編／平成九年一月、筑摩書房）
『もう一度逢いたい』（森繁久彌／平成九年三月、朝日新聞社）
『舞台裏の喜劇人たち』（林圭一／平成九年八月、創樹社）
『銀座の学校』（高平哲郎／平成九年一〇月、廣済堂出版）
『この顔で悪いか！』（伊東四朗／平成九年一一月、集英社）
『笑うふたり　語る名人、聞く名人 高田文夫対談集』（高田文夫／平成一〇年六月、中央公論新社）
『桃屋ののり平ですよ！　のり平アニメCMグラフィティー』（神保町重箱総研編著／平成一〇年一一月、メタモル出版）
『のり平のパーッといきましょう』（三木のり平・聞き書き＝小田豊二／平成一一年五月、小学館）
『品格と色気と哀愁と』（森繁久彌／平成一一年六月、朝日新聞社）
『菊田一夫　芝居つくり四十年』（菊田一夫／平成一一年一二月、日本図書センター）
『談志百選』（立川談志・画＝山藤章二／平成一二年三月、講談社）
『空飛ぶ雲の上団五郎一座 Presents『アチャラカ再誕生』』（構成＝堤広志／平成一四年一〇月、論創社）
『ありがとう笑名人（笑芸人叢書）』第一巻（高田文夫・笑芸人編著／平成一五年六月、白夜書房）
『アチャラカ』（高平哲郎／平成一六年二月、ビレッジセンター出版局）
『続・明治座評判記』（藤田洋／平成一八年三月、明治座）
『評伝 菊田一夫』（小幡欣治／平成二〇年一月、岩波書店）
『人生はロングラン　私の履歴書』（森光子／平成二一年四月、日本経済新聞出版社）
『舞台人走馬燈』（矢野誠一／平成二一年八月、早川書房）

『菊田一夫の仕事　浅草・日比谷・宝塚』（井上理恵／平成二三年六月、社会評論社）
『私の花伝書』（末木利文／平成二三年六月、作品社）
『蝶々にエノケン　私が出会った巨星たち』（中山千夏／平成二三年一〇月、講談社）
『榎本健一　喜劇こそわが命』（榎本健一／平成二四年二月、日本図書センター）
『女優 富司純子』（平成二五年三月、キネマ旬報社）
『勘三郎伝説』（関容子／平成二五年一一月、文藝春秋）
『小林信彦 萩本欽一 ふたりの笑タイム　名喜劇人たちの横顔・素顔・舞台裏』（小林信彦・萩本欽一／平成二六年一月、集英社）
『髙平哲郎スラップステック選集②定本アチャラカ　真面目が嫌い』（髙平哲郎／平成二六年九月、ヨシモトブックス）
『小幡欣治の歳月』（矢野誠一／平成二六年一二月、早川書房）
『商業演劇の光芒』（神山彰編／平成二六年一二月、森話社）
『誰も書けなかった「笑芸論」　森繁久彌からビートたけしまで』（高田文夫／平成二七年三月、講談社）
『舞台の記憶　忘れがたき昭和の名演名人藝』（矢野誠一／平成二七年一二月、岩波書店）
『崑ちゃん　ボクの昭和青春譜』（大村崑／平成二八年九月、文藝春秋）
『女優 山田五十鈴』（発行人・編者＝美馬勇作／平成三〇年三月、集英社インターナショナル）
『風の演劇　評伝別役実』（内田洋一／平成三〇年九月、白水社）
『冗談音楽の怪人・三木鶏郎　ラジオとCMソングの戦後史』（泉麻人／令和元年五月、新潮選書）
『役者ほど素敵な商売はない』（市村正親／令和二年一月、新潮社）

『森光子　百歳の放浪記』（川良浩和／令和二年三月、中公新書ラクレ）

雑誌

『グラフＮＨＫ　特集〈竜馬がゆく〉』（昭和四三年四月、八月、ＮＨＫサービスセンター）
『サライ20　特集 甦るサーカス』（平成三年一〇月、小学館）
『サライ　大特集 日本を、も一度元気にする「昭和のお笑い」』（平成二〇年四月、小学館）
『本の窓』一九九九年六月号「特集／喜劇人・三木のり平の人生」（平成一一年六月、小学館）
『笑芸人⑥ありがとう名人芸　特集◎古今亭志ん朝』（高田文夫責任編集／平成一四年四月、白夜書房）
『文藝別冊 KAWADE ムック　増補新装 古今亭志ん朝　落語の申し子』（令和元年九月、河出書房新社）
『演劇界』（演劇出版社）ほか。

映像

ＮＨＫ－ＢＳ『山川静夫の〝華麗なる招待席〟「役者生活55年　三木のり平奮闘公演」』（平成九年四月二一日―二五日放送）
ＮＨＫ－ＥＴＶ『ステージドア』（平成九年三月二三日放送）
ＮＨＫ－ＢＳ『山川静夫の〝華麗なる招待席〟「さよなら東京宝塚劇場」』（平成九年一二月二三日放送）
ＤＶＤ『翔べイカロスの翼』（Ｕ－ＣＡＮ）

その他、帝国劇場、日本劇場、東京宝塚劇場、芸術座、名鉄ホール、明治座ほか公演パンフレット、新聞等。

資料提供・協力者

小野田正
株式会社明治座
株式会社桃屋

あとがき

小林のり一氏とは不思議なご縁でした。

SNS（ソーシャル・ネットワーキング・サービス）で、三木のり平演出の舞台『おもろい女』についてやりとりをしたのが最初です。

何度もやりとりするうちに「一度、お会いしましょうか」ということになって、私が上京した折に新宿のジャズカフェバー・DUGを振り出しに、居酒屋や新宿ゴールデン街を案内してくださり、結局二人で一〇時間お酒を飲みました。初対面の人と一〇時間も酒を飲むのが初めてなら、二人きりで一〇時間も酒を飲み続けるのも初めての経験でした。

その時に分かったのはのり一氏は、実に記憶力がよく、なおかつ批評眼に優れた方だということでした。あの立川談志氏の『談志百選』（講談社）の一〇〇人に選ばれているところから見ても才人だということです。長く話しているうちに、父君の三木のり平氏についての本を二人で作って行きましょうということになりました。

以後、聞き書きのために何度も長時間にわたりお話を伺いました。そしてのり一氏と相談した結果、「自分は江戸っ子だから息子が、ただ親の自慢をしているような形にはしたくない。それよりもいろんな方がのり平について書いたり、しゃべったりしたものも紹介しながらの形の本になればいいんじゃないかな」ということになりました。期せずして今までにない不思議な形の評伝になったことはとても良かったと思います。

考えてみれば私自身、師匠筋の桂米朝の師匠がのり平十八番『灰神楽三太郎』の原作者＝正岡容だという奇縁もありました。

序文をお寄せ下さった矢野誠一先生、帯の推薦文をお書き下さった高田文夫先生、また、文中に引用させていただいた文書や証言の、多くの三木のり平先生のご関係者、そして編集の青土社・明石陽介氏にはこの場をお借りして深く感謝申し上げます。

戸田　学

令和二年　八月　吉日

付録

左記のＱＲコードより本篇でも紹介されている公演の上演録音にアクセスできます。

『最後の伝令』
第二回東京喜劇まつり『アチャラカ誕生』より、昭和三〇（一九五五）年九月、日本劇場（五一頁参照）にて収録。

『めおと太鼓』第二幕「本所達摩横丁　長兵衛の家」「吉原　佐野槌の御内所」「大川端」「元の長兵衛の家」
昭和四四（一九六九）年一一月、明治座（二〇七頁参照）にて収録。

いずれも著者所蔵の音源より抜粋。

小林のり一（こばやし・のりかず）
1951年、東京・日本橋浜町生まれ。幼少期、劇場を託児所代わりに過ごす。中学より寄席やジャズ喫茶へ通う日々がはじまる。アングラ、軽演劇、ストリップ劇場、落語会のゲスト、映画、CM、バラエティ番組等多数出演。漫画、コント台本、エッセイ、コラム等執筆。

戸田 学（とだ・まなぶ）
1963年、大阪・堺市生まれ。2004年、よみうりテレビ「第33回上方お笑い大賞・秋田實賞」受賞。現在はテレビやラジオの番組構成、映画や落語を中心とした著述で活躍。主な著書に『上岡龍太郎 話芸一代』、『話芸の達人——西条凡児・浜村淳・上岡龍太郎』（以上、青土社）、『上方落語の戦後史』（岩波書店）。共著に『浜村淳の浜村映画史——名優・名画・名監督』（青土社）ほか多数。

何はなくとも三木のり平
父の背中越しに見た戦後東京喜劇

2020年10月5日　第1刷発行
2021年1月8日　第3刷発行

著者　小林のり一
編者　戸田学

発行人　清水一人
発行所　青土社
東京都千代田区神田神保町1-29　市瀬ビル　〒101-0051
［電話］03-3291-9831（編集）　03-3294-7829（営業）
［振替］00190-7-192955

印刷・製本　シナノ印刷
本文組版　フレックスアート

装幀　菊地信義

ISBN 978-4-7917-7308-4　Printed in Japan